Etica Bipolare

101 esempi di dissonanza cognitiva nella vita quotidiana

di Roberto De Nicolò

Hai mai notato quanto
straordinaria sia la prospettiva?
Se non ci fosse
vivresti in un universo
senza percezione della distanza
Con essa invece
puoi guardare attraverso molte porte
e valutare con un piccolo margine di errore
a che distanza sei dall'ultima.

rodenic

Etica Bipolare

Libero studio sull'abitudine, condivisa da quasi tutti gli esseri umani, di esprimere, in un preciso istante temporale, un giudizio morale rigoroso e definitivo contro qualcuno considerato indiscutibilmente colpevole di qualcosa e meritevole del massimo della pena e di tutte le aggravanti e comportarsi, poi, esattamente come quel qualcuno in un istante temporale immediatamente successivo senza alcuna minima remora morale e, laddove accusati di incoerenza, auto-applicarsi tutte le attenuanti.

Indice generale

Definizioni

dissonanza cognitiva "Un individuo che attivi due idee o comportamenti che sono tra loro coerenti si trova in una situazione emotiva soddisfacente: si realizza la consonanza cognitiva. Al contrario, si verrà a trovare in difficoltà discriminatoria o elaborativa, se le due realtà sono fra loro contrapposte o divergenti."

[Leon Festinger, A Theory of Cognitive Dissonance, 1957, Stanford Univ. Press]

etica s. f. [dal lat. ethĭca, gr. ἠϑικά, neutro pl. dell'agg. ἠϑικός: v. etico1]. – Nel linguaggio filos., ogni dottrina o riflessione speculativa intorno al comportamento pratico dell'uomo, soprattutto in quanto intenda indicare quale sia il vero bene e quali i mezzi atti a conseguirlo, quali siano i doveri morali verso sé stessi e verso gli altri, e quali i criteri per giudicare sulla moralità delle azioni umane: e. socratica, e. edonistica, e. kantiana, e. utilitaristica, e. nietzschiana; Etica Nicomachea e Etica Eudemea, titoli di due opere morali di Aristotele. In senso più ampio, complesso di norme morali e di costume che identificano un preciso comportamento nella vita di relazione con riferimento a particolari situazioni storiche: e. greca, e. cristiana; e. protestante, quella che, secondo le tesi del sociologo tedesco Max Weber (1864-1920), avrebbe informato in Europa lo spirito del capitalismo dopo il 16° sec. nei paesi protestanti, o fra le sette protestanti all'interno dei paesi cattolici (si tratterebbe di un'etica razionalistica che assegna fini essenzialmente mondani, quali l'impegno, il lavoro, la riuscita, e soprattutto l'accumulazione metodica della ricchezza). In partic., e. professionale, l'insieme dei doveri strettamente inerenti alle attività professionali svolte nella società.

[https://www.treccani.it/vocabolario/etica/]

bipolare agg. [comp. di *bi-* e *polo*[1]]. – **1.** Genericam., che ha due poli, o, in senso fig., che ha due centri, due punti caratteristici e ugualmente importanti, o sim.: *sistema politico b.* (v. bipolarismo). **2.** Con partic. accezioni tecniche: **a.** In elettrotecnica, di macchina o apparecchio che ha una sola coppia di poli magnetici: *induttore b.*; o di elementi costituiti da due conduttori o relativi a due conduttori: *spina b., cavo b., interruttore bipolare.* **b.** In informatica, *segnali b.*, in contrapp. a *segnali unipolari*, segnali nei quali polarità elettriche diverse sono usate per rappresentare stati logici diversi. **c.** In biologia, *batterî b.*, i batterî inclusi nel genere *Pasteurella*, per la loro tendenza ad assumere più intensamente il colore ai poli; *cellule b.*, cellule nervose che sono provviste di due prolungamenti aventi pressappoco le stesse dimensioni. **d.** In medicina, di quadro patologico con carattere oscillante tra due elementi o sintomi in opposizione: per es., la sindrome maniaco-depressiva.

[https://www.treccani.it/vocabolario/etica/]

etica bipolare locuz. nom. – Ogni dottrina o riflessione speculativa relativa al comportamento pratico dell'uomo, indicante a fasi alterne quale sia il momentaneo bene ed i mezzi atti a conseguirlo, ed il momentaneo male ed i mezzi atti a conseguirlo; quali i momentanei doveri morali verso sé stessi e quali i momentanei doveri morali verso gli altri, e quali i provvisori criteri per giudicare la moralità delle azioni umane in un quadro patologico con carattere oscillante tra due (o più) elementi in opposizione. L'etica bipolare è una teoria, appunto, etica che si basa su due (o più) principi morali contrastanti o "polari". Questi due (o più) principi sono spesso in conflitto tra loro e possono rappresentare estremi opposti in termini di valori etici senza distinzione tra ciò che è bene e ciò che è male.

[Nome posto dall'autore a titolo di questo libro]

Prefazione

Accade a tutti noi, più e più volte al giorno. Magari alcuni individui ne sono più soggetti, altri meno. Potete chiamarla se volete *dissonanza, bipolarità, multipolarità etica* o, più prosaicamente, *incoerenza*, ma il fenomeno di non riuscire ad applicare un criterio di giudizio analogo a sé stessi ed agli altri, nelle medesime situazioni vissute in momenti diversi e rivestendo ruoli alterni, è comune come poche altre fenomenologie umane.

Raramente, però, comprendiamo la portata di questo fenomeno. Non siamo in grado di riconoscere autonomamente la nostra ingiusta parzialità in ogni singola espressione, decisione, valutazione. Per acquisire questa competenza, è necessario che qualcun altro ci ponga di fronte alle *due versioni* di noi stessi.

Questo libro parla della *dissonanza cognitiva* e degli effetti reali che essa ha nella vita di ciascuno di noi, e lo fa mediante una serie di episodi di esempio scelti come emblematici.

Scienze psicologiche e definizioni

Ma cosa intendiamo quando parliamo di *etica bipolare*? Esiste una definizione che delinei in modo chiaro il fenomeno? Prima di iniziare a lavorare su questo libro ho chiesto a mia moglie di aiutarmi nel fornire al testo le basi teoriche e gli enunciati che la scienza psicologica utilizza per definire il fenomeno.

La mia gentile consorte ha una laurea magistrale in informatica ed a breve conseguirà la sua seconda laurea in psicologia. Da grande studiosa ed appassionata di questa disciplina, ha fornito alla mia richiesta un rapido ed efficace riscontro.

La psicologia denota i fenomeni descritti in questo libro come *dissonanza cognitiva*. Il primo a teorizzare questo fenomeno, nel 1957, fu il sociologo e psicologo statunitense Leon Festinger nel suo libro "Teoria della dissonanza cognitiva".

E' un libro chiarificatore di tutti i processi psicologici che portano alla dissonanza, descrive i fattori che ne aumentano l'intensità e soprattutto evidenzia le pratiche che l'individuo attua per ridurre questa dissonanza. Ne consiglio vivamente l'acquisto!

Il mio libro muove dalle straordinarie definizioni di Festinger e, non volendo né potendo nel modo più assoluto equipararne la qualità, si limita a selezionare, nella vita quotidiana, alcuni casi evidentemente più frequenti e rappresentativi del fenomeno, cercando di renderlo evidente e riconoscibile al lettore che può, negli esempi, provare ad individuare una sorta di *pattern*.

Leon Festinger, nel suo libro, definiva nel seguente modo la dissonanza cognitiva:

"Un individuo che attivi idee, o comportamenti, tra loro coerenti, si trova in una situazione emotiva soddisfacente (consonanza cognitiva); al contrario, si verrà a trovare in difficoltà discriminatoria ed elaborativa se le due rappresentazioni sono tra loro contrapposte o divergenti. Questa incoerenza è quella che produce, appunto, una dissonanza cognitiva, che l'individuo cerca automaticamente di eliminare o ridurre a causa del marcato disagio psicologico che essa comporta (ad esempio riduzione dell'autostima); questo può portare all'attivazione di vari processi elaborativi, che permettono di compensare la dissonanza (e ripristinare l'autostima)".

[https://it.wikipedia.org/wiki/Dissonanza_cognitiva]

In parole poverissime… in talune situazioni un certo atto è orribile, deprecabile e come tale va giudicato e ripudiato; in talaltre situazioni, invece, quello stesso atto diviene giustificabile, accettabile, tollerabile, quasi… necessario. E mi costruirò le ragioni perché questa *sanatoria etica* dell'atto diventi assolutamente efficace e tuteli la mia autostima.

Cosa è quindi la *dissonanza cognitiva*? Come posso definire l'*etica bipolare*? E' il castello di giustificazioni che costruiamo a nostra difesa quando abbiamo giudicato con forza l'atto commesso da altri? E' l'auto assoluzione che riteniamo necessaria, soprattutto quando siamo stati estremamente... puritani o fondamentalisti nel giudicare gli altri? Si può minimizzare questo processo evitando che ci lasci… sofferenti? Cosa possiamo fare per alleviarne gli effetti? Esiste una via d'uscita?

Tutte queste domande, che ho iniziato a pormi dopo aver intravisto il *pattern dissonante* nella mia vita quotidiana, hanno attivato in me un fortissimo desiderio di comunicare, di parlare di questo argomento con altre persone e magari, un giorno, ascoltarne le esperienze, confrontarmi con esse in una grande tavola rotonda... Ma veniamo al libro!

Un libro o uno short video?

Etica bipolare non è di certo un neologismo, anche se di sicuro non capita spesso di reperire questi due termini affiancati, nei libri, nei trattati di filosofia, sul web, nel parlare comune.

Quello che avete scelto di leggere e che ora avete tra le mani (o sul vostro schermo), non è un saggio, non può esserlo data la mia competenza solo empirica in campi quali la sociologia e la psicologia; non è un romanzo, che mi piacerebbe comunque scrivere un giorno; non è neanche un... libro, almeno nel senso stretto del termine.

Quando è nata l'idea di scrivere *Etica Bipolare*, com'era giusto fare, ho dapprima cercato di capire se il tema fosse stato già eviscerato da altri e soprattutto, in caso affermativo, quante volte fosse stato affrontato. Ho navigato il web, gli e-shop di libri eseguendo una banale ricerca dei termini "etica", "bipolare", "dissonanza", "cognitiva", usati in vari modi... ma senza esito.

Con coraggio, allora, ho provato ad *immaginare* questo libro e, di lì a poco, sono passato ad annotare una possibile alberatura di capitoli e paragrafi fino a ritrovarmi rapidamente ad iniziarne la stesura.

Ma quando rileggevo quanto scritto, provavo un forte senso di... noia. Avrei voluto identificare una modalità espressiva più coinvolgente che conciliasse un tema classico per gli studi di psicologia - interessante, certo, ma che rischia di essere noioso appunto - con il piacere della lettura. Compito, questo, per nulla facile.

Buttavo giù appunti che poi rivedevo e cancellavo di continuo, restandone sempre estremamente deluso. Mi ponevo una serie infinita di domande senza trovare facilmente risposte utili. Vivevo una di quelle fasi in cui attendi l'idea giusta, ma l'idea proprio non arriva!

Cosa fare per rendere il tutto più interessante, convincente, ed allo stesso tempo agile, dinamico, veloce, di facile accesso e rapida fruizione? Esiste una via di mezzo tra un saggio *mattoniforme* ed un velocissimo ed immediatissimo *short video*? E' possibile far appassionare in qualche modo il lettore al libro? Si possono coinvolgere allo stesso tempo giovani, abituati a contenuti brevi, e meno giovani, più abituati ai... *mattoni*?

Io amo moltissimo la lettura, la scrittura creativa, la musica, la recitazione, gli spettacoli d'ogni genere. Questa commistione di passioni spingeva in una direzione che, inizialmente, non riuscivo a cogliere nel modo più assoluto. Eppure...

Viviamo ormai da decenni nell'era dei *social network*, dei contenuti e dei video brevi, dei *reel*, delle notizie *pillola*, dei messaggi testuali frammentati in piccole parti. Un libro enorme di 270 pagine scritto da un perfetto sconosciuto oltre ad essere di difficile realizzazione non avrebbe avuto alcuna *chance* di successo. E' chiaro ormai come i giovani *nativi digitali* abbiano spesso la *soglia temporale dell'attenzione* molto bassa; ma anche la nostra generazione, quella dei cosiddetti *immigrati digitali*, ha ormai il medesimo problema! Un video, un testo che chieda al fruitore di restare concentrato per più di 5 minuti, è universalmente considerato troppo noioso per essere fruito.

Ma poi, pensa e ripensa, da questo desiderio di sperimentare qualcosa di nuovo è scaturita improvvisamente una vera e propria *epifania*: scrivere un libro che non fosse solo semplicemente *comprensibile*, ma che potesse essere letto rapidamente come un video breve, ed anche in maniera *non continuativa*, indipendentemente dalla pagina scelta.

In questo libro, infatti, ogni *coppia di pagine* è auto-sussistente, nonostante sia al libro legata dall'ovvio *filo* comune. Ogni *coppia di pagine* rappresenta un paragrafo ed il paragrafo inizia e si esaurisce in quella stessa coppia di pagine. Ed ogni coppia di pagine riporta un caso di vita reale ed ordinaria, qualcosa di facilmente immaginabile ed allo stesso tempo recitabile e, perché no, anche musicabile, usando ogni paragrafo di questo libro come materiale per un crogiolo di fusione tra arti ed immaginandolo come se fosse nello stesso momento scritto, letto, parlato, ascoltato, cantato, musicato, recitato. Questo libro non andrebbe letto in... sequenza. Potrebbe risultare terribilmente noioso! L'ideale sarebbe aprirlo a caso, leggere le due pagine contrapposte e poi richiuderlo per aprirlo e leggerlo in un altro punto.

Ogni paragrafo racconta, nella pagina di sinistra, le peripezie di un protagonista dal nome immaginario, che vive, valuta, giudica, agisce, in una situazione ordinaria ed allo stesso tempo particolare, relazionandosi con l'evento con una certa *polarità etica*, morale, di giudizio; lo stesso paragrafo racconta poi, nella pagina destra successiva, come lo stesso protagonista in una situazione analoga nella quale riveste però un ruolo diverso, ribalti completamente decisioni, giudizi ed azioni aderendo ad una sorta di *polarità* diametralmente opposta.

I personaggi hanno nomi immaginari, e rappresentano i tanti omologhi che nella vita di ogni giorno vivono le medesime situazioni. Sono tantissimi! Il mio desiderio, infatti, era di accendere nel lettore l'auto-onsapevolezza che questa fenomenologia... ci riguarda tutti! Ritrovarsi anche solo in alcuni di questi episodi, può rappresentare un primo passo verso una più profonda conoscenza di sé. E' stato così per me.

Imparare a riconoscere il momento in cui si sta per passare da *vittima sacrificale* a *giudice impietoso* diventa fondamentale in un processo di trasformazione e rinascita che può davvero portare a due importantissimi risultati: il primo, individuale, in quanto si verificherebbe una moderazione della fenomenologia dissonante, con conseguente attenuazione della sofferenza indotta ed un progressivo miglioramento della qualità della vita; il secondo, globale, perché un'umanità meno... dissonante è anche più comprensiva, inclusiva, tollerante, generosa.

Spero di aver centrato l'obiettivo: accendere anche in un solo lettore un bagliore in fondo al tunnel che rischiari la profonda spaccatura che esiste tra ciò che siamo davvero e ciò che crediamo di essere, tra ciò che affermiamo e difendiamo ed il modo in cui agiamo ogni giorno.

Prima di iniziare questo viaggio

I capitoli si snoderanno seguendo una lista di casi, in alcuni dei quali, spero, il lettore si riconoscerà. Con il capitolo **"In automobile"**, partiremo in modo *soft*, analizzando alcuni esempi di dissonanza cognitiva che si possono verificare sulla strada, alla guida di un veicolo o a piedi.

Passeremo poi a "**Religione e devozione**", esaminando i comportamenti spesso dissonanti dei religiosi. Nel capitolo "**Ecologia**", ci dedicheremo ad uno degli ambiti di maggior interesse oggigiorno, ed anche uno in cui le dissonanze sono molteplici ed interessanti. Il capitolo "**Lavoro**", lungo e dettagliato, riporta esempi della vita aziendale di diversi professionisti, con il loro bagaglio di incoerenza. In "**Stato, Politica, Servizi**", opereremo una personificazione del concetto di Stato, di Governo, rilevandone le estreme dissonanze. E così via, lungo tutto il libro, passando per i capitoli "**Società**", "**Amore e sessualità**", "**Popoli e culture**", e concludendo *in alto* con "**Il prossimo tuo**".

Sono abbastanza sicuro che il lettore si riconoscerà, se non in tutti, in molti degli esempi trattati. Tutti infatti, siamo affetti da *dissonanza cognitiva*, è difficile, però, comprendere e riconoscere il fenomeno. Eppure le evidenze sono lì, nei nostri giorni, nelle nostre ore, nelle nostre attività, nelle nostre scelte, sul lavoro, a scuola, alla guida, in politica.

Per iniziare, nel prossimo paragrafo analizzeremo due particolari casi in modo più esteso rispetto al resto del libro. In questi due casi definiremo "situazione esogena" quella in cui ci rivestiamo di una polarità etica, di purezza e rigore, ritenendo sia stato commesso un torto da parte di altri. Definiremo invece "situazione endogena" quella in cui siamo noi i "colpevoli", ma ci assolviamo senza alcuna esitazione apparente.

Procedendo lungo le pagine, non sarà più necessaria questa specificazione. Il lettore individuerà automaticamente le due situazioni. E se questo, prima o poi, inizierà ad accadere anche nelle vostre vite, se inizierete a riconoscere le polarità descritte, questo libro avrà avuto un senso. Buona lettura!

Roberto

Approccio metodologico

Prima di addentrarci nella casistica descritta in forma breve, selezioniamo 2 esempi dalla lunga lista di quelli relativi agli automobilisti, per consentirci di esaminare nel dettaglio il metodo utilizzato nel libro.

I successivi esempi saranno affrontati in modo più *smart*, ma con il medesimo approccio.

1 Il parcheggio

Situazione A (esogena).

Sei in strada, alla guida della tua auto e stai percorrendo normalmente la corsia di destra. La strada non è molto larga e vi sono auto parcheggiate male proprio sul lato che percorri. Il passaggio, per te, non è dei più agevoli e sei costretto ad uno slalom continuo e a pause nella marcia necessarie a far passare chi proviene in senso opposto, sull'altra corsia.

Ad un certo punto, un'auto che procede dinanzi a te nel tuo stesso senso di marcia, accosta malamente occupando quasi tutta la corsia. Ti rendi conto immediatamente che la tua auto non passerà mai dallo spazio residuo… O almeno non senza rischi. E tu non sei disposto a correrli, quei rischi perché ti conosci... sai bene che quando sei costretto a fare manovre difficili in tutta fretta ti capita sempre di urtare, ammaccare, raschiare l'auto. E stavolta sei determinato a non cascarci.

Fiducioso, attendi che si apra lo sportello destro dell'auto ferma dinanzi a te, per veder scendere qualcuno, sperando che non sia una nonnina lenta ed impedita. Ma dall'auto non scende nessuno, tutto tace, tutto è fermo come all'inizio ed alla fine dei tempi. E soprattutto, a nessuno cale minimamente di te e del tuo tempo. Inizi ad irritarti non poco…

Definiamo a questo punto un parametro che ci servirà, da adesso in poi, per stabilire la quantità di impulso rabbioso che pervade il nostro essere. Chiameremo questo parametro "saturazione rabbiosa". Definiamola con un po' di ironia:

Saturazione rabbiosa

sost.. – **1.** Percentuale di rabbia che obnubila la mente umana. Inversamente proporzionale alla capacità di ragionare lucidamente. Di base il valore della stessa si attesta sul 10%, ma può rapidamente superare il 70% a seguito di eventi particolarmente irritanti. In rari casi il valore può superare il 98 percentile. In tali momenti si può assistere a gravi episodi di violenza. Da qui in poi la indicheremo con SR.

L'auto dinanzi alla tua si è fermata per attendere qualcuno che evidentemente non è nelle vicinanze! Attraverso i vetri delle due auto, ti concentri e vedi controluce la sagoma di colui che è alla guida muoversi lenta. Non sembra particolarmente preoccupato del disagio causato. Prende in mano lo smartphone, poi lo poggia, da una sistemata agli alimenti acquistati nella busta accanto a sé... La tua SR è al 20%.

Suoni il clacson per notificare all'automobilista che è impossibile passare. Lui per un istante guarda lo specchietto retrovisore, poi gira lo sguardo verso il marciapiede e ignora l'avvertimento. La tua SR passa di colpo al 40% e poi al 70%.

A questo punto succede qualcosa di incredibile... gli autisti dietro di te iniziano a suonare anch'essi e tu provi un fortissimo senso del branco. Entusiasta, felice di aver scoperto che la tua causa ha uno *stuolo* di sostenitori, ti senti nuovamente lanciato nell'affermare il tuo giustificato diritto a passare!

Ora che anche gli altri sono dalla tua parte, pesti ancor più forte sul clacson per incentivare l'automobilista che ha bloccato la strada a rimuovere la sua auto. Ad un certo punto senti da fuori un "oh… ti muovi? Passa! Che aspetti?"

Improvvisamente il dubbio ti assale e decidi di mettere la testa fuori che per capirne di più… e così scopri che l'automobilista che segue sta chiaramente indicando, a gesti, che dallo spazio di corsia residuo ci passa un TIR, ma di quelli enormi ad 86 ruote, per cui in realtà SEI TU a bloccare il passaggio.

Improvvisamente realizzi che la fila di automobilisti, ormai simile a quella al casello di Rimini il giorno prima di Ferragosto, sta suonando sì, ma al tuo indirizzo!

E così, da cacciatore diventi selvaggina. In preda all'imbarazzo provi a rivalutare la situazione e riparti timidamente con l'auto, ma ti rendi subito conto che lo spazio è davvero poco! A questo punto i tuoi pensieri rimbalzano tra 2 opposti estremi: scendo e sfido l'automobilista che segue a guidare la mia auto oltre l'ostacolo, oppure suono il clacson fino allo sfinimento per riportare l'attenzione su colui che mi ha ostacolato.

Scelgo quest'ultima opzione e con una SR all'80%, con tutta la forza che ho, spingo il clacson con entrambe le braccia. Sento risuonare le trombe del giudizio… Questa volta si sposterà… !

L'automobilista mostra che la sua SR è passata dal 20% al 40%. Ma non si sposta. Scende dall'auto. Già immagino il peggio… sta per scatenare una rissa. Ma no, lui tranquillo si posiziona dinanzi al passaggio e ti fa segno che da lì ci passa una nave da crociera, ma di quelle grosse.

Sei allo stremo, hai la SR all'85%, quando improvvisamente cogli un gesto amichevole da parte dell'automobilista folle. Muove le mani per favorire il tuo passaggio.

Nonostante ti stia chiedendo perché mai la scelta migliore per lui sia questa anziché semplicemente parcheggiare meglio, accetti l'aiuto e la tua SR scende al 75%. Un paio di sterzate ed in poco tempo sei oltre. E ti chiedi come mai non ti fossi reso conto da solo che passare era possibile ed alla tua portata.

Come mai la tua mente ti ha inizialmente suggerito che non saresti riuscito a passare? Perché invece gli altri percepivano che il passaggio era possibile pur non essendo agevole? Sei lì che pensi e ripensi all'accaduto quando, improvvisamente, realizzi che Il passaggio è sempre stato possibile, ma non sei riuscito a tollerare la facilità con la quale qualcuno ha deliberatamente deciso di limitare il tuo incedere e, invece di adattarti, di far buon viso a cattivo gioco, di essere propositivo, disponibile, hai deciso che un tale affronto proprio non lo si poteva sopportare. Tutto questo ha alterato il tuo modo di percepire la gravità delle cose, tanto da rendere per te lo spazio davvero angusto, l'affronto davvero intollerabile, il blocco totale.

Situazione B (endogena)

Qualche giorno più tardi ti ritrovi nella stessa strada, a parti invertite. Devi aspettare e prendere a bordo qualcuno che ti è caro, tua madre o tuo padre, che magari non può camminare bene, o tuo figlio con il carrozzino. Insomma, hai **davvero** bisogno di parcheggiare in quel punto. Dietro di te una fila di auto guidate da automobilisti impazienti. Alla tua destra le auto parcheggiate piuttosto male occupano parte della tua corsia. Pensi... se lo fanno loro, posso farlo anch'io. Che disturbo potrei mai dare? La mia auto non ingombrerà la strada più delle loro, e sarà lì solo per pochi minuti. Ed allora, forte della assoluta, totale, valida, non contestabile, impellente emergenza nella quale ti trovi, non esiti un momento a parcheggiare, in doppia fila, nel primo spazietto disponibile.

Una macchina ti supera e questo ti rasserena perché alla fine si passa agevolmente, quindi che ti importa, passeranno anche gli altri. Ad un certo punto, però, un automobilista inizia a suonare in modo ripetuto il clacson, ma tu sei ragionevolmente sicuro che non stia suonando a te, ma a qualcun altro.

Fai l'indifferente e continui a guardare altrove, provi a darti un contegno, ma il clacson risuona forte ed imperioso. Alla fine ti giri e comprendi che l'automobilista sta proprio suonando per farti spostare. Hai la SR al 65%. Dentro di te riecheggia l'emergenza nella quale ti trovi, il bisogno assoluto di avere lì l'auto e vorresti scendere e spiegare all'automobilista che non puoi proprio parcheggiare lontano rischiando di lasciare un bimbo solo ad attendere. Sei nel giusto, senza dubbio, chiunque sapesse cosa stai facendo e perché, non esiterebbe un attimo a darti ragione. Ma non puoi spiegarlo agli automobilisti in coda. Allora decidi di scendere dall'auto per parlare almeno con il primo, che sta eseguendo un concerto per clacson contralto in SIb minore. Scendendo, però, ti rendi conto che lo spazio per far passare le auto in coda... c'è!

E allora inizi a dare indicazioni all'automobilista per aiutarlo a passare dall'ampio spazio che hai lasciato. Lui alla fine passa, ma ne seguono altri, e non è mica detto che tutti saranno disposti a provarci. E dietro c'è anche un camion, che non potrà passare a meno che tu non vada a parcheggiare altrove.

Per tua fortuna la persona che attendi arriva, sale sulla tua auto e puoi ripartire ed evitare la rissa. Ti ritrovi con una SR al 55%, bestemmiando contro l'impazienza degli automobilisti.

Dissonanza cognitiva

Questo esempio è già indicativo di quella che è la tesi stessa di questo libro, ribadita implicitamente in ciascuno dei capitoli e dei paragrafi di questo testo. A seconda della situazione nella quale ti trovi, il criterio di valutazione delle azioni tue e degli altri può cambiare per te in modo... polare o anche multipolare.

Una precisazione si rende necessaria, nonostante sia implicitamente deducibile. Considerare questi episodi esclusivamente bipolari è solo una semplificazione necessaria ai fini del fluire del testo e di una semplice narrazione degli esempi. E' chiaro che ci possono essere più di due polarità tutte mutualmente antitetiche oppure anche parzialmente assonanti e parzialmente dissonanti. Procediamo quindi con la semplificazione basata su due polarità tra esse dissonanti, lasciando al lettore la libertà di individuare e riconoscere gli esempi multipolari.

Nelle situazioni nelle quali sei tu colui che deve assolutamente passare, indipendentemente dall'urgenza reale, le tue azioni sono per te ammantate da un'aura etica a tuo vantaggio, che ti porta a stigmatizzare lo scarso rispetto dei parcheggiatori selvaggi che con le loro azioni irrispettose causano un ritardo nel flusso delle auto, nello svolgersi degli impegni di tutti coloro che vengono rallentati.

E chissà, magari in una fenomenologia alla *sliding doors*, quel ritardo può provocare danni irreparabili. E' profondamente ingiusto che colui che parcheggia in cotal guisa, ostacolando tutti, possa restare indifferente al danno provocato. E' assurdo che cose del genere accadano.

Se, invece, sei tu nei panni dell'automobilista che deve parcheggiare, percepisci le tue azioni, benché diametralmente opposte, come ancora eticamente corrette.

Chi ti manca di rispetto, stavolta, sono gli automobilisti in coda che dovrebbero comprendere che l'unica ragione che può portarti a parcheggiare in quel modo è l'emergenza evidente, di svolgere una mansione sacra, quale prendere a bordo un anziano che non potrebbe camminare per raggiungere la tua auto se essa fosse parcheggiata lontano, o un bambino che non può assolutamente attraversare la strada da solo.

E' profondamente ingiusto suonare per spingerti a spostare l'auto. E' eticamente sbagliato restare indifferenti al tuo problema.

Nella stessa situazione, a parti invertite, ti senti comunque nel giusto. Senti di avere ragioni assolute e di essere trattato in modo scorretto. Invochi una polarità nel tuo comportamento, che, purtroppo, cambia a seconda della situazione.

Se qualcuno parcheggia bloccando il traffico o ti rende impossibile parcheggiare nel posto auto di tua competenza o ingombra il parcheggio in modo tale da occupare anche il posto auto a fianco diventi una belva. Se vedi qualcuno che ha parcheggiato su un'area per disabili resti sconvolto dall'insensibilità dell'individuo. Se vedi un'auto ferma al bordo strada sei stupito dalla follia che ha portato quell'automobilista a parcheggiare lì.

Ma se sei tu a dover sbrigare una commessa che in quel momento ritieni fondamentale, come ad esempio giocare due schedine da 1 € al lotto o comprare le tendine parasole posteriori per l'auto, allora tutti quelli che ti intralceranno o che rivendicheranno lecitamente il loro parcheggio saranno per te dei *pazzoidi impazienti prepotenti*.

Questa è dissonanza cognitiva, questa è etica bipolare.

Vediamo ora un altro esempio, sempre relativo ad automobili e strade.

2 Il sorpasso

Situazione A (esogena)

Stai percorrendo una strada a doppio senso, senza divisione tra le corsie, abbastanza trafficata nel tuo senso di marcia. Le auto provenienti dalla direzione opposta sono poche, ma rappresentano comunque un pericolo per qualsivoglia sorpasso.

La linea di mezzeria è tratteggiata in diversi punti, per cui il sorpasso è possibile, calcolando bene tempi e modi. In auto con te c'è il/la tuo/a consorte ed i vostri 3 figli. Sorpassi qualche auto, senza troppa spericolatezza, e procedi regolarmente verso la tua destinazione.

Ad un certo punto un camion si immette, dietro di te, nel tuo stesso senso di marcia, da un ingresso. La velocità del camion è rigorosamente limitata dal codice stradale, ed il camionista sembra rispettare assolutamente le regole.

Guardi lo specchietto retrovisore fin dietro il camion. E da lì vedi sbucare a tratti i fari di un'auto... nervosa che fa capolino ripetutamente ogni volta che le altre auto provenienti dal senso opposto lo consentono.

Ti rendi conto che l'autista dell'autovettura che segue direttamente il camion è impaziente di sorpassarlo, ma ovviamente quando si sporge per guardare si rende conto che la manovra causerebbe un incidente frontale, e rientra...

Questo processo si ripete talmente tante volte che percepisci a distanza la SR di quell'automobilista.

E già parte il tuo giudizio lapidario: è troppo pericoloso, agli incidenti frontali non si sopravvive, se iniziasse il sorpasso e non riuscisse a rientrare potremmo essere coinvolti noi, innocenti, nell'incidente. E' un pazzo, è un folle, e così via.

Mentre l'autista dell'auto vive una crescita della sua SR, anche la tua inizia a salire, all'indirizzo proprio di quell'automobilista.

Sei letteralmente sdegnato dai rischi che egli vuol far correre a tutti gli altri automobilisti, camion compreso.

Improvvisamente, nel punto più pericoloso, mentre la strada è in salita e all'appropinquarsi di una curva, quindi con visibilità pari a zero, l'automobilista, che nel frattempo ha raggiunto una SR pari al 95%, si lancia in un sorpasso azzardatissimo e ti passa accanto mentre incroci le dita sperando di non essere coinvolto in un probabilissimo incidente.

L'auto completa il sorpasso senza grandi problemi, nessuna auto nella direzione opposta si è manifestata. E' stato molto fortunato! Lo sappiamo noi e lo sanno tutti coloro che hanno assistito alla scena.

Parte una raffica di imprecazioni alla volta dell'automobilista incosciente. Hai notato che sulla sua auto ci sono anche dei bimbi! Pazzo forsennato!

La tua rabbia è incredibile, la SR è all'80%... lo maledici, gli dici, anche se non può sentirti, che non vivrà a lungo se continua così, gli auguri il peggio del peggio (ma non la morte, non arrivi a tanto, tanto ci penserà la sua incoscienza)...

Inspiegabilmente acceleri, quasi a volerlo raggiungere, anche se la verità è che ti senti un idiota a marciare ad una velocità così bassa.

Ti rendi conto di avere un'auto patetica, al confronto del mostro su ruote che ha commesso l'azzardo. Nella tua mente partono anche giudizi contro snob e classisti.

Ti costruisci un'idea dell'altro automobilista che sfiora quella del *mega dittatore galattico* di fantozziana memoria, e riesci anche ad andare oltre, immaginandolo autocratico e... sanguinario!

Situazione B (endogena)

Sei nella tua auto, con i tuoi familiari, sulla stessa strada del racconto precedente, le medesime condizioni di traffico e di pericolo nell'effettuare i sorpassi e anche, ovviamente, lo stesso susseguirsi di curve, con conseguente frequente mancanza di visibilità.

Ad un certo punto, da una strada laterale, qualche centinaio di metri dinanzi alla tua auto, un lentissimo camion si immette nella strada nel tuo stesso senso di marcia. Tu hai fretta, e non una "fretta" qualsiasi... La tua fretta è sacrosanta!

Devi raggiungere gli amici che vi hanno invitato per cena, entro l'orario che vi hanno comunicato.

Non ti è mai piaciuto essere in ritardo, detesti arrivare quando tutti sono già a tavola, senza poter dare una mano a preparare il tutto, senza poter scambiare una chiacchiera durante la preparazione delle pietanze. No, arrivare quando si inizia a mangiare è terribilmente ineducato e tu non puoi permettertelo.

Effettivamente queste sono ragioni assolute, incontrovertibili e quel maledettissimo, lentissimo, gigantesco camion rischia davvero di rovinare tutto.

Prima che entrasse in scena non andavi né troppo veloce né troppo lento, ma di sicuro saresti arrivato a destinazione almeno 15 minuti prima della cena, che non sarebbero stati una gran cosa, ma almeno non avresti sfigurato, non ti saresti rovinato la reputazione di rispettabile precisino.

Ma ora, quella montagna di ferro è lì... insormontabile, invalicabile... o quasi.

Valutate tutte le tue ragioni, deciso che hanno priorità assoluta rispetto alla sicurezza, al codice stradale, alla tua vita e a quella dei tuoi familiari e degli altri automobilisti, decidi che davvero non puoi permetterti di restare lì dietro guardando trascorrere impotente i minuti.

E allora, ecco che ti allontani un po' dal camion, per guadagnare visibilità, sbirci lontano, e nonostante tu veda una curva cieca, decidi che lo spazio è sufficiente. Scali 372 marce fino alla seconda, il motore ruggisce di gloria, metti la freccia, scarti, ed in un istante sei nell'altra corsia, mentre alla tua destra scorre il lunghissimo camion. La curva si avvicina, e con essa la morte sotto forma di probabili auto sopraggiungenti in senso opposto. Ma tu schiacci il pedale!

E' una sorta di roulette russa. Ma dai! La statistica dice chiaramente che non è mica detto che stia sopraggiungendo un'auto proprio in quel momento. Andrà bene.

I tuoi familiari sono terrorizzati, gli altri automobilisti anche, ne vedi i volti stravolti attraverso i vari parabrezza, ti guardano impauriti… se potessero scendere dall'auto ti picchierebbero a sangue… ma tu mostri esternamente serenità, anche se stai morendo dentro.

Alla fine riesci a superare il camion, a rientrare per tempo, superi la curva, vedi che l'auto successiva è ancora lontana, e riesci pure a fingere serenità dicendo che c'era tutto il tempo!

101 esempi

Ecco ciò che troverete in questo libro... 101 esempi brevi di situazioni simmetriche della vita quotidiana nelle quali siamo, a distanza di pochissimo tempo, prima vittime e poi carnefici, prima giudici e poi imputati.

Mentre lo stridore interiore e doloroso della dissonanza cognitiva ci fa intimamente soffrire.

Gamification: valuta la tua bipolarità etica!

I paragrafi di questo libro sono 101. Omettiamo per un momento l'ultimo paragrafo *bonus* e concentriamoci sui restanti 100 per provare a rilevare empiricamente la nostra percentuale di... etica bipolare.

Non è detto, però, che si debba necessariamente aver sperimentato tutte le esperienze descritte. Potremmo aver vissuto solo una *polarità* dell'esperienza o la stessa potrebbe essere così lontana dalle nostre abitudini di vita da non essere assolutamente applicabile. In tutti questi casi possiamo, però, svolgere un esercizio di immedesimazione: immaginarci nei panni del protagonista del racconto provando a capire come reagiremmo se vivessimo noi quella situazione, quali sensazioni proveremmo, quali sentimenti prevarrebbero, quali azioni scaturirebbero.

Metterci nei panni dei vari protagonisti con onestà e procedere nella lettura dei vari esempi riportati, può richiedere una grande sincerità da parte nostra, che ci porti a riconoscere ed ammettere ciò che in fondo al cuore proviamo davvero.

Ricordate, il fine di questo libro è giungere a riconoscere in sé stessi il processo ricorrente che ci porta tutti o quasi ad agire in modo eticamente dissonante, eticamente bipolare.

Con l'immedesimazione, anche immaginare di essere il capo di uno stato sovrano che subisce un bombardamento di un paese limitrofo, non è poi così difficile. Probabilmente servirà solo qualche minuto in più per immergersi nei sentimenti del personaggio, nei suoi desideri, nelle sue pulsioni, nel suo istinto di difesa.

Alla fine di ogni capitolo troverete una tabella come quella riportata qui di seguito come esempio. Nella prima colonna riporteremo il titolo dei paragrafi del capitolo concluso; nella seconda, con una crocetta in corrispondenza del paragrafo considerato, potrete attribuirvi 0 punti per ogni volta che vi riconoscerete solo in una delle due esperienze, A **o** B; con una crocetta nella terza, invece, vi attribuirete 1 punto per ogni volta che vi riconoscerete in entrambe le situazioni, A **e** B.

Paragrafo	Solo A o solo B	Sia A che B
1 Titolo paragrafo	■ 0 punti	☐ 1 punto
2 Titolo paragrafo	☐ 0 punti	■ 1 punto
TOTALE		1 punto

Potete mettere solo una crocetta per paragrafo. Riepilogando:

- **1 punto** ad ogni paragrafo nel quale abbiamo vissuto (o ci siamo immedesimati e riconosciuti in) entrambe le polarità di giudizio ed azione;

- **0 punti** ad ogni paragrafo nel quale abbiamo vissuto (o ci siamo immedesimati e riconosciuti in) una sola delle due polarità di giudizio ed azione;

Accanto al titolo di ciascun paragrafo-esperienza, troverete due lettere in apice, una **A** - a destra ed una **B** - a sinistra. Potrete contrassegnarle ad esempio per ricordarvi di aver già letto quell'esperienza, oppure per annotare i punti gioco. Una sola o nessuna casella contrassegnata sulla stessa esperienza varranno 0 punti. Due caselle contrassegnate sulla stessa esperienza varranno 1 punto.

Alla fine, sommando tutti i punti delle 100 esperienze, otterrete un numero compreso tra 0 e 100 che renderà approssimativamente, in termini percentuali, la frequenza della nostra esperienza di etica bipolare relativa ai vari paragrafi.

E questo ci aiuterà a capire ancor di più qualcosa di noi stessi!

Gamification 1/10

Paragrafo	Solo A o solo B	Sia A che B
1 Il parcheggio	☐ 0 punti	☐ 1 punto
2 Il sorpasso	☐ 0 punti	☐ 1 punto
TOTALE		

In automobile

L'altro giorno due tizi su un'auto mi hanno tamponato e io gli ho detto, "amatevi e moltiplicatevi", ma non con queste parole.

Woody Allen

3 Precedenza [A]

Piersimona, ore 18:00 di un giorno qualsiasi

Non riesco proprio a perdonare tutti quegli automobilisti che non si fermano al cartello "dare precedenza". Ma insomma! Partiamo dalle basi. E' un cartello triangolare e, se è vero come è vero che per guidare un'auto devi aver sostenuto un esame di guida, allora tutti dovrebbero conoscerlo! Ma veniamo al significato vero e proprio del cartello: "obbliga a dare la precedenza ai veicoli che circolano sulla strada che si incrocia, sia a quelli provenienti da destra che quelli provenienti da sinistra". Vorrei gridarlo ad ognuno di questi pazzi che mi tagliano la strada ovunque... "obbliga"... è un vero e proprio obbligo! Non significa "passa se ti va", "passa tanto ne hai diritto", significa che sei obbligato a fermarti per far passare me che giungo a quell'incrocio! Tu ti devi fermare nel modo più assoluto se incroci quel cartello. Cosa non è chiaro in questa frase? Devi fermarti, lo capisci? Il 99% delle volte devi frenare, bloccare il tuo veicolo, inchiodare, in quale altro modo devo spiegarlo? Non è il cartello di stop, certo. Ma puoi passare senza fermarti solo se non sopravviene nessuno dalla strada che stai incrociando. E quindi se io sopraggiungo sulla strada statale e tu ti stai immettendo, quella che hai sotto le ruote non è una pista di decollo, ma è lo spazio dove puoi e devi fermarti in attesa che chi sopraggiunge possa transitare agevolmente! Ma insomma! Ogni volta che ne incrocio uno, e questo accade diverse volte al giorno, suono il clacson, lampeggio, provo in tutti i modi a far capire che ciò che sta facendo è illegale, pericoloso, incosciente. E magari io ho la corsia di sorpasso occupata da altre auto e non posso neanche spostarmi, devo prodigarmi in una frenata brusca sperando che quello dietro non mi speroni. Insomma, non rispettare il cartello "dare precedenza" è davvero una cosa estremamente pericolosa!

Precedenza [B]

Piersimona, ore 07:50 di un altro giorno qualsiasi

Non ho sentito la sveglia ed ho una fretta mostruosa. Rischio di arrivare tardi in ufficio e non posso permettermelo perché proprio oggi ci sono alcuni clienti importanti in visita in azienda. Riceviamo spesso questo tipo di visite, è vero, ma oggi è diverso: dobbiamo presentare loro il nostro nuovo prodotto. Sono in auto ora, mi devo immettere in tangenziale dalla corsia di accelerazione. Guardo lo specchietto sinistro. Vedo una macchina in lontananza che sopraggiunge sulla corsia in cui sto per immettermi ed un altro veicolo che la sta sorpassando. Hanno spazio a sufficienza, non ha senso rallentare, entrerò tranquillamente. Al limite il veicolo sulla corsia di destra, superato da quello sulla corsia di sinistra potrà spostarsi nella corsia di sorpasso e superarmi senza traumi. Accelero a palla ed in un attimo sono in tangenziale. Ma? Cosa? Il veicolo dietro di me sopraggiunge veloce! E' un pazzo! Mi sta lampeggiando, suona il clacson! Ma perché? Ad un tratto tolgo il piede dall'acceleratore per capire meglio, ma lui sbanda ed allora mi rendo conto del pericolo in cui sta mettendo tutti. Il sorpasso dell'altra auto alla sua sinistra termina e lui si sposta bruscamente nella corsia di sorpasso. Mi raggiunge, mi supera mentre mi lancia bestemmie su bestemmie. Ma di cosa diavolo si lamenta questo idiota? Ho messo la freccia, ho rallentato sulla corsia per un istante e poi, accertatami che tutto fosse ok, sono partita. Lui aveva spazio per spostarsi, frenare, accelerare, insomma cosa vuole? Non sa guidare e non è certo colpa mia. E poi io avevo il segnale di "dare precedenza", non certo lo stop. E' lo stop che mi obbliga a fermarmi, il dare precedenza invece mi consente di passare. Basta, non ho voglia di farmi rovinare la giornata da questo incapace, devo arrivare presto in ufficio e la mia mattinata è molto, molto più importante della sua.

4 Il semaforo [A]

Alfio, ore 08:30 di un giorno qualsiasi

Trovo assurdo il modo in cui gli automobilisti di ogni genere ed età, vivano l'attraversamento di un incrocio semaforizzato. Sembra di essere sulla griglia di partenza di un Gran Premio di Formula 1. C'è quello sulla moto iper potente che sgasa e parte come un razzo, quelli che fanno a chi si muove per primo come se avessero sotto il sedere una Frunari invece di penosissime micro utilitarie con motori patetici. C'è quello con la supercar che parte lentamente e poi a metà incrocio schiaccia l'acceleratore a tavoletta per far sentire il rombo agli altri plebei intorno. E infine ci sono quelli che, in barba ad ogni regola del codice stradale, passano con il giallo che sta per scattare ed anche con il rosso, mettendo in pericolo tutti gli altri sulla strada incrociata. E' davvero pericoloso comportarsi così, se ne rendono conto? La vita è breve e basta una leggerezza come questa a rischiarla! Mi è appena successo... Ero fermo con la mia modesta auto al semaforo in attesa del verde. E, nonostante l'eternità del tempo trascorso, il semaforo ad un certo punto è scattato. Sono partito serenamente ingranando la marcia e accelerando dolcemente! A metà incrocio cosa succede? Un pirata della strada sopraggiunge da destra a tutta velocità! Riesco ad evitarlo per un pelo. E' uno di quegli incoscienti che, mentre il semaforo è ancora a 300m, invece di rallentare, accelera per passare prima che scatti rosso. E ce la fa anche, ma essendo l'incrocio enorme, giunge a metà dello stesso mentre le auto che provengono dall'altra strada sono già partite. E questo pazzo è anche convinto che la sua fretta sia giustificata e che i suoi impegni meritino il rischio di incidenti gravi! Roba da pazzi. E mai nessun vigile urbano a multare questi incoscienti. E poi sentiamo ogni giorno bollettini di guerra relativi ai morti per incidente stradale. Sei fuori!

Il semaforo [B]

Alfio, ore 15:30 di un altro giorno qualsiasi

Ho una fretta pazzesca, mai come oggi! Sono uscito dall'ufficio in anticipo per andare dal mio commercialista Felippo che necessita di integrazioni per la mia dichiarazione dei redditi. Ho dimenticato di allegare tutte le ricevute e scontrini ed oggi è l'ultimo giorno utile per presentare la documentazione. Ho fretta! Vedo da lontano l'incrocio di via degli Eremiti. E' un semaforo terribile, il rosso dura una vita! Speriamo che il verde resti acceso ancora per un po'. Manco a dirlo… giallo! E sono lontano dall'incrocio. Maledizione, oggi io sono in serio ritardo e non posso procrastinare il mio impegno. Provo ad accelerare, con un po' di fortuna il giallo durerà quel tanto che basta a passare dall'altro lato. Del resto se il rosso dura così tanto, forse anche il giallo durerà in proporzione. Mancano ancora 100 metri ed il giallo è ancora lì. L'altro lato dell'incrocio mi sembra lontanissimo. Ed ecco che il semaforo, a pochi metri da me, scatta inesorabilmente rosso. E' troppo tardi per fermarsi, ma sono sicuro che gli automobilisti a destra e a sinistra non saranno così rapidi da impegnare l'incrocio mentre lo sto attraversando. E invece… uno di quei pazzi che pensano che il semaforo sia una griglia di partenza di gara automobilistica schizza ed in un attimo arriva a metà. Un folle… quasi mi prende in pieno. Sterzo per evitarlo e finisco sul marciapiede salvagente al centro dell'incrocio. E quel pazzo, non contento, mi bestemmia contro, lo vedo dallo specchietto. Cosa? Io sono passato con il giallo e si può fare, se si è impossibilitati a fermarsi. E tu? Tu che parti con la tua Fruto 1.2 come se invece fossi alla guida di una Frattalpini 3500 bi-turbo? Hai idea del pericolo in cui ci hai messi entrambi? Io ho un appuntamento irrinunciabile, di quelli che non puoi saltare. Ma tu? Tu no! Tu sei un pazzo e niente più.

5 Limiti di velocità [A]

Dafne, ore 18:15 di un giorno qualsiasi

E' appena passato da questa strada un folle proveniente dall'incrocio che mi accingo ad attraversare a piedi. Ed ora sono praticamente paralizzata dalla paura! Non un folle nel senso stretto e comune del termine, ma un pazzo alla guida di un'auto. Un idiota che, avendo percepito da lontano che il semaforo stava per scattare verde, ha accelerato e come se non bastasse, giunto in prossimità dell'incrocio, ha svoltato a sinistra senza rallentare minimamente. La sua patetica utilitaria, che se la compri nuova dalla concessionaria non la paghi, ma ti danno i soldi loro, ha tenuto a stento la curva e solo grazie ad un miracoloso equilibrio tra forza centrifuga e forza centripeta non si è capovolta uscendo di strada e colpendo noi poveri pedoni terrorizzati. Un perfetto idiota, uno di quelli che a causa del suo micro cervello, che una gallina al suo confronto è Einstein, non si rende minimamente conto della possibilità di ritrovarsi nel bel mezzo di un processo per omicidio stradale! Uno di quelli che pensa di essere Fruiss Badminton alla guida della sua Monstrari Effe 3042. Ma davvero devo rassegnarmi al fatto che uscire di casa significhi rischiare di non rientrare perché falciata da un imbecille come questo? Ma poi, mi spiegate perché si comporta così? Nonostante non mi piacciano i pregiudizi di genere, in grandissima parte questi idioti sono maschietti cretini! Lo capite o no che non c'è nulla di altamente mascolino nel muovere i muscoletti del vostro idiotissimo piedino destro per abbassare l'acceleratore? Non c'è nulla di eroico in questo, lo sanno fare anche i bimbi! O forse avevate un impegno improrogabile? Così improrogabile che rende tollerabile l'omicidio? Non credo ci sia nulla al mondo che possa essere anteposto alla vita di una persona, che possa rendere perdonabili questi rischiosissimi gesti. Siete degli incoscienti!

Limiti di velocità [B]

Dafne, ore 06:42 di un altro giorno qualsiasi

Sono nei guai seri oggi. Ho dimenticato il turno presso l'ospedale. Questo sabato tocca a me e, per quanto non ne abbia la minima voglia, devo essere in reparto entro le 07:00. Come faccio ora? Non ho sentito né la prima sveglia né la seconda. Ho sentito la terza che però suona molto più tardi! E mi sono ritrovata a guardare inebetita l'orologio, prima di comprendere il dramma, chiedendomi per diversi secondi quale giorno fosse. Il primo pensiero, speranzoso, è stato ad un giorno... libero. Poi pian piano la terribile verità si è fatta strada. Ed ho iniziato una corsa folle per prepararmi il più velocemente possibile. Ed ora, trafelata, scendo le scale ed entro in auto. Indovina? Ma che diavolo! Benzina quasi finita! Ed allora di corsa al distributore, dove scavalco il cliente davanti a me rischiando il linciaggio, accenno un gesto di preghiera e me la scampo. Eccomi finalmente sulla statale che porta all'ospedale. Schiaccio il pedale... 100, 110. Lo so. Il limite su questa strada è 90km/h, ma come faccio a rispettarlo? Oggi non posso proprio, è troppo importante. Ci tengo alla promozione e per ottenerla non posso proprio sgarrare! Che succederebbe se arrivassi in ritardo e quell'arrogante di Porfiria si precipitasse dal primario da squallida delatrice quale è? No, oggi sono giustificata a correre. Ma non voglio fare incidenti e far male a qualcuno. In fondo, non ho una Straforghini Murtellago, ma una semplice e microscopica Brancia Mupsillon, con ruotine piccole così. Ma sono certa che la mia fida non mi deluderà. Corro, sorpasso mi sposto ovunque. Perdonatemi, ma ho una motivazione seria. Ecco ora faccio quella curva a 110, brrr. Tengo il volante in punta di dita, quasi che se starnutissi la macchina perderebbe contatto con l'asfalto. Curva superata, procedo. Non posso evitare questa corsa. Ne va del mio lavoro!

6 Guida e smartphone [A]

Alfonso, ore 11:30 di un giorno qualsiasi

Sono in giro per commissioni familiari con la mia auto, ed ecco che vedo sopraggiungere dietro di me, nella corsia di marcia sulla SS354, una utilitaria scura che procede a velocità sostenuta e non accenna ad intraprendere il sorpasso per scansarmi. Guardo lo specchietto centrale e noto che l'automobilista è intento a guardare il suo smartphone. Lo tiene in alto, quasi in direzione dello specchietto, e non mi ha ancora visto! Faccio la follia di suonare il clacson nella speranza che percepisca – all'indietro – che è rivolto a lui, ma niente. Ho paura di spostarmi io nella corsia di sorpasso, perché se alla fine lo facesse anche lui, ci sarebbe comunque un probabile schianto. Il tipo per un istante alza gli occhi dallo smartphone, finalmente mi nota e con estrema serenità sterza, sorpassa, e passa oltre evitandomi per un pelo! E' un folle! Dovrebbero ritirare la patente a quelli come lui! Ormai ogni volta che sei fermo al semaforo in coda e scatta il verde quello davanti a te non parte. E perché non parte? Lo puoi comprendere immediatamente guardando la sua sagoma in controluce attraverso il lunotto dell'auto. Sta guardando il suo smartphone tenendolo nella mano destra. Probabilmente scrive messaggi personali su Vazzàpp o su Fetesgram! Maledizione tutto questo è estremamente pericoloso! Ma si rendono conto del rischio? A parte che è cosa assolutamente vietata dal codice stradale. Magari lo è un po' meno se sei fermo al semaforo, ma l'abitudine poi porta a farlo sempre e ovunque, anche quando si è sulla statale o in autostrada. E sono tutti convinti di potercela fare senza problemi! Pensano che basti alzare lo sguardo ogni 4 secondi per correggere la direzione dell'automobile e proseguire senza intoppi. Ma in quei 4 secondi può succedere di tutto. Puoi uccidere qualcuno e rovinarti la vita per sempre...

Guida e smartphone [B]

Alfonso, ore 16:30 di un altro giorno qualsiasi

Mi sto spostando in fretta e furia da una sede all'altra dell'azienda per attività abbastanza urgenti. Il nuovo progetto sta vivendo un momento di forte crescita ed io sono al centro di questo processo con le mie competenze trasversali. Un tempo ai professionisti venivano richieste particolari conoscenze verticali, ora invece più ne sai meglio è. Il capo è molto esigente, ma tecnicamente non troppo competente. Spesso devo spiegare e rispiegare quello che sto facendo, come sto gestendo il mio tempo e tante altre cose. Spesso incalza con le domande ed io, che non sono propriamente calmo, sento la forte urgenza a rispondere. Ora sono nell'auto aziendale e devo davvero recarmi nell'altra sede dove potrò svolgere il test finale che mi manca per chiudere le attività di questa settimana. Poi tra 3 ore ho un aereo che mi porterà presso la sede dell'azienda partner. Sto percorrendo via dei Lillipuziani a tutta velocità, il mio mezzo non supera i 45km/h. E' una strada dritta, per cui guardo un momento lo smartphone e la chat, ma solo un momento eh, non voglio certo correre o far correre rischi a nessuno. Riesco a leggere un messaggio del mio capo che mette in dubbio la validità del test che sto per svolgere. Ma come? Sono stato assolutamente chiaro nell'illustrarne gli esiti! Il pedale è a tavoletta, ma l'incrocio è ancora lontano. Il semaforo è verde e quindi non ci sono problemi. Decido di scrivere un breve messaggio. Ma no dai sono alla guida è pericoloso. Cerco l'icona del microfono, guardo il semaforo ed imposto la manovra per passare oltre. Inizio a registrare il messaggio. Sì lo so, non si fa, è vietato, ma questa è davvero una cosa importante, è un'urgenza di lavoro! Inizio a registrare il messaggio, attraverso l'incrocio e per un istante guardo il telefono mentre sto parlando per rispondere e chiarire che io no SBAMMM

7 L'acceleratore [A]

Amedeo, ore 07:45 di un giorno qualsiasi

Che assurdità le gare al semaforo di via Dei Virgulti. Non si capisce per quale follia mentale alcuni individui confondano l'asfalto dietro il semaforo rosso con una griglia di partenza di F1. Li vedi lì, sfidarsi corpo a corpo, pur senza guardarsi. I musi delle auto che si muovono di millimetri in avanti quando la frizione sta per staccare, e poi scivolano un po' indietro, quando è chiaro che il semaforo ne avrà ancora per molto. Poi scatta il verde e le frizioni staccano, le ruote pattinano, si sente stridore di pneumatici, come se si fosse all'autodromo di Bronza e non in una strada di periferia di una città mediocre in un luogo altrettanto mediocre dell'universo. E le due auto dinanzi a me partono, si affiancano, quasi alla pari. Da dietro vedo le teste dei due guidatori, ripiene solo della loro idiozia e del desiderio di scaricare sull'asfalto e sul loro "avversario" la rabbia ed il bisogno di rivalsa che pervade le loro mediocrissime vite. E tra l'altro li vedo prendersi rischi insensati, con la stessa naturalezza. Eh sì perché dopo il semaforo c'è un incrocio con obbligo di svolta a sinistra in via Lesmi. Le due macchine giungono insieme al punto in cui devono entrambe sterzare. I rispettivi automobilisti lo fanno, cercando di restare fianco a fianco senza cedere. E dico cedere perché necessariamente uno di loro dovrà cedere in quanto la corsia in cui si stanno per immettere è molto più piccola di quella dalla quale provengono. Di conseguenza uno solo passerà per primo e vedrà alleggerito il rancore che si porta addosso verso la vita; l'altro passerà dopo, con tutta la sua rabbia amplificata a *manetta*. Assurdo... non capisco proprio queste cose, davvero! Mettere a rischio la vita degli altri automobilisti, dei passanti, dei ciclisti, dei pedoni per... cosa? Per arrivare primi al prossimo semaforo... ? Per vincere quale premio?

L'acceleratore [B]

Amedeo, ore 13:05 di un altro giorno qualsiasi

Sono al semaforo di via Dei Virgulti, quello che mi porta in via Lesmi. Devo correre a pranzo dai miei ed ho pochissimo tempo... l'azienda non concede più di un'ora per la pausa pranzo. Sarebbe bello, in un mondo ideale, se il lavoratore potesse gestirsi la pausa come meglio crede, per poi recuperare all'uscita, ma non è così. Mi fermo nella corsia di destra e guardo l'orologio: le 13:06. Uffa. Per quanto io provi ad uscire alle 13:00 esatte dall'ufficio non riesco mai ad arrivare dai miei prima delle 13:20. E poi? Venti minuti per mangiare in fretta e furia ed altrettanti per rientrare. Che sbattimento pazzesco... ma ci tengo ad andarli a trovare ogni giorno. Arriva un'auto alla mia sinistra che mi supera di poco. Mi giro a guardare e vedo... praticamente uno stereotipo! Ecco una specie di imprenditore in fasce con macchina super costosa, abito e orologione. Lui mi guarda con sufficienza mentre parla al telefono convinto di decidere le sorti del mondo. Accelera e frena, iniziando quell'andirivieni tipico di frizione freno ed acceleratore di chi vuole mostrare al mondo di quale pasta è fatto. Che grande idiota. Come se ci volessero la macchinona e tutti i suoi accessori a dimostrare il valore di una persona. Ma no vabbé lasciamo perdere tutti questi discorsi. Schiaccio il freno e resto perfettamente fermo. Lo lascio sfogare, lo ignoro, non mi interessano questi giochetti infantili. Si tenesse il suo penoso vantaggio di 20 centimetri... non mi interessa gareggiare con lui. Poi, però, guardo il semaforo e, non so perché, ma appena scatta il verde lascio la frizione e schiaccio l'acceleratore iniziando la curva più *formulistica* della mia vita. Il cambio dalla prima alla seconda dura pochi millisecondi. Risultato? Sono davanti e l'altro nulla può fare per raggiungermi. Lo guardo nello specchietto e godo, mamma mia come godo. Brrrrr

8 Corsie di emergenza [A]

Adelaide, ore 17:00 di un giorno qualsiasi

Ed eccomi di nuovo in coda su questa stramaledetta strada statale che sempre, ogni benedetto giorno è tormentata da lavori, incidenti, buche, etc. Ogni qualvolta vedo uno stop accendersi anche a distanze importanti rallento, per non rischiare di tamponare l'ultimo in fila. Ed anche oggi eccomi fermo in coda. Dinanzi a me centinaia di auto, dietro di me forse migliaia. Stavolta si tratta di un incidente, cosa che mi mette sempre angoscia. Magari è cosa da poco, ma in genere pensare a qualcuno intrappolato in auto in attesa di un'ambulanza mi terrorizza. Vorrei che i soccorsi arrivassero immediatamente dall'alto, con un elicottero da far atterrare accanto ai mezzi coinvolti. Si viaggia a passo d'uomo. Ad un certo punto, nonostante sia assolutamente vietato dal codice stradale, un cretino dietro di me scarta a razzo verso destra ed impegna la corsia d'emergenza. Ma sei fuori? Lo sai che quella è l'unica via di accesso per i soccorsi che stanno sicuramente arrivando ad aiutare il malcapitato di oggi? Dico, sei deficiente? Si avvicina ed ha pure il coraggio di suonare il clacson affinché io mi sposti un po' più a sinistra in modo da lasciarlo passare più agevolmente. Dico, ti rendi conto di quello che stai facendo? Sai che se ora l'ambulanza arrivasse e non riuscisse a passare, la colpa per l'eventuale morte di una delle persone coinvolte nell'incidente sarebbe la tua? E non ti frega nulla degli altri automobilisti che, come me, rispettano il codice stradale restando diligentemente in coda fino all'arrivo dei soccorsi? Hai idea di quanto rischiosa sia la tua manovra per le persone coinvolte nel sinistro, per altri che potrebbero essere coinvolti in altri incidenti? Dico, grandissimo stronzo, hai capito almeno un po' quale boiata stai facendo? Io spero che tu possa ravvederti e tornare in te prima di un nuovo disastro!

Corsie di emergenza [B]

Adelaide, ore 07:45 di un altro giorno qualsiasi

Di nuovo in coda a passo d'uomo su questa maledettissima statale. Sicuramente si tratta di lavori in corso o di un incidente, come sempre. Io, però, devo essere dal mio avvocato assolutamente entro le 07:50 per poter essere nel mio ufficio alle 08:00 in modo da finire alle 17:00 ed essere al cinema alle 17:30 per la prima mondiale del 3° remake de *Il cavolo investe Praga*. Ho fatto tutte le complanari e le scorciatoie esistenti, ma l'ultimo tratto devo per forza percorrerlo in questa lunghissima e lentissima coda. Maledizione! Se solo questi altri ciuchi di automobilisti si organizzassero meglio e guidassero in modo più decente, se partissero il prima possibile e frenassero il più tardi possibile non ci sarebbero problemi. Ma sono degli incapaci, persone che hanno avuto la patente come atto di carità di un ingegnere esaminatore che voleva solo liberarsene per andare dalla comare e spassarsela. E la cosa peggiore è che sicuramente nessuno di questi ha un motivo valido per raggiungere la propria destinazione. Sono quasi tutte persone al cazzeggio, non certo professionisti che come me, dopo una dura giornata di lavoro, desiderano svagarsi un po'. L'uscita della tangenziale è vicina, a breve si aprirà la corsia di decelerazione. Ho deciso, impegno la corsia di emergenza e faccio un favore a tutti! Non supero certo le altre auto in modo scorretto, loro sicuramente sono qui per andar dritto ed io invece devo uscire. Se anche un mezzo di emergenza passasse ora su questa corsia, non lo intralcerei, perché tra qualche centinaio di metri io potrò spostarmi a destra e togliermi d'impiccio. Ho fretta vera io! Percorro i primi 200 metri e va tutto liscio. Ma ora c'è un idiota con la macchina molto spostata verso destra. Suono il clacson. Mi fa un cenno della serie "dove vai?". Cretino, io esco, spostati!

9 Temporali [A]

Alice, ore 14:25 di un giorno qualsiasi

Maledizione, il tempo disponibile per la pausa pranzo sta per finire. Devo correre per rientrare in ufficio e mancano solo 5m! Piove ancora a dirotto. Percorro con la mia auto un viale dove stanno defluendo gli studenti della scuola media vicina. Il viale è pieno di pozzanghere ed è troppo tardi quando mi accorgo di non poter frenare in tempo per cui prendo in pieno una sorta di lago ed inondo due ragazzine che camminano a bordo strada. Le due iniziano ad inviare al mio indirizzo bestemmie ed insulti di rara efficacia. Ma io non volevo sporcarvi! Perché vi arrabbiate così? Mi scuso con un gesto, non ho visto la pozzanghera in tempo, non ho visto voi in tempo, se avessi frenato le gomme avrebbero slittato e a quel punto altro che acqua, forse vi avrei investite entrambe. Ma che avete da lamentarvi? Perché continuate ad insultarmi piccole deficienti? Io sto andando in ufficio e sono quasi in ritardo. Il lavoro è una cosa seria, sapete? Mica come fingere di studiare per qualche ora e poi uscire con gli amichetti. Io torno in ufficio e voi da mamma a mangiare e poi, strafottendovene di tutto quello che lei ha preparato per voi e senza dare una mano a rimettere tutto a posto, in camera vostra a chattare per ore. Ma smettetela di bestemmiarmi contro! Io prima ero davvero dispiaciuta, ma ora vorrei avervi letteralmente preso a secchiate, anzi, quasi quasi faccio il giro dell'isolato, e se siete ancora lì a leccarvi le ferite, asciugandovi in qualche modo, provo a centrarvi meglio e a spostare l'intero contenuto della pozzanghera sui vostri maleducati visini e sui vostri logori e stracciatissimi jeans. Voi non sapete cosa è l'educazione, altro che. Chi sono quei beceri maleducati che vi hanno insegnato ad esprimervi in questo modo? Bah arrangiatevi, non meritate altro spreco del mio tempo. Posso ancora farcela…

Temporali [B]

Alice, ore 13:05 di un altro giorno qualsiasi

Sono appena uscita dall'ufficio. Cammino velocemente verso il parcheggio dove ho l'auto. Poco fa si è scatenato un temporale davvero generoso! Tanti tuoni, fulmini e, soprattutto, tanta acqua. Adesso, più di un'ora dopo, piove ancora tantissimo. Costeggiando il marciapiede dell'azienda raggiungo l'attraversamento pedonale. In fondo vedo un'auto iniziare la curva che la porterà dove mi trovo ora. Senza esitare attraverso una pozzanghera enorme, perché non trovo *guadi* che mi permettano di passare illesa questo vero e proprio fiume. Faccio cenno all'auto di rallentare, indico il pozzangherone, poi il cartello che segnala l'attraversamento pedonale, indico le strisce, ma niente, il deficiente non rallenta, anzi, accelera. A quel punto mi vede e per evitarmi, allarga la sua traiettoria, centrando in pieno assoluto, roba da *annales maximi*, la pozzangherona, dalla quale si alza una specie di *tsunami* impietoso che mi travolge. In un momento, l'acqua è ovunque, sui vestiti, nelle scarpe, sullo smartphone, nel plico di documenti che ho con me. Assurdo. Guarda questo idiota, maleducato e deficiente! Ma si rende conto? Mi ha letteralmente fatto la doccia di acqua zozza, ed ora sono sporca ed arrabbiata nera. Lancio una bestemmia al suo indirizzo, ma nel frattempo lui si è allontanato. Scorgo la sua sagoma che guarda lo specchietto retrovisore e poi mi manda a quel paese. Come? Tu mandi a quel paese me? Te ne freghi dell'educazione, mostri zero attenzione verso gli altri, mi passi accanto a tutta velocità sotto il temporale nonostante io mi sia sbracciata, ed ora sono io quella che si prende gli insulti? Sei davvero da chiudere in cella e poi buttare la chiave. Sei uno che non sa dove sta di casa l'educazione, uno di quelli che meno ce ne sono al mondo meglio è. Vai a fare il nulla che devi fare, uomo inutile, la ruota gira.

10 Strisce pedonali [A]

Aurelio, ore 10:00 di un giorno qualsiasi

Sono in permesso sul lavoro perché devo necessariamente spedire un pacco entro la mattinata di oggi. L'ufficio postale è qui vicino, per cui passo accanto alla mia auto nel parcheggio limitrofo, recupero velocemente il pacco dal portabagagli, e mi affretto a passo veloce a raggiungerlo. Devo attraversare viale Pagnacaudi, una strada molto, molto grande. A metà isolato, proprio di fronte all'ufficio postale ci sono le strisce pedonali. Purtroppo non ci sono rallentatori (che reputo andrebbero installati in coincidenza di qualsivoglia attraversamento pedonale del pianeta terra), ma comunque sono strisce ben visibili. Ciononostante non mi impongo sugli automobilisti, so bene come funziona. Attendo un momento di calma relativa ed inizio ad attraversare. Oggi c'è tantissimo traffico qui. Superata la metà della carreggiata, il primo automobilista si ferma per consentirmi il passaggio. Lo supero e... maledizione! Un idiota, fregandosene del fatto che l'altro automobilista si è evidentemente fermato a far passare un pedone, lo sorpassa da destra e quasi mi falcia! Devo indietreggiare di un passo per evitare che di me non resti altro che un ammasso deforme di budella sull'asfalto. Ma che diavolo fai deficiente! Ma ti rendi conto che ci hai messo in pericolo entrambi? Stavi per farmi a brandelli, e saresti stato nei guai perché si sarebbe trattato di omicidio stradale! E non un omicidio stradale qualsiasi, uno dei peggiori! Eh sì, perché io sto attraversando sulle strisce ed il gentiluomo qui alla mia destra si è fermato, dico fermato per farmi passare! E tu cosa fai? Pazzoide e demente, tu non dovresti guidare l'auto, tu dovresti serenamente andare a passare una vacanza abbracciato al nòcciolo di una centrale nucleare di vecchissima generazione. Mi hai fatto perdere 10 anni di vita, incosciente!

Strisce pedonali [B]

Aurelio, ore 17:15 di un altro giorno qualsiasi

Ho una fretta mostruosa, come sempre del resto. Sto percorrendo via dei Cappellitani Scalzati che è lunga e generalmente molto trafficata. Oggi, però, è stranamente scorrevole. Superato l'ufficio postale vedo un paio di pedoni che si stanno avvicinando alle strisce pedonali. Ce la faccio senza problemi a passare prima di loro. Sgaso e li supero. Con la coda dell'occhio vedo che hanno fatto un passo indietro. Non ho fatto nulla di male eh, non avevano ancora iniziato ad attraversare. Ho fretta! Devo recarmi dall'avvocato per la proprietà di uno sgabuzzino di 2mq in Val Camonica, ricevuto in eredità dalla zia Drusebia... mica pizza e fichi eh? Ci sono altri pedoni più avanti e... non poteva che capitarmi il buon samaritano! L'uomo che guida l'auto che mi precede vuole espiare i suoi peccati ed ottenere un'indulgenza plenaria, per cui frena per consentirne l'attraversamento. Ma diavoli, sono lentissimi! Io suono il clacson e vedo l'autista davanti indicarli. E loro solo ora muovono il primo passo. Maledizione, sto perdendo un sacco di tempo! Io ho un impegno serio, mica come voi! Scarto sulla sinistra e faccio per superare l'auto che mi antecede, quando mi rendo conto che 2 bambini che si tengono per mano sbucano da dietro il cofano anteriore. Ma che diavolo! E dove sono i genitori? Inchiodo, le ruote stridono, slittano. L'auto si ferma per tempo a pochi metri dai bimbi. Gli faccio cenno arrabbiatissimo di passare in fretta. A destra l'automobilista samaritano mi deride con aria sarcastica. Lo invito con un cenno a farsi gli strasassi suoi. Dopo il passaggio dei due microbi stanno arrivando anche i pedoni di prima e sono costretto ad attendere anche il loro passaggio. Io ho un appuntamento, è chiaro? Ok che bisogna fermarsi in corrispondenza delle strisce pedonali, ma bisogna anche camminare lesti, lo sapete?

11 L'Incidente [A]

Amelia, ore 18:45 di un giorno qualsiasi

Sto tornando a casa e sono davvero stanca. Oggi la giornata di lavoro è stata terribile, non mi sembra vero che sia finita. Procedo con l'auto verso via degli Alfaratani. Dopo il vialone finalmente sarò a casa. Eccomi al temutissimo segnale di stop che ogni giorno devo affrontare. Mi fermo per una frazione di secondo, ma no dai, non mi fermo, cmq vado pianissimo. Metto fuori il muso dell'auto e BAM, un cretino proveniente dal lato sinistro di prende in pieno. Scendo subito un po' frastornata non sapendo cosa dire o fare. Accenno un discorso di accusa, ma poi l'arrabbiatissimo tipo che scende dall'altra auto mi fa notare chiaramente che non mi sono fermata allo stop. Taccio senza protestare. Sì perché in un attimo realizzo che ha... ragione, maledizione, ha proprio ragione. E allora guardo la mia auto, poca roba... e poi guardo la sua, il gruppo ottico destro è distrutto e con esso parte del paraurti. Beh almeno l'assicurazione non dovrà rifondere milioni di euro. Firmiamo il cid, e lui si massaggia il collo. Io spero si tratti di problemi di cervicale ma... no. Ad un certo punto lui dice che dovrà necessariamente recarsi dal pronto soccorso per un esame veloce avendo dolori al collo. Io gli dico che non può essere stato l'incidente, che è avvenuto a velocità bassissima, con un angolo che non può aver provocato il cosiddetto colpo di frusta! Niente... il tipo dice che sono fatti suoi quello che farà. Mi saluta e se ne va. Ok io avrò commesso un piccolo errore, ma lui aveva tutto il tempo per frenare. Truffatore nell'anima! Non si è fatto assolutamente nulla, tra l'altro grande e grosso come è quell'urto gli avrà fatto il solletico, come ha fatto a me. Dopo qualche giorno l'assicurazione mi comunica il danno: 1500 euro per riparare la sua auto e... 3500 euro per il danno fisico. Ma si può essere più furfanti di così?

L'Incidente [B]

Amelia, ore 07:10 di un altro giorno qualsiasi

Sono in coda come ogni dannata mattina sul vialone saturo di vetture che, percorso a passo d'uomo, sembra lungo decine di km pur estendendosi, nella realtà, per non più di 400m. Si va a ondate, come ogni volta che c'è un ingorgo. Ogni tanto siiii parteeeee... poi screeeech. Si frena tutti insieme. Io rispetto la distanza di sicurezza da chi mi precede. Non voglio assolutamente fare l'errore di prendere troppa velocità e non riuscire a ferm BAAAM. Cosa succede? All'improvviso tutto sobbalza intorno a me ed io pure. Un urto secco e violento sul retro dell'auto. Guardo lo specchietto e vedo una ragazzina, che già alza le braccia per scusarsi. Mi hai tamponato? Ora sono guai tuoi bella! Scendo e arrabbiatissima guardo il retro della mia auto. Tutto sommato niente di grave, ma il cofano è bloccato! Come farò a prendere il mio zaino ed il computer? Maledizione, oltre ad avermi distrutto l'auto mi hai rovinato la giornata. Sfogo la mia rabbia contro di lei, impreco contro la distanza di sicurezza non rispettata, contro la sua incapacità alla guida, contro la sua approssimazione. Lei è mortificata, si scusa ripetutamente. Mi calmo. In ogni caso ha torto marcio, lo dice il codice della strada. Per fortuna io non ho tamponato nessuno lì davanti. Prendo il cid, per la constatazione amichevole dei danni, lei firma. Io voglio solo riparare l'auto niente di più. Vado in ufficio? No, sono un po' scossa, torno a casa, anzi... no. Mica sono scema! Vado dal pronto soccorso e mi faccio fare una bella diagnosi di colpo di frusta. Eh non è mica giusto che debba essere sempre io quella stupida che subisce. E poi l'urto l'ho sentito davvero! Che ne so se le mie vertebre non hanno subito un minimo danno? Mi hai rovinato la giornata, mi hai distrutto l'auto e mi hai anche sicuramente provocato un danno fisico. Ora ti faccio vedere io, pupetta!

12 Alcool [A]

Bastiano, ore 13:00 di un giorno qualsiasi

Ecco l'ennesima notizia al telegiornale che racconta di un incidente mortale che vede coinvolti mezzi guidati da automobilisti che hanno bevuto alcoolici prima di mettersi alla guida. Ma come si può essere così stupidi, così incoscienti, così irresponsabili? Se si ha la fortuna (fortuna?) di sopravvivere ci si è comunque rovinati la vita perché portare sulla coscienza la morte di un altro individuo non lascia scampo. E tutto per cosa? Per aver confidato troppo nelle proprie abilità di guida, nella propria tolleranza all'alcool, come se le regole non fossero importanti, come se la legge non avesse alcun senso, come se non fosse stata scritta da persone che hanno studiato perfettamente gli effetti dell'alcool sulla nostra capacità di concentrazione. Ed ora, un'altra famiglia piange i propri figli che non torneranno mai più a casa per la stupidità di un loro coetaneo. E i defunti, incolpevoli, pagano con la vita la superficialità, l'idiozia, l'incoscienza di un cretino che ha distrutto tutto, la sua e le loro vite, per una stupidità suprema, per eccesso di confidenza. Che poi, mi rendo conto che ti può capitare di non capire quale danno ti abbia procurato quel particolare cocktail, capisco che senza etilometro non sai se sei in grado o meno di guidare, ma almeno evita di correre come un deficiente! Non sei neanche un'unghia di un pilota e le auto da corsa sono molto più sicure di quelle da strada, lo capisci? Evita di aumentare i rischi che normalmente ci sono quando si beve. E no, tu invece andavi a 90km/h in città e non rallentavi a nessun incrocio. Eh sì, perché se da un lato l'alcool riduce progressivamente la capacità di attenzione, rallenta i riflessi, dall'altra toglie le inibizioni, riduce la sensazione di paura che normalmente ci protegge dal superare i limiti. Avrei preferito morissi solo tu, che almeno sei colpevole.

Alcool [B]

Bastiano ore 01:30 di un altro giorno qualsiasi

Ho trascorso una serata meravigliosa con i miei amici di sempre. Ora sto rientrando a casa da solo. Lo so, non ci si mette alla guida dopo aver bevuto, ma io reggo perfettamente l'alcool. Ci sono abituato, cosa vuoi che sia mai aver bevuto tre birre da 0,50cl? Si sa che le birre sono molto meno pesanti del vino, quindi anche se ne bevi di più, la concentrazione alcoolica è talmente bassa che una di esse, mediamente alcoolica, non equivale ad un singolo piccolo calice di vino. Ok, erano birre tostate da 7 gradi, ma le ho bevute lentamente, mangiandoci sopra. Ho avuto tutto il tempo per digerirle e cancellare l'effetto alcoolico. Sono quasi certo che se mi facessero l'alcool test risulterei negativo. Reggo l'alcool meglio di quasi tutti i miei amici che dopo un bicchierino di amaro sembrano già ubriachi persi! Quando al telegiornale sento di un incidente stradale in cui la persona alla guida aveva un tasso alcolemico alto ritengo assurdo che ci si metta alla guida in quelle condizioni, ma dentro di me sento anche che se fossi stato io alla guida con un tasso alcolico addirittura superiore, non sarei di certo mai incappato nell'incidente. E poi sono davvero tanti i fattori che contribuiscono all'effetto che l'alcool ha sul corpo di chi guida un'auto. Il torrente sanguigno del proprio sistema circolatorio conta eccome! Maggiore la quantità di sangue, minore l'effetto sulla propria capacità di guida, no? Io sono alto 1,84cm, tutta quella birra mi fa il solletico, dico davvero! Non sento alcun effetto fisico negativo, se non una lieve euforia. E questa è la prova che l'alcool mi ha preso pochissimo, perché l'euforia è ciò che si prova all'inizio, quando si comincia a bere. E quella lieve euforia mi rende piacevolissimo il viaggio verso casa. Spingo un po' il piede, in modo da arrivare un po' prima. Le strade sono vuotissime a quest'ora...

13 Parcheggio e categorie protette [A]

Clelia, ore 12:30 di un giorno qualsiasi

I miei piccoli nasceranno tra 2 mesi, e ormai sembro un palloncino gonfio al massimo e pronto ad esplodere da un momento all'altro. Riesco comunque a svolgere diverse faccende oltre ad andare in ufficio. Inoltre, grazie ai parcheggi per le categorie protette, disabili e donne in gravidanza, con l'aiuto dei carrelli che si possono portare fino all'auto, sollevando poco peso per volta, anche la spesa familiare è alla mia portata. Per fortuna ci sono queste piccole, ma fondamentali agevolazioni per le persone nelle mie condizioni. A volte mi sento ingiustamente una privilegiata, ma alla fine la mia condizione è effettivamente delicata e scaccio questo stupido pensiero in pochi istanti. E poi vedo che le persone sono gentili con me quando si accorgono che porto in grembo due vite. E questo mi fa piacere. Ecco… neanche a dirlo. I 3 posti riservati nel parcheggio del mio supermercato per le donne in dolce attesa sono tutti occupati e con essi anche tutti gli altri posti ordinari. Il perché è presto detto… siamo in una fascia oraria di massimo afflusso. Va bene nessun problema, attendo un po', tanto non ho fretta oggi. Dopo 5 minuti scende un uomo che si avvicina ad una delle 3 auto e la apre. Forse adesso lo seguirà la moglie anc… no. L'uomo inizia la retromarcia. Guardo bene il cruscotto cercando il simbolo dei portatori di disabilità. Nulla. Mi irrito non poco. Ha il finestrino aperto, quindi abbasso il mio e gli faccio notare che ha occupato uno dei 3 posti riservati. Lui mi risponde in modo molto maleducato chiedendomi a me cosa mai possa importare. E io gli dico che sono incinta. Lui ride e dice che anche sua moglie è incinta. Gli chiedo dove sia sua moglie e lui risponde che è a casa e se ne va ridendo e sgommando!!! Maleducato, irrispettoso, maschilista, falso e bugiardo! Spero che tua moglie sia migliore di te!

Parcheggio e categorie protette [B]

Clelia, ore 10:00 di un altro giorno qualsiasi

Ho appena accompagnato Luigietto ed Anacleta dagli amichetti in un condominio con cortile, dove possono giocare in libertà, sempre controllati dai genitori dei loro amici. Ho tante faccende da sbrigare, tra cui la spesa. Ed ho fretta, perché devo essere alle 10:45 dalla mia *guru* per la meditazione. E' l'unico momento interamente dedicato a me dell'intera settimana. Il parcheggio interno del supermercato è strapieno come sempre. Faccio un paio di giri e niente, tutto pieno. Dovrò riportare l'auto su e cercare parcheggio in strada, perdendo ancora tempo. A meno che... ma sì, dai, tanto sarò velocissima, non se ne accorgerà nessuno. Faccio un altro giro ed infilo il muso della mia auto in uno dei tre parcheggi riservati alle categorie protette. Qualche anno fa anche io ne facevo parte, ora non più, o forse sì? Forse le persone con figli piccoli ne fanno ancora parte? Mi assolvo da questo dubbio perché comunque ci sono altri due posti riservati al momento liberi, non farò torto a nessuno. Salgo, faccio la spesa ed in soli 20 minuti sono di nuovo giù. E lì mi aspetta un disabile che suona il clacson da tempo all'indirizzo della mia auto. Gli chiedo scusa e lui si arrabbia dicendomi che quei posti sono riservati. Gli faccio notare che ce ne sono altri due liberi. E lui mi risponde che ha bisogno di quello laterale che è l'unico che gli consente di salire in autonomia sulla sedia a rotelle scaricandola dal sedile posteriore. Gli dico che sono stata via per meno di 5 minuti e lui risponde che anche il suo tempo è prezioso. Ma insomma! Io ti rispetto, fratello, ma ho una giornata incasinata e pochissimo tempo, non ti ho fatto danno e hai comunque modo di parcheggiare, ma cosa diavolo vuoi da me oggi? Non riuscirai a farmi sentire in colpa, anzi, sei anche un po' maleducato. Cosa pensi, che essere disabile ti dia diritto a calpestarmi?

14 Auto usate [A]

Bartolo, ore 10:30 di un giorno qualsiasi

Sto per acquistare un'auto di seconda mano. E' molto economica, nonostante sia stata usata poco, e questo è molto, molto strano. Se si aggiunge a ciò il fatto che il contachilometri segna solo 45000 km percorsi, la cosa si fa ancora più strana. Ma l'auto è proprio bella, davvero bella, ed è proprio della marca e del modello che sognavo. Però io non mi faccio fregare. Io sono una persona onesta, ma non stupida. Il mondo è pieno di persone che ti vendono auto al primo verificarsi di un problema tecnico che richiederebbe spese molto importanti per essere risolto. Persone senza scrupoli che non esiterebbero un istante a dare una fregatura al prossimo pur di liberarsi di un mezzo sull'orlo del baratro. Io non l'ho mai fatto e non lo farò mai, ma so che la truffa è dietro l'angolo e devo in qualche modo salvaguardarmi. Non credo che il rivenditore possa esserne al corrente, altrimenti non avrebbe mai preso l'auto per metterla in vendita. Se queste problematiche ci sono, generalmente sono problematiche subdole, nascoste, raramente evidenti anche al più rigoroso dei controlli. Quindi, se qualcuno ha venduto un'auto con il *dissenziatore gamma* rotto, che rende evidente il suo malfunzionamento una volta ogni 100 giorni, il rivenditore non può saperlo. Ma io sono molto furbo e prima di acquistare l'auto la faccio guardare da due dei miei meccanici di fiducia. Uno un po' più anziano e quindi più all'antica, ma con grandissima esperienza, che la proverà, la sentirà, la *ausculterà* e dirà se ne vale la pena o meno; uno più giovane, ma tecnologicamente aggiornatissimo, che la collegherà al suo computer e leggerà ogni più recondita informazione sulla sua vita trascorsa, scoprendo anche quelle eventualmente nascoste o cancellate. Io non sono nato ieri eh, comprerò l'auto solo se risulterà essere in perfette condizioni!

Auto usate [B]

Bartolo, ore 10:30 di un altro giorno qualsiasi

La mia Bontari GLS ha ormai 325000 km e la sua centralina elettronica ha iniziato a dare problemi. L'ho già riparata due volte e rischio di entrare nel classico loop delle riparazioni continue che poi ti fanno spendere più soldi che se comprassi un'auto nuova. E non sai quando fermarti! E infatti non so cosa fare. Alla terza manifestazione del problema mi rivolgo ancora una volta al mio fido meccanico chiedendogli suggerimenti. Lui, laconico, mi dice che quando la centralina inizia a dare problemi, non smette più. Certo, sono problemi poco frequenti, si verificano una volta ogni 3000 o 4000 km, ma cmq ci sono e possono appiedarti nel bel mezzo di un viaggio. Mi fa capire, insomma, che è meglio metterci una pietra sopra e pensare ad un veicolo nuovo. Gli chiedo cosa mi convenga fare con il mio vecchio veicolo. Lui mi dice che posso usarlo come mezzo da rottamare, cosa che mi farà risparmiare circa 1500 € sull'acquisto di un'auto nuova, ma posso anche guadagnarci qualcosina di più… Gli chiedo di specificare in che modo. Lui riprende dicendomi che, con una "lavata di faccia" dal carrozziere, con un "riavvolgimento" dei km percorsi, che riporterà il contachilometri a segnare non più di 65000 km, con una veloce messa a punto del motore, per ritardare il più possibile il nuovo verificarsi del problema del rilevatore, di cui non si farà assolutamente parola al futuro acquirente, lui potrebbe riuscire a venderla a 3000 – 3500 €. A questi andrebbero tolti circa 500 € per le opere di ripristino fin qui elencate. Beh, la rottamazione mi farebbe risparmiare 1500 €, questa operazione almeno 2500 €, non c'è molto da pensarci su, no? Decido immediatamente per questa opportunità. La mia auto è forte, ha percorso tanti km e ne può percorrere ancora moltissimi. Inoltre, il problema potrebbe non verificarsi più!

Gamification 2/10

Paragrafo	Solo A o solo B	Sia A che B
3 Precedenza	☐ 0 punti	☐ 1 punto
4 Il semaforo	☐ 0 punti	☐ 1 punto
5 Limiti di velocità	☐ 0 punti	☐ 1 punto
6 Guida e smartphone	☐ 0 punti	☐ 1 punto
7 L'acceleratore	☐ 0 punti	☐ 1 punto
8 Corsie di emergenza	☐ 0 punti	☐ 1 punto
9 Temporali	☐ 0 punti	☐ 1 punto
10 Strisce pedonali	☐ 0 punti	☐ 1 punto
11 L'incidente	☐ 0 punti	☐ 1 punto
12 Alcool	☐ 0 punti	☐ 1 punto
13 Parcheggio e categorie protette	☐ 0 punti	☐ 1 punto
14 Auto usate	☐ 0 punti	☐ 1 punto
TOTALE		

Religione e devozione

Più studio le religioni, più mi convinco che l'uomo non ha mai fatto altro che venerare sé stesso.

Richard Burton

15 Culto e libertà [A]

Aurora, ore 11:00 di un giorno qualsiasi

Mi sto recando a prelevare un po' di contante dal bancomat della mia banca. Parcheggio e... uff c'è un po' di coda, mi toccherà aspettare. Proprio dinanzi a me c'è una donna, dagli occhi e dal viso bellissimi, incorniciati, però, in un velo nero... credo si chiami h*ijab*. D'istinto provo fastidio per quella limitazione della libertà. Okkei... probabilmente lei stessa mi dirà che la sua è una scelta libera e non imposta da nessuno, ma io comunque considero strani e lesivi della libertà questi riti delle altre religioni atti a limitare la libertà dell'individuo, soprattutto se di sesso femminile. Spesso sento in TV notizie su quello che definiscono fondamentalismo islamico e sulla questione del velo alle donne. Il che mi fa pensare che magari qualcuna lo indossi per sua scelta, ma che non tutte abbiano davvero la libertà di decidere. E anche se fossero loro a scegliere, mi chiedo quale religione con un briciolo di rispetto per l'individuo possa richiedere questo tipo di abbigliamento. Su questo sono abbastanza drastica, non riesco a credere alla scelta libera ed individuale. E' assurdo dover coprire e, così facendo, mortificare il proprio corpo solo perché i dogmi del tuo credo lo prevedono o addirittura solo perché il tuo uomo, esageratamente religioso, considera un terribile affronto non farlo! Qui parliamo di roba del passato, di un passato vetero-maschilista, di una religione che continua a non aggiornarsi mai. Per non parlare delle forme più estreme di questa preistorica usanza, il *burka* o giù di lì. Per me una donna di fede islamica che indossi lo *hijab* è una persona la cui libertà è stata assolutamente limitata. Guardo la mia bellissima vicina di coda e se da un lato simpatizzo con lei come donna dall'altro vorrei rimproverarla per la sua mancata ribellione a questa insensata usanza, purtroppo ancora diffusissima ai giorni nostri.

Culto e libertà [B]

Aurora, ore 19:00 di un altro giorno qualsiasi

Oggi partecipo come organista ad un incontro tra diversi ordini di suore. L'incontro avviene presso la mia parrocchia, nella cui vita sono molto attiva ed inserita in diverse attività. Eccole arrivare tutte insieme, con i loro abiti classici, la tonaca ed il loro stupendo, candido velo sulla testa. Oggi hanno l'abito ordinario, in cui il volto è circondato da un velo bianco più stretto. Sono davvero bellissime e trovo il loro abbigliamento molto adeguato alla loro missione. E' bello che ci siano ancora ordini come questi, che fanno del rispetto della tradizione uno dei loro punti di forza. E' come avere delle certezze che non ti abbandonano mai. La religione cattolica ha sempre avuto truppe di pace, di persone che scelgono di dedicare la loro vita agli altri. Suore laiche e con la tonaca, missionari, frati, sacerdoti. Tutti con il loro abito, tutti con il loro ordine e le loro regole. E queste suore sono parte di quell'esercito! Il loro vestito, poi, è davvero complesso. Una volta mi sono fatta spiegare dalla mia amica suor Pirulina le parti che lo compongono. Innanzi tutto c'è la *tonaca* lunga che non deve essere modellata sul corpo per non far risaltare le forme femminili, le maniche lunghe e larghe e la cintura in vita. Poi, sopra, c'è il *soggolo*, che avvolge stretti collo e viso e nasconde i capelli. Poi c'è il *frontino*, che copre la fronte, e sopra ancora c'è il *velo* che copre di nuovo tutta la parte superiore. Alcuni vogliono insinuare che si tratti comunque di una limitazione della libertà! Ma dai, cosa c'entra! Queste donne hanno scelto liberamente di essere parte attiva della gerarchia religiosa, per cui indossano abiti di tradizione millenaria per scelta e non per imposizione! Possono lasciare i voti quando vogliono! Il paragone non sussiste nel modo più assoluto. Le suore sono spose di Cristo, e sono belle così come sono. Non diciamo eresie!

16 Riti e libri sacri [A]

Bartolomeo, ore 18:30 di un giorno qualsiasi

Sono una persona molto religiosa. Per me la fede cattolica è il fondamento della vita ed i suoi riti ne sono i pilastri. Non è tradizione, per carità, o almeno non solo. Ogni giorno dopo il lavoro esco di casa e raggiungo la parrocchia qui di fronte dove spendo piacevolmente molto del mio tempo libero. La messa è fondamentale e anche oggi vi sto partecipando. La celebrazione liturgica, con le sue parole, la musica, i canti, gli abiti, ruota intorno al dono incredibile che dio ci ha fatto. Lui ha dato la sua vita per noi. Non a parole, ma nei fatti. E' morto e risorto per noi. Ed il giorno prima di morire, ci ha anche dato la possibilità di ripetere per sempre questo momento fondamentale. Ogni giorno infatti, durante la celebrazione eucaristica, al momento della consacrazione, avviene una trasformazione fisica straordinaria di ciò che il sacerdote sta benedicendo sull'altare. La *transustanziazione*, dogma della chiesa cattolica, ci dice chiaramente che il pane benedetto diviene *davvero* la carne del signore ed il vino diviene *davvero* il sangue. Non dei *simulacri*, ma *davvero* carne e sangue. Ed anche noi partecipiamo al banchetto divino cibandocene, perché dio ci offre il suo corpo! E poi ci sono i momenti cardine dell'anno liturgico che per me sono preziosissimi. Momenti che scandiscono ogni anno la vita del signore con le sue tappe fondamentali che culminano nella sua morte e nella sua risurrezione. Risurrezione che vivremo anche noi, se nella vita, avremo seminato come lui ci insegna. Il Natale, la Pasqua, sono momenti da vivere con devozione assoluta, nella liturgia e nel quotidiano, diventando sempre più una cosa sola con il proprio credo, con la parola, con il signore. I riti della chiesa cattolica sono fondamentali per ogni buon cristiano. Parteciparvi con fede inestinguibile e devozione è fonte di gioia assoluta!

Riti e libri sacri [B]

Bartolomeo, ore 18:30 di un altro giorno qualsiasi

E' sabato pomeriggio e dopo un pranzo davvero sostanzioso e gustoso faccio zapping in TV alla ricerca di qualcosa di interessante. Non voglio vedere film o iniziare una serie in 12 stagioni che poi non finirò mai. Magari un documentario. Eccolo! I riti religiosi nel mondo. Guardiamo un po'…il vodoo? Eh riti incomprensibili in cui i membri di alcune tribù si ritrovano in cerchio seminudi mentre alcuni di loro suonano, con enormi bacchette di legno, tamburi improvvisati su tronchi vuoti, ed altri ballano cantando. Quale è lo scopo di tutto questo? Ma poi vogliamo parlare dello sciamano apparecchiato come un pupazzo colorato, stimato e riverito per poteri che non ha? E loro credono davvero di vivere una sorta di trance spirituale durante questi momenti e di poter dialogare con il mondo dei morti! Ma ci rendiamo conto? Dialogare con i morti! Il documentario procede e parla di una setta indiana i cui adepti si cibano di carne umana! Per fortuna carne di cadavere. Gli adepti si aggirano tra le pire funerarie sul loro fiume sacro cercando parti di cadavere per poi mangiarle. Ma come? Saranno anche morti, ma è pur sempre cannibalismo! E ci sono tanti altri riti più folli di questi che non voglio neanche elencare. E' incredibile rilevare dove riesca a spingersi l'uomo nella follia dei suoi fanatismi. Ancora... in altri continenti ci sono tribù in cui la purificazione dei giovani avviene togliendo un po' del loro sangue mediante delle cannule infilate in bocca. Io sono sconvolto dalla facilità con cui l'essere umano creda a cose come queste. Pensare che un rito del genere possa in qualche modo ingraziarsi un proprio fantomatico dio che esiste solo nelle loro menti. Ma poi, quale dio mai potrebbe richiedere di cibarsi di carne umana, viva o morta che sia? Povere anime... perse nei riti di religioni che si basano su credenze stupide ed atti inumani.

17 Coerenza [A]

Angelica, ore 12:30 di un giorno qualsiasi

Io sono molto religiosa e cerco di rispettare tutti gli insegnamenti che il mio signore ci ha dato. Ma credo che non ci si possa fermare alla parola, ma che sia necessario portarla nella vita quotidiana. La coerenza, l'appartenenza alla dottrina, non devono essere solo blasoni mostrati con mero e meschino orgoglio agli altri, non ci si deve esibire con atti di farisaica memoria, ma si deve vivere davvero tutto ciò che significa l'appartenenza al nostro credo. Un cristiano è un cristiano solo se mette in pratica gli insegnamenti del vangelo. Ascoltare la parola di dio è essenziale per ogni buon cristiano. Io mi fido del mio dio e credo nei suoi insegnamenti. La mia religione ha tra i suoi più importanti insegnamenti l'amore per il prossimo che deve essere amato come amiamo noi stessi. E' qualcosa di incredibilmente grande. L'amore, la generosità, l'accoglienza, devono essere sempre al centro del nostro vivere quotidiano. Per questo bisogna limitare il proprio ingombrante ego, smettere di essere ripiegati verso sé stessi e protendersi verso il nostro prossimo. E con questo termine non ci si riferisce solo ai propri cari, ai familiari, ai propri amici, ma a chiunque si incontri sulla propria strada. L'altro è la nostra ricchezza, indipendentemente dal fatto che possa ricambiare o meno il nostro slancio. L'amore deve essere forte, disinteressato, generoso! E' sconvolgente leggere il libro sacro, è di una semplicità disarmante, che lo rende attuale nonostante le decine di secoli trascorsi da quando è stato scritto. Lo si potrebbe leggere anche senza essere religiosi e resterebbe comunque un libro di buon senso perché ciò che insegna è immediato, non è difficile da comprendere, non richiede particolari competenze, non bisogna aver compiuto particolari studi. Dice di amare il prossimo come sé stessi! Tutto qui.

Coerenza [B]

Angelica, ore 11:30 di un altro giorno qualsiasi

Detesto la mia collega che fa la cascamorto con il capo, vorrei vederla morta! Non posso sopportare il fatto che cerchi di ingraziarselo in tutti i modi possibili, anche quelli più imbarazzanti. E quell'idiota le casca dietro. E' talmente chiaro che le armi che sfodera hanno l'effetto da lei sperato. Davvero assurdo! E poi ci sono tutti quei lecchini che stanno a metà tra loro, tutti arrivisti senza scrupoli. Io so bene cosa combinano sul lavoro e appena posso racconto tutto a lui. Ma ora cosa… ? Oh mamma mia un altro messaggio di quel cretino del vicino di casa. Come si permette di scrivermi quando sono sul lavoro? Cosa pretende? Che parcheggi dove vuole lui solo perché non riesce a far passare quel suo ingombrante SUV? Andasse a quel paese, ci sono esigenze ragionevoli ed altre meno. Non ho tempo, sono al lavoro. Si arrangiasse, non posso certo tornare a casa solo perché lui non riesce a passare. Oggi pomeriggio devo uscire un po' prima perché ho una visita medica al policlinico. Incredibile eh? Prenotata solo due giorni fa con il servizio sanitario nazionale e posso già effettuarla nonostante si dica che le liste di attesa si estendono su diversi anni in avanti. Ma no che non si sono svuotate, mi è bastato chiamare un amico che mi cade ai piedi e mi farebbe qualsiasi favore. Ed ecco in poche ore la prenotazione! Alla fine la mia potrebbe essere una problematica seria, anche se ovviamente spero di no. Non certo come tutte quelle visite che si fanno solo per controllo periodico. Ci sarà una priorità no? Beh, io l'ho solo rispettata. Forse mi ricovereranno per qualche giorno per controllo, spero non in una di quelle stanze in cui ci sono 8 persone. In tal caso chiamerei il mio ex compagno di scuola Pirofono che mi darebbe di sicuro una stanza con massimo 2 persone, di certo più decorosa di quelle altre...

18 Libertà sessuale – I [A]

Calogero, ore 17:00 di un giorno qualsiasi

Anche io, come molti altri, sono molto religioso, ma soprattutto, ho un concetto di dio molto, molto alto e che, secondo me, travalica la *semplice* lettura dei libri sacri. Sicuramente ho compreso che il mio dio, il dio che mi ha fatto, il dio che ha creato l'universo, è amore puro. Lui è colui che mi ha "progettato" e messo al mondo. Il cui piano su di me nasce milioni di anni fa. Mi ha creato per un gesto di bontà pura, e mi ama, indipendentemente da come sono fatto, dai miei gusti, dalle mie scelte. Mi ama sinceramente, interamente, grandiosamente, instancabilmente! No, non è quel dio geloso e vendicativo che i religiosi del passato pensavano, è un dio dolce che ama senza fine le sue creature, ma che da esse vuole ovviamente essere ri-amato. Il mio dio è creatore, è donatore di vita. Proviamo a pensarci su un momento! Lui ci ha donato la vita mettendoci al mondo ed ha allo stesso tempo donato a noi la sua vita nel modo più grande che fosse mai possibile immaginare! Nessun dio prima di lui ha sacrificato quanto di più caro avesse, ovvero il proprio figlio, per salvarci. E' un sacrificio di livello altissimo, che produce un dolore ed una gioia immensi. Il mio dio è eterna bontà, ama tutti i suoi figli indistintamente. Il mio dio non ha pregiudizi, per lui tutti sono uguali. Il mio dio è magnanimo, un esempio da imitare per vincere ogni grettezza. Il mio dio è sopra ogni cattiveria ed ogni meschinità. Lui supera ogni mia mediocrità, ogni mio errore, e perdona. Anzi, non ha neanche bisogno di perdonare perché è somma bontà. Sono io, al massimo che, riconosciuti i miei errori, gli chiedo perdono per averlo ferito, ma lui, in quel momento, mi ha già perdonato. Non si può dubitare di dio, il suo amore è così grande e perfetto da non avere se o ma, da non avere screzi, imprecisioni. Il suo amore è scevro da imperfezioni.

Libertà sessuale – I [B]

Calogero, ore 21:00 di un altro giorno qualsiasi

Il telegiornale ha parlato ancora una volta dell'ennesimo tentativo, di una certa parte politica, di far approvare leggi che consentano alle coppie omosessuali di avere gli stessi diritti di quelle eterosessuali, finanche adottare bimbi! Che follia pazzesca. E' una stupidaggine sotto tutti i punti di vista. Partiamo dai diritti. Per fortuna in questo nostro paese non è possibile contrarre matrimonio tra persone dello stesso sesso, matrimonio che, anche se venisse celebrato o riconosciuto da qualche sindaco desideroso di far parlare di sé, non produrrebbe alcun valore giuridico equiparabile a quelli del matrimonio normale. Ma poi, vogliamo parlare dell'adozione? Ma vi rendete conto? Io non ho figli adottivi, né sono stato adottato, ma non mi è per questo difficile immaginare l'impossibilità nel far crescere figli normali e sani per un nucleo familiare senza una figura genitoriale o maschile o femminile! Non voglio certo aprire un capitolo così grande, non ne avrei le competenze, però chiunque può facilmente affermare che i figli crescerebbero... diversi! Passiamo alla religione. Se tutte le religioni principali hanno sempre condannato l'omosessualità una ragione ci sarà no? Ci sono state lettere di papi, vescovi, documenti, libri atti a condannare queste pratiche, che non hanno nulla a che fare con dio e con il concetto di famiglia che lui ha creato. E per fortuna hanno inserito anche nel catechismo la constatazione che uomini e donne omosessuali non rispettano l'ordine naturale stabilito da dio e vanno considerati come una "impurità morale". Anche quando gli omosessuali sono evidentemente tali dalla nascita, hanno comunque la possibilità di evitare il loro errore morale con scelte opportune che li portino poi a non trasformare necessariamente le loro pulsioni in atti reali. L'atto sessuale omosessuale è sempre considerato peccato.

19 La carità e il "prossimo" [A]

Beatrice, ore 18:30 di un giorno qualsiasi

Io sono convinta che non serva essere sempre presenti ai riti religiosi, se ci si mantiene aderenti ai dettami del proprio dio. Ascoltare, leggere, e soprattutto meditare la sua parola, la parola che mediante lui hanno scritto i profeti, gli evangelisti, è più che sufficiente per mantenersi retti. Io credo fermamente che il perdono, la pace, l'accoglienza, la carità, non possano essere solo parole masticate senza un vissuto che ne rispecchi l'essenza. Serve molto di più! Devono pervadere ogni momento della giornata, perché ognuno di noi possa essere... sale della terra. Ama il prossimo tuo come te stesso è il più importante dei comandamenti. E' pazzesco quanto amore ci sia in una sola frase. Sapete cosa vuol dire questo? Che io devo essere sempre protesa verso l'altro, metterlo al centro del mio universo, curarne i bisogni, aver cura che stia bene, che non soffra nel silenzio, che abbia di che nutrire corpo ed anima. Esattamente come il nostro dio ha fatto per noi. La grandezza di questo comandamento è ciò che rende la nostra religione differente da tutte le altre, Una religione in cui c'è un dio che, anziché sedere su un trono celeste tra sfarzosi addobbi e adulanti servi, è sceso sulla stessa terra che noi calpestiamo e si è fatto figlio di uomo per poi giungere al sacrificio supremo: morire per noi. Ucciso dall'ignoranza, dal pregiudizio, dall'incomprensione, dal fariseismo, dall'egoismo di noi esserei umani... E lui cosa ha fatto dopo? Ha finalmente usato le prerogative di un dio, risorgendo dai morti per... vendicarsi? No! Per perdonare chi lo aveva ucciso insegnandoci così un amore superlativo, senza se e senza ma. Quell'amore noi dobbiamo portarlo nelle nostre vite ed offrirlo al nostro prossimo. Esattamente come fa il samaritano sulla strada che sta percorrendo. Amare i poveri, gli affamati, i derelitti... questa è la via!

La carità e il "prossimo" [B]

Beatrice, ore 11:30 di un altro giorno qualsiasi

Che razza di gentaglia si ammucchia vicino alla stazione centrale della mia città! Sono appena uscita dal treno e vengo accolta da file di barboni accatastati al suolo con le loro sporche coperte di fortuna. Ogni tanto vedo un occhio balenare tra quel lerciume e mi chiedo come si possa vivere in quelle condizioni, ma soprattutto come possano trovarsi lì in una città, per modo di dire, civile. Ed eccone uno in piedi, questuante, che mi chiede qualche spicciolo. E' metà mattinata ed è già ubriaco fradicio, la puzza di alcool si sente da diversi metri. Accelero e con la testa gli faccio capire che non ho nulla da dargli. Non voglio certo rimpinguare le sue tasche con i miei soldi, che finirebbero di sicuro in un'altra bottiglia di vino. Bella la vita così! Non far nulla dalla mattina alla sera tutti i giorni della settimana, alzarsi tardi, scroccare denaro ai passanti, tanto da racimolare gruzzoli che non mi stupirebbe se superassero di gran lunga il mio sudato stipendio. Supero il solito capannello di immigrati ammucchiati sul loro marciapiede e, senza neanche alzare la testa, sento i loro sguardi che mi analizzano come fossi una preda, cosa che probabilmente sono. Di nuovo accelero e attraverso la strada. Ed ecco la solita vecchia signora rugosa, che spinge il suo carrello della spesa, rubato a qualche supermercato, pieno di bustoni contenenti forse la sua roba o chissà, magari il bottino di qualche furto. Prendo un'auto a noleggio e giungo in periferia... ed ecco le solite donnine sul bordo della strada, che vendono il loro corpo come se nulla fosse. E' questa la mia città?! Dov'è la sicurezza? Dove la tranquillità? Ok, magari sono persone meno fortunate di me, ma proprio tutte in questa città devono vivere? Ci saranno sicuramente altri luoghi più adatti a loro. Vorrei che sparissero all'istante, non li tollero minimamente. E ne ho paura...

20 Il vitello d'oro ed i santi [A]

Casimiro, ore 09:00 di un giorno qualsiasi

In questi giorni ho ripensato spesso a due letture dai libri sacri, riguardanti altrettanti episodi in particolare. Ne ricordo alcuni passi: "Mentre lui era salito sul monte a parlare con dio e ricevere i comandamenti, il suo popolo, credendo che non ritornasse più, chiese al suo vice di fabbricare loro un dio per poterlo adorare. E lui con i loro gioielli forgiò un vitello d'oro, ed essi lo adorarono. Il loro dio vide questo e disse 'non hanno tardato ad allontanarsi dalla via che avevo loro indicata! Ora lascia che la mia ira si accenda contro di loro e li distrugga!' Il capo supplicò dio di risparmiare il suo popolo e di perdonarli, ed egli abbandonò il suo proposito di nuocere al suo popolo. In seguito il capo ridiscese dal monte, ma vedendo il vitello d'oro si adirò, gettò al suolo le tavole dei comandamenti, frantumandole, e rimproverò aspramente il vice e tutti gli altri. Poi bruciò il vitello nel fuoco, lo ridusse in polvere, lo sparse nell'acqua e costrinse gli israeliti a bere.". E poi il vecchio libro più volte ripete cose come questa: "Non farti scultura, né immagine alcuna delle cose che sono lassù nel cielo o quaggiù sulla terra o nelle acque sotto la terra. Non ti prostrare davanti a loro e non li servire, perché io, il signore, il tuo dio, sono un dio geloso". Quale è il senso evidente di tutto questo? Non bisogna nel modo più assoluto crearsi divinità d'argento e simulacri d'oro! Un altro brano che mi ha colpito è il ruolo del precursore, che grida nel deserto che arriverà un altro uomo, il nostro dio, che ci salverà, e che per lui dobbiamo raddrizzare i sentieri e preparare la via. Ma il precursore dice a tutti di non essere nessuno al confronto di dio, e nessuno deve adorarlo, perché lui non è dio, il dio è un altro. Mi affascina molto la grandezza di quest'uomo che annuncia la venuta ma si mette da parte, con grande umiltà, come è giusto che sia!

Il vitello d'oro ed i santi [B]

Casimiro, ore 19:30 di un altro giorno qualsiasi

La nuova statua del figlio di dio posta all'ingresso del nostro luogo di culto è bellissima! Tanto imponente da incutere timore reverenziale! Sono stato personalmente coinvolto nelle decisioni relative. Abbiamo discusso su quale dovesse essere il materiale, le finiture, abbiamo raccolto tante offerte ed alla fine eccola qui! Tutti genuflettono quando passano lì davanti, perché incute rispetto. E' molto bella, ed insieme ai quadri della via sacra crea davvero un ambiente mistico e meditativo. L'artista che ha creato tutto questo è così bravo che io e mia moglie, come *ex voto* per la guarigione di nostra figlia da una brutta malattia, abbiamo fatto uno sforzo economico e gli abbiamo commissionato un cuore d'oro massiccio che vogliamo riporre, insieme agli altri, dinanzi al quadro della madre del signore, conservato nel famoso santuario dell'ovest dove milioni di fedeli si recano ogni anno. Ci sono tanti santuari al mondo, e in ognuno di essi si venerano immagini simili, ma quello è decisamente il nostro preferito. Anche da noi, in diversi santuari, si venerano quadri reperiti in grotte, pozzi, barche, cantine, ma questo è molto più importante. Ci sono fiumane di fedeli ogni anno e molti di essi percepiscono tangibilmente la presenza del dio. La grazia che ci è stata fatta con la salute della nostra piccola ha per noi un valore inestimabile. La sua guarigione la dobbiamo anche a qualcun altro! L'assemblea libera di quartiere ha appena promosso l'installazione di una statua del veneratissimo padre Muo, nella strada qui accanto. E' una figura mistica fondamentale per noi fedeli. Lui, che ha avuto i segni del nostro dio sul suo corpo, è un punto di riferimento per noi. Spesso ci rechiamo nel suo santuario per chiedergli di darci una mano in questo o quel problema che ci troviamo ad affrontare. Sembra che abbia operato diversi miracoli e ci sono le prove!

21 I fondamenti della fede [A]

Corrado, ore 12:00 di un giorno qualsiasi

Come sempre accade sto partecipando alla messa della domenica. Oggi è un giorno speciale per noi fedeli, perché si celebra uno dei momenti più importanti dell'anno. Nella mia religione ci sono cose davvero uniche che richiedono fede assoluta. Effettivamente la fede è il fondamento della mia religione. Se non hai fede non puoi vivere pienamente e serenamente la tua adesione al signore, perché il dubbio che attanaglia rappresenta, in qualche modo, il male. No, il male non è un demonietto cornuto che ti tenta, nessuno ci crede. Il vero male consiste nel dubitare. Io cerco di restare razionale. Avere fede non vuol dire credere agli asini volanti, ma dare per assodate alcune cose poste alla base del proprio credo. La madre del mio signore ha concepito il suo figlio, dio fattosi carne, generato, ma non creato, mediante un concepimento senza contatto fisico. E' forse il primo dei miracoli del mio dio nel nuovo libro sacro. Ed il mio dio si è fatto anche uomo, ma allo stesso tempo resta dio. E sua madre è donna umana, ma è anche madre, la sua vera madre. E, alla sua morte, è stata assunta in cielo ed ora siede lì, con padre e figlio. Il mio signore si è dato a noi nel suo sacrificio più grande, ovvero farsi uccidere per dimostrarci che non c'è amore più grande che dare la vita per i propri amici! E poi è tornato tra i vivi ed ora siede vicino a suo padre. Con lui e lo spirito santo, i tre formano una sola cosa. Sì, sono tre persone, ma sono anche la stessa persona. Ed il sacrificio del mio signore si compie ogni giorno durante la celebrazione. In essa il pane diviene davvero carne ed il sangue diviene davvero vino. E poi, oltre tutto questo, ci sono i miracoli, raccontati nel nuovo libro sacro. In questo e tanto altro, bisogna credere fermamente. E' questo il senso dell'aver fede. Questi sono i fondamenti della mia religione!

I fondamenti della fede [B]

Corrado, ore 22:30 di un altro giorno qualsiasi

Con il mio amico Dharma discutiamo sulle motivazioni che sono alla base dell'aver fede. Lui afferma che i nostri libri sacri hanno un valore inestimabile a prescindere dalle affermazioni fatte dalla chiesa nei vari concili durante gli anni, affermazioni non provenienti direttamente da dio. Lui dice che il nostro libro sacro descrive come dovrebbe vivere ogni uomo amando e rispettando il prossimo. Secondo lui questo non dipende da ciò che di ultraterreno, di miracoloso c'è in tutta la storia della nostra religione dal giorno zero ad oggi. Mi chiede se credo perché ciò che afferma il nostro dio è rilevante o se credo perché ha trasformato l'acqua in vino? Credo perché i suoi comandamenti sono assolutamente da attuare o perché ha fatto vedere un cieco o rivivere un morto? Credo perché amare il prossimo come me stesso è un comandamento dal valore universale o perché la madre del signore incarnato era vergine? A volte si arrabbia perché si chiede, alla fine dei conti, cosa ce ne freghi delle caratteristiche ultraterrene di queste divinità, o dei loro atti miracolosi, quando ciò che ha davvero valore è quello che esse predicano. Effettivamente, nei racconti della storia divina, almeno nei nuovi libri, gli stessi protagonisti mettevano assolutamente in ultimo piano le loro peculiarità superumane, e se ridavano vita ad un morto era perché era loro amico ed amandolo facevano tutto il possibile per lui. Dharma dice, infine, che per il nostro dio l'essenziale è amare, amare, amare. Del resto quasi tutti i dogmi sono stati decisi centinaia di anni dopo da religiosi che hanno dovuto affrontare le domande del popolo su diversi temi, ma non pervengono a noi dalle divinità stesse. Ok questo è vero, ma io credo che sia stato comunque il mio dio ad ispirare quegli uomini a promulgare queste regole. La fede è fede, o c'è, o non c'è.

22 L'infallibilità del capo della chiesa [A]

Carlotta, ore 11:00 di un giorno qualsiasi

Io sono molto religiosa e ho fede nel mio dio. In quanto religiosa, è fondamentale per me conoscere a fondo i testi sacri. Non solo quelli che sono una trascrizione storica delle parole del mio signore incarnato, ma anche e soprattutto quelli che sono venuti dopo, scritti da religiosi ispirati da dio che, nel corso degli anni, si sono impegnati per rendere la nostra religione sempre attuale, in grado di fornire risposte al popolo di dio. I dogmi della mia religione sono tanti, e tra essi c'è quello dell'infallibilità del capo della chiesa. Il capo della chiesa non è lì per caso, la sua elezione piace al nostro signore. Lui è il successore di quello che il signore considerava chiaramente il più importante tra i suoi apostoli. Non è casuale, quindi, che all'apice della mia chiesa venga eletto un cardinale o un altro alto prelato. Solo chi è davvero in grado di guidare il gregge del signore in maniera amorevole ed allo stesso tempo autorevole, può essere investito di una carica del genere. Il capo della chiesa, poi, è infallibile. In che senso? Il dogma dell'infallibilità significa che il capo della chiesa, che è anche guida spirituale di tutti i fedeli, è infallibile non solo quando definisce la dottrina, ovvero i principi della nostra religione, ma anche e soprattutto, per me, quando definisce la corretta condotta morale del fedele. I libri sacri sono stati scritti migliaia di anni fa e, per quanto siano davvero attualissimi, necessitano comunque di una interpretazione autorevole che consenta di portare i valori in essi contenuti nella vita di ogni giorno, rendendo il fedele capace di interpretare gli eventi della vita quotidiana e scegliere opportunamente, operando decisioni che siano conformi a tali insegnamenti. Il capo della chiesa ci aiuta con i suoi discorsi, le sue lettere, i suoi libri, a vivere una morale consona al nostro credo religioso e rispettosa del volere del nostro dio.

L'infallibilità del capo della chiesa [B]

Carlotta, ore 18:00 di un altro giorno qualsiasi

Oggi il capo della nostra chiesa ha detto delle cose parecchio strane. Non mi ci ritrovo per niente e purtroppo non è la prima volta che accade. L'attuale capo si esprime spesso in modi non proprio convenzionali e che mi fanno pensare che ci sia qualcosa di sbagliato nelle sue interpretazioni. Lo chiamano il *progressista*. Ma progressista di che? Che tipo di progresso può esserci nella dottrina? Io comincio a temerlo, non voglio dire a detestarlo, perché lui è il capo indiscusso della chiesa, ma quando afferma cose così fuori luogo e nelle quali nessuno della nostra religione si rispecchia, mi chiedo quale sia la differenza tra lui e... l'antisignore! Io rispetto tutti... se uno vuole stare con una persona dello stesso sesso è ovviamente libero di farlo, ma che il capo della mia chiesa debba addirittura dire che chi giudica l'omosessualità come qualcosa di sbagliato è lui stesso nell'errore, beh questo non va per niente bene. Probabilmente il signore non ci ama per i gusti sessuali, ma perché siamo suoi figli, indipendentemente dalle nostre pulsioni, ma il libro sacro eleva chiaramente la famiglia tradizionale composta da uomo e donna, ogni altra tipologia di famiglia non è, per così dire, naturale. Dice anche che chi si relaziona sessualmente con qualcuno che è fuori dal proprio matrimonio commette peccato. Fatemi capire... quindi se io prendo una scuffia per qualcuno e mi lascio andare ad una scappatella, ho commesso peccato e chi ha relazioni con persone dello stesso sesso no? Il mondo non è più come dovrebbe essere, viene sovvertito. E poi ci sono tante altre cose che non tollero e che lui liquida sempre con la stessa frase "chi sono io per giudicare?". Ma come chi sei tu? Sei il capo della chiesa! Sei il primo a dover credere nei libri sacri e che quindi dovrebbe sapere perfettamente cosa sia il bene e cosa il male!

Gamification 3/10

Paragrafo	Solo A o solo B	Sia A che B
15 Culto e libertà	☐ 0 punti	☐ 1 punto
16 Riti e libri sacri	☐ 0 punti	☐ 1 punto
17 Coerenza	☐ 0 punti	☐ 1 punto
18 Libertà sessuale - I	☐ 0 punti	☐ 1 punto
19 La carità e il "prossimo"	☐ 0 punti	☐ 1 punto
20 Il vitello d'oro ed i santi	☐ 0 punti	☐ 1 punto
21 I fondamenti della fede	☐ 0 punti	☐ 1 punto
22 L'infallibilità del capo della Chiesa	☐ 0 punti	☐ 1 punto
TOTALE		

Ecologia

Tutti dicono continuamente di voler tornare alla natura, ma nessuno ci vuole andare a piedi.

Andrew J. Wollensky

23 Strade sporche (in città) [A]

Dionisio, ore 07:50 di un giorno qualsiasi

Sto guidando su via degli Pterodattili Redivivi verso il mio ufficio. C'è già il solito traffico di tutti coloro che, come me, si stanno recando al lavoro. Ad un certo punto, al semaforo, l'autista dell'auto dinanzi alla mia abbassa il finestrino e lancia fuori plastica e stagnola di un pacchetto di sigarette evidentemente appena aperto, il tutto con estrema indifferenza. I rifiuti finiscono sulla strada e vengono travolti, al verde, dalla mia auto e poi da tutte le altre. Li guardo svolazzare nello specchietto e resto basito. Ma dico io! E' possibile compiere un gesto di così grande menefreghismo senza pensare alle conseguenze? Sappiamo tutti quanto siano inquinate, sporche e lerce le strade delle nostre città e questo signore, come sicuramente tanti altri, le sporca ulteriormente senza il minimo imbarazzo e ritegno. E le strade sono anche sue! Un gesto di inciviltà estrema che non è in alcun modo giustificabile. Ok, non ci sono certo i bidoni dei rifiuti all'altezza del braccio sinistro di ogni guidatore in corrispondenza dei semafori, ma questo non ci autorizza a sporcare. E dai! E poi ci raccontiamo tante belle storielle sull'importanza di salvaguardare l'ambiente, di raccogliere i rifiuti negli appositi contenitori. Che schifo guardare le nostre strade, piene di cartacce, buste e bottiglie vuote, spostate dal vento a destra e a manca. E tutto per colpa di pochi incivili come questo signore che, invece di tenere nella tasca dello sportello o non so dove i propri rifiuti e poi buttarli negli opportuni contenitori, sono completamente indifferenti all'igiene ed al decoro della città. Città che è casa mia, il luogo dove vivo e lavoro, ma è anche casa sua e di tutti quelli come lui. Vabbè, che posso farci? Vorrei tanto che un giorno, aprendo la finestra di casa, questo signore si vedesse lanciare all'interno un sacchetto dei rifiuti, come accade nei film!

Strade sporche (in città) [B]

Dionisio, ore 11:00 di un altro giorno qualsiasi

Siamo sulla strada statale ed io, mia moglie ed i miei figli, ci stiamo recando nella capitale per un piacevole weekend di svago. Ci piace ogni tanto staccare dall'ordinario e partire per un piccolo viaggio. Improvvisamente il piccolo vomita tutto quello che ha mangiato poco fa alla stazione di servizio dove abbiamo pranzato. Maledizione! Sposto lo specchietto centrale e vedo il disastro. Sono cose che capitano, con i bambini, certo, lo so. Il piccolo inizia a piangere, completamente intriso di vomito. Anche mia moglie, che gli siede accanto, si è un po' sporcata. Non mi va di fermarmi in piazzola di sosta, siamo appena ripartiti. Dico a mio figlio più grande di aprire il cassetto del cruscotto. Lui tira fuori le salviettine inumidite e le consegna a mia moglie che comincia a ripulire tutto. Svuota una busta del supermercato per metterci dentro le salviettine sporche. Però, pensandoci... quella busta è essenziale per riporre i vestiti sporchi del piccolo! Dove mettere le salviettine usate? Dai, è un'emergenza, siamo nei guai, non voglio che la macchina puzzi, e la prossima area di servizio dista 34km... e poi, si tratta praticamente di carta sporca di materiale biodegradabile. Niente di inquinante! Si ok, sulle salviettine c'è scritto di non buttarle nel wc, ma sarà sicuramente per altri motivi. Si dissolveranno in poche ore, forse meno. Una pioggia le distruggerebbe in pochi secondi. Di certo non mi va di mettere quella roba nella tasca laterale degli sportelli. Darebbe cattivo odore per settimane... E' deciso, ce ne liberiamo. Mi faccio passare i rifiuti e poi, accertatomi rapidamente della distanza della macchina che segue, apro il finestrino e lancio tutto fuori. Mi è capitato anche di far fare pipì al piccolo dentro una bottiglietta di plastica vuota e poi lasciarla alla prima piazzola di sosta. Cos'altro avrei potuto fare? Tenere la pipì in auto?

24 Strade sporche (fuori città) [A]

Carola, ore 09:30 di un giorno qualsiasi

Ho iniziato presto, oggi, la mia lunga camminata del sabato mattina. Alle 05:30 ero già in strada ed ora, dopo 3 ore di passo veloce e quasi 17km percorsi, sto attraversando una delle strade di campagna più belle della zona in cui ho la fortuna di vivere. E purtroppo non tutto splende come dovrebbe. Ogni 15, 20 metri, mi imbatto in rifiuti, sacchetti, avanzi, cumuli di plastica, elettrodomestici rotti, di tutto insomma. Ma come è possibile? Come finisce qui tutta questa roba? Sicuramente non ci arriva da sola. E' bruttissimo vedere luoghi naturali che sono così dannatamente belli e che dovrebbero essere quasi incontaminati, letteralmente sporcati, insozzati dall'inciviltà di individui che pur avendo infinite possibilità per lo smaltimento degli stessi, anziché usufruire del ritiro porta a porta o conferire il tutto all'isola ecologica, preferiscono liberarsi dei loro rifiuti in questo modo, lasciandoli dove capita, distruggendo ed inquinando paesaggi di rara bellezza. L'ambiente va salvaguardato, ma salvaguardato davvero, non solo a parole! Questo scempio va fermato! Il livello di incuria e di bassissima civiltà che questi atti rappresentano non è tollerabile in una società che si definisca superiore e che affermi di aver compreso l'importanza fondamentale di smettere di inquinare e di avviare e sostenere processi di recupero dei rifiuti riciclabili. Queste bottiglie di plastica, che probabilmente nessuno avrà cura di rimuovere, potrebbero essere ancora qui tra diversi secoli! Ma vi rendete conto? Un gesto così superficiale e sconsiderato provoca un danno all'ambiente per 200 o 300 anni! E poi, quelli scarti edili pericolosi, quell'ammasso di cibo andato a male con tutti gli insetti che vi prolificano. Io sono basita. Non so chi di voi abbia l'abitudine di fare questo, ma siete pericolosi per il pianeta. Tutti, dal primo all'ultimo!

Strade sporche (fuori città) [B]

Carola, ore 11:30 di un altro giorno qualsiasi

Il trisnonno Teverico è venuto a mancare e dopo tutte le beghe relative alla successione abbiamo ricevuto in eredità un piccolo terreno con un edificio abitabile ed un capanno degli attrezzi. Ho fatto fare un sopralluogo ad un amico e lui mi ha spiegato che la copertura del capanno è fatta di pericoloso amianto, tanto usato da fine '800 agli anni '80. Gli chiedo subito cosa serva fare e lui mi dice che c'è tutta una trafila lunga e costosa per arrivare allo smaltimento. Ma scusate, è una eredità o cosa? Non capisco proprio perché mai dovrei accollarrmi le spese dello smaltimento per una cosa che non ho voluto io. Che colpa ne ho se il bisnonno è nato in un'altra epoca in cui questo tipo di materiale era ampiamente consentito? Se devo spendere soldi importanti solo per togliere di mezzo dei rifiuti allora questa eredità non è proprio da considerarsi un bel regalo. Si fa a modo mio! Ho chiamato degli amici fidati e, con le debite protezioni personali, guanti e mascherine, ho fatto smontare quella copertura. Ho fatto caricare un furgone con cassone e non appena il buio è sceso, ho fatto trasportare l'amianto ad una ventina di km da qui, facendolo abbandonare in una stradina non frequentata. Di lì passa spesso il furgone della nettezza urbana, noteranno la cosa e manderanno un trasporto specializzato e recuperarlo. Non sarà di certo un pericolo per i passanti, in fondo è stato qui in campagna per decine di anni senza creare alcun problema. Farò lo stesso con questi vecchissimi elettrodomestici perché non ho modo di portarli all'isola ecologica. Mi è rimasto questo sacchetto di vecchi vestiti maleodoranti e avanzi di cibo. Non so se portarlo con me... Dai, per una volta... lo lascio a bordo strada... con tutti quelli che lo fanno dovranno comunque passare a recuperarli prima o poi. Uno in più uno in meno... che cambia?

25 Consumo di acqua (a casa) [A]

Rodolfo, ore 12:30 di un giorno qualsiasi

Odio gli sprechi e non solo per una questione di bollette troppo alte... li odio anche quando ricadono sul portafoglio degli altri. In particolare odio chi spreca l'acqua. Un bene così prezioso buttato via senza ritegno! Quando passo accanto a mia moglie, ai miei figli, a chiunque abbia un rubinetto aperto, faccio sempre caso alla quantità di acqua che scorre inutilizzata tra una *operazione* e l'altra. Ad esempio, ritengo un grandissimo spreco tenere il rubinetto aperto, tra l'altro con il getto al massimo, mentre ci si lava i denti. Eh dai! Ma perché? Mentre metti il dentifricio sullo spazzolino che bisogno hai di far scorrere l'acqua? E mentre ti lavi l'arcata dentale superiore o inferiore? Sì ok, si tratta di pochi secondi, ma hai idea di quanti litri di acqua si sprechino in quei secondi nei vari giorni? O quando si lavano i piatti, le stoviglie. Che senso ha tenere il rubinetto aperto al massimo dall'inizio alla fine? A parte il fastidio di vedere acqua pulita e sporca schizzare dappertutto, perché buttarne via così tanta? Non avrebbe più senso bagnare un po' tutto, poi chiudere l'acqua, rimuovere il grosso con le dita o la spugnetta e poi sciacquare un po' e così via? O, se proprio è necessario tenerla aperta, perché non ridurne il getto? Il vantaggio non è solamente economico, è l'intero pianeta che ne trae beneficio! Dobbiamo entrare nell'ottica che siamo tanti su questo piccolo globo e le risorse scarseggiano per tutti. Quindi quello che tu sprechi in qualche modo va a disavanzo di altri. Ci sono anche risvolti economici, certo, perché proprio a causa della rarità di un bene prezioso come l'acqua, i costi per averla direttamente nelle nostre case, potabile, pulita, crescono di continuo e... giustamente! Sapete quanto lavoro è stato speso per fare in modo che quell'acqua arrivasse, potabile, direttamente nella vostra cucina? E noi la sprechiamo!

Consumo di acqua (a casa) [B]

Rodolfo, ore 06:30 di un altro giorno qualsiasi

Inizia a fare meno caldo, l'autunno sta prendendo piede e si va a inesorabilmente verso l'inverno. Questa mattina sento un po' freddo e la cosa non mi piace per niente. La casa è ancora configurata in versione estate, ma posso tirare rapidamente fuori un piccolo termoventilatore per riscaldare il bagno. Per me è fondamentale che il bagno sia caldo, accogliente. Detesto stare lì a gelare. Beh una coccola del genere me la merito no? Mi sveglio ogni giorno prestissimo per far sì che tutta la famiglia possa iniziare la giornata al meglio. Appena entro in bagno metto il tappo alla vasca e apro il rubinetto. Non la riempio tutta, certo, perché non ho molto tempo ma, mentre faccio il caffè, se ne riempiono una decina di centimetri. Tanto mi basta a sedermi e anche un po' a sdraiarmi godendo del tepore. Ed eccomi qui ad aprire il rubinetto. Maledizione, l'acqua è fredda! Svuoto la vasca e faccio scorrere l'acqua tenendo le dita sotto il getto. Il bagno è, purtroppo, dalla parte opposta della casa rispetto alla caldaia, quindi l'acqua deve attraversare tutto l'appartamento prima di giungere qui. Dopo quasi un minuto sento il primo getto caldo sulle dita! Effettivamente si spreca un bel po' di acqua in questa fase, ma non posso certo farmi il bagno con l'acqua tiepida o fredda, no?! E' piacevolissimo stare qui a crogiolarsi, godere di questo meraviglioso calore prima di iniziare la giornata. Ma tutto ciò che è bello dura poco, purtroppo, e mi accorgo di essere in ritardo... Tiro via il tappo della vasca, mi alzo e, con i piedi ancora al caldo, mi faccio una rapida doccia per sciacquare via la schiuma. Esagero forse, lo so, ma ribadisco... ho fretta! Non posso certo essere attento come vorrei, il lavoro e la scuola ci attendono tutti. E poi non devo certo lesinare sull'igiene personale né devono farlo i miei figli e familiari. Ok il risparmio, ma l'igiene...

26 Consumo di acqua (fuori casa) [A]

Penelope, ore 07:30 di un giorno qualsiasi

Risparmiare le risorse primarie per la sopravvivenza dell'intero genere umano è assolutamente fondamentale. L'acqua, in particolare, è un bene estremamente prezioso per la sopravvivenza di ogni essere vivente, uomo, animale o pianta al mondo! Pensate che una persona può sopravvivere anche 30 giorni senza mangiare, ma dopo soli 4 giorni senz'acqua è destinato a morte rapida. L'acqua è essenziale, siamo composti principalmente di essa. L'acqua è vita, ma può essere anche… morte! Eh sì perché essa può essere veicolo di gravi malattie se bevuta senza essere stata purificata in modo opportuno. Basti pensare che ogni anno milioni di persone muoiono perché costrette a bere acqua infetta. Non tutti hanno la fortuna di avere acqua distribuita da una rete idrica senza che la sua purezza venga rovinata da infiltrazioni fognarie, e che, prima di raggiungere il nostro rubinetto, deve superare una lunga serie di controlli di qualità. L'acqua che beviamo viene sterilizzata decine di volte prima di finire nella bottiglia sul nostro tavolo! Ecco perché ci tengo tanto al risparmio dell'acqua, ed ecco perché tutti dovremmo fare attenzione a non consumarne oltre il necessario.. L'acqua deve essere centellinata. Nessuno deve sprecarla e non è difficile trovare motivazioni valide per impegnarsi in questo. E' sufficiente pensare costantemente a quanto lavoro, energia, impegno e cura sono stati spesi perché quell'acqua fosse immediatamente disponibile aprendo uno qualsiasi dei nostri rubinetti. E poi, nessuno di noi merita il mondo in cui ha avuto la fortuna o sfortuna di vivere. Se nasci da una parte del mondo, avere acqua corrente potabile è una tale ovvietà, da essere quasi rumore di fondo. Se nasci da un'altra parte, potresti non vedere mai in vita tua un rubinetto di acqua corrente, pulita e potabile. E non hai alcun merito per questo!

Consumo di acqua (fuori casa) [B]

Penelope, ore 19:00 di un altro giorno qualsiasi

Io, mio marito ed i nostri 3 figli ci stiamo godendo un periodo di vacanza in una bellissima località di mare, Bagnèttolo. Abbiamo preso in affitto un appartamentino a strapiombo sul mare. C'è anche una veranda dove possiamo pranzare e rilassarci. Ogni giorno scendiamo a mare con l'auto. Tra le varie spiagge della zona, preferiamo quelle più al... naturale, che però spesso sono anche le meno accessibili. La nostra spiaggia preferita è collegata al paese da una stradina stretta e sterrata. Percorrerla richiede tempo, bisogna guidare lentissimamente per evitare di rompere le sospensioni o bucare, ma ne vale davvero la pena! La strada è ovviamente impolverata ed ogni volta che passiamo si alza una nuvola bianca che resta sospesa nell'aria per diversi minuti prima di ricadere al suolo. Ovviamente la nostra auto, che è nera, si sporca da cima a fondo in quel punto. Questo accade anche due volte al giorno. Al rientro, nel pomeriggio, l'auto sembra una reliquia egizia appena dissotterrata. Ed è davvero imbarazzante andare in giro così, quando la sera decidiamo di recarci in qualche paese limitrofo per partecipare ad una sagra. Per fortuna il proprietario del nostro appartamento non ha incluso le spese idriche nel contratto di affitto! E così, ogni giorno, anche due volte al giorno, laviamo l'auto, o meglio la sciacquiamo, eliminando tutta la polvere che ha raccolto durante la più recente discesa in spiaggia. E questo si trasforma anche in un gioco per i nostri figli che non vedono l'ora di divertirsi con l'acqua, visto il caldo che fa. Lo so, l'acqua costa, ma che ci posso fare io se il proprietario non ci ha chiesto di pagargliela? Alla fine con tutti gli sprechi che la gente fa anche per cose insulse, che sarà mai usare un po' d'acqua per sciacquare l'auto?! Non saremo di certo noi e la nostra auto a peggiorare le cose. Sprechiamo una goccia in un mare!

27 Raccolta differenziata [A]

Fabiano, ore 21:30 di un giorno qualsiasi

Mi sto recando all'isola ecologica più vicina per buttare i vari sacchetti dei rifiuti. Ci tengo talmente tanto alla causa ecologica che per me sono fondamentali tutte quelle pratiche che consentano di risparmiare risorse e rispettare l'ambiente. Pratico con grande zelo la raccolta differenziata. Ed ecco quindi i miei sacchetti: vetro, carta, organico, indifferenziato e plastica. Diciamo che, per me, queste tipologie di materiale hanno importanza non necessariamente identica. Il vetro è riciclabile al 100% e pressoché all'infinito. La carta è riciclabile, anche se non interamente, e per fare carta nuova serve cellulosa fresca, ma più ne ricicliamo meno dovremo disboscare! L'organico può essere trasformato in concime mediante lo stoccaggio in compostiere. I problemi nascono quando si giunge alla plastica, della quale ogni famiglia produce almeno 2 buste a settimana, ed all'indifferenziato, che finisce in discarica per restarci. Sono sensibilissimo soprattutto a questi ultimi due temi e faccio di tutto per non buttare la plastica nell'indifferenziato, nei bidoncini per strada, e nel cercare di minimizzare l'indifferenziato aumentando la percentuale di materiali riciclabili. Quando per strada vedo persone buttare bottiglie di plastica nel bidone dell'indifferenziata mi chiedo perché non si adoperino per compiere lo sforzo – minimo – necessario a portare quelle bottiglie nel bidone di raccolta della plastica più vicino. Ok ci sono soluzioni differenti, come installare termovalorizzatori e fregarsene di quanta indifferenziata resti, perché questi mostri enormi fanno quasi tutto da soli, separando, lavando, recuperando i materiali principali, ma mi chiedo se sia un bene installarli, visto che anch'essi hanno un'importante impronta ecologica. Con un piccolo sforzo tutti noi possiamo dare una mano per far avanzare il processo di recupero!

Raccolta differenziata [B]

Fabiano, ore 11:30 di un altro giorno qualsiasi

Io ci ho provato a far installare in ufficio i bidoni della raccolta differenziata. In un momento della mia lunga carriera ci sono anche riuscito, anche se solo esternamente all'edificio e senza una sensibilizzazione del personale. Allora ho chiesto ai miei colleghi più stretti, della mia area, di dividere la spesa per acquistare almeno 2 bidoni da tenere proprio nella nostra stanza, uno per la carta ed 1 per la plastica. Loro hanno accettato con gioia e siamo andati avanti per anni recuperando tanto materiale e conferendolo noi stessi nei bidoni esterni. Ma, alla fine, la verità è che nessuno vuole i cestini della differenziata nei corridoi o, addirittura, cestini multipli sotto le scrivanie. Sono ritenuti brutti ed antiestetici. Ed io cosa posso fare? Ora che lavoro al 46esimo piano di un grattacielo di Megalopoli, sono costretto a buttare tutto nel cestino perché non è possibile altrimenti. Non posso fare altro! Non posso certo prendere le mie bottiglie di plastica o le risme di carta usata e tenerle da parte in una busta per poi portarle con me quando esco. O addirittura fare lo stesso con l'organico. Basta la scorza o la buccia di 1 solo frutto a generare cattivi odori per giorni. Certo, potrei recarmi in altra zona dell'ufficio e buttare tutto nel bidone della differenziata che effettivamente è ivi presente, ma so perfettamente, e tanti colleghi me l'hanno confermato, che l'azienda di pulizie poi mescola tutto e butta tutto comunque nell'indifferenziata. E se anche così non fosse, sarebbero poi i dipendenti dell'azienda di nettezza urbana municipale a farlo, quindi butto tutto nel mio cestino e punto. Mi spiace, ma non vedo alternative. Se sono per strada con i colleghi ed ho in mano una bottiglietta di plastica vuota e non trovo bidoni della differenziata la butto nel primo cestino all'angolo dell'isolato. Non sarà certo la mia bottiglia a distruggere il pianeta!

28 Flora e fauna [A]

Clarissa, ore 11:00 di un giorno qualsiasi

Io sono sempre stata socialmente attiva per la difesa dell'ambiente naturale. Sempre a favore della protezione di flora e fauna. La natura va rispettata senza se e senza ma, del resto è la nostra unica dimora, almeno finché non conquisteremo proficuamente qualche altro pianeta sperando di non distruggerlo. Sì perché pensandoci, noi possiamo considerarci un popolo di sterminatori, distruttori di ambienti naturali. L'intelligenza dell'uomo è tale da superare quella degli altri esseri viventi, ma non tanto grande da capire che non ci sarà un bell'epilogo continuando così. Ma ormai il danno è fatto, l'urbanizzazione distrugge completamente l'ecosistema precedente. Ecco perché, laddove possibile, bisognerebbe proteggere ciò che resta. Una pianta non è né più né meno degna di noi di abitare su questo pianeta. E va salvaguardata. Non si può tagliare un albero millenario! E' un essere vivente esattamente come noi e come noi va rispettato e salvaguardato. Per non parlare degli animali, che sono molto, molto più vicini a noi nella scala della coscienza e che, come noi, a vari livelli, capiscono cosa accade intorno a loro e provano emozioni molto simili alle nostre. La gioia, la paura, l'amore, il senso della famiglia, sono sentimenti per noi fondamentali ed in buona parte condivisi dagli animali. Flora e fauna non sono uno scenario teatrale, da smontare, sostituire con uno migliore, simulando una parvenza di vita, sono la vita, l'espressione stessa del nostro pianeta. E loro sono migliori di noi, perché loro la natura la rispettano, non la distruggono. E' come se la nostra intelligenza ci avesse fatto superare un limite che invece nella flora e nella fauna è ancora ben chiaro: il mondo ed i suoi esseri viventi sono il nostro mondo ed i nostri fratelli, dobbiamo proteggere la nostra culla e tutto ciò che in essa, insieme a noi, vive.

Flora e fauna [B]

Clarissa, ore 19:30 di un altro giorno qualsiasi

Allucinante! Esco di casa per portare la spazzatura all'isola ecologica e, mentre mi ci avvicino, vedo un cinghiale che mangia da un sacchetto di rifiuti aperto sull'asfalto. I cinghiali affamati sono pericolosi, ed io sono sola. Mi giro e torno indietro, ma poi mi giro di nuovo verso l'animale che alza lo sguardo verso di me. Ora sono 3! Da dietro i cassonetti sono apparsi altri 2 animali sicuramente affamati. Che ne so io di quanta fame possano avere? Me ne torno a casa, butterò il sacchetto domani. Ok la salvaguardia degli animali in nome della natura, ma quando è troppo è troppo. Non è normale che io debba temere un'aggressione uscendo di casa per gettare l'immondizia! Tra i cinghiali c'è anche la lotta per la supremazia nel branco. Ci manca solo di incontrare un esemplare bulletto che scalcia per conquistare la sua bella, o una madre affamata mentre divora il suo neonato meno *promettente*. E tutto ciò accade fuori da casa mia! La ragione di questa presenza ostile è sicuramente da ricercare nella palude qui vicino, con i suoi acquitrini e le sue rampicanti, una specie di piccola giungla creatasi dal ristagno di un fiumiciattolo naturale che scorre nelle vicinanze. Non capisco perché il municipio, conscio del problema, non prenda l'iniziativa e faccia bonificare quella zona, regno di zanzare, topi, piante mostruose e, appunto, cinghiali. D'estate siamo invasi da nugoli di insetti, durante tutto l'anno da questa piaga di animali incontrollati. L'acqua stagnante emana cattivo odore. L'ideale sarebbe disinfestare tutto, portare lì le ruspe, rimuovere l'ansa del fiume e *addrizzarlo* così che la palude scompaia, bonificare il terreno fangoso e magari, realizzare un bel parco giochi per famiglie e bambini, in modo da creare uno spazio di verde pubblico fruibile e non una terra di nessuno pericolosa ed infetta come è, invece, adesso.

29 Infrastrutture [A]

Fausto, ore 09:00 di un giorno qualsiasi

Sento parlare al giornale radio di infrastrutture e di quanto il nostro paese sia indietro in questa fase. Io davvero non capisco come possa questo obiettivo non essere chiaro a tutti. Oggigiorno restare competitivi a livello economico mondiale è fondamentale. Avere inoltre cittadini non strozzati dalle mille bollette, tasse e affini, che possano permettersi un buon livello di istruzione ed una vita dignitosa è altrettanto fondamentale. Questo è un paese che ha grande bisogno di infrastrutture... nuove, moderne, evolute, funzionali. Davvero non capisco quelli che fanno tanto casino per opporsi al passaggio di un binario di 12km! Ma dico, meno male che le autostrade sono state fatte nel dopoguerra, altrimenti oggi non si riuscirebbe a costruire nulla. Dobbiamo assolutamente evolverci dallo stato attuale, in termini di strade, ponti, collegamenti, reti fisiche e digitali, raggiungendo il livello delle altre potenze globali. Dobbiamo renderci indipendenti per le forniture di gas, ridurre il costo del trasporto delle materie prime installando nuovi metanodotti e qualsivoglia soluzione per risparmiare sul costoso trasporto su gomma di materie di consumo continuo. Dobbiamo essere in grado di affrontare i mercati con forza e determinazione, ma soprattutto con l'autorevolezza di chi sa che alle spalle ha un paese che ha saputo scuotersi dal torpore ed attrezzarsi al punto di essere alfiere della modernità, della semplificazione, dell'efficienza. Dobbiamo poi, allo stesso tempo, essere un grande paese che agevoli ed incentivi l'ingresso dei turisti stranieri desiderosi di godere delle nostre meravigliose valli e monti, del nostro mare e del nostro infinito patrimonio artistico. Il turista straniero deve venire da noi consapevole di trovare un luogo assolutamente in grado di fornire supporto ai suoi spostamenti, necessità di alloggio, etc.

Infrastrutture [B]

Fausto, ore 21:00 di un altro giorno qualsiasi

Ho appena appreso sui social networks che il governo vuole far approdare nella mia regione il metanodotto che porta il gas dall'est. E dove? Su una delle spiagge più belle che abbiamo! La notizia è stata confermata dai più importanti TG nazionali. Ma scherziamo? Con tutti i posti che ci sono, con i quasi 1000km di costa disponibile su questo mare, proprio qui devono venire ad inquinare? Sì, ho capito, è il punto più vicino all'altra sponda, ma cosa cambierebbe se lo si facesse approdare ad una distanza maggiore? Dicono che è fondamentale per l'evoluzione delle infrastrutture. Ok, mi è chiaro, io sono un alfiere di questo ammodernamento, ma perché farlo proprio dentro casa mia? Ci sono infiniti luoghi, anche meno abitati, meno belli, meno importanti per farlo. I responsabili del progetto hanno garantito che nulla verrà rovinato dell'habitat naturale e che la spiaggia, dopo l'interramento, tornerà ad essere bella come e più di prima. Dicono anche che il metanodotto non inquina. Magari no, ma il lavoro per costruirlo, le macchine, lo spostamento terra, etc, quello sì che inquina! Mi unirò agli altri nella protesta e tornerò in strada come facevo da ragazzo per far sentire la mia voce. E protesteremo anche contro il residence di lusso che il solito riccone di turno vuole costruire da queste parti impipandosene dell'impatto ambientale che esso potrebbe avere sulle terre dei nostri padri. Noi abbiamo alberi secolari che debbono essere assolutamente rispettati e salvaguardati. Lui garantisce che ogni albero espiantato sarà rimpiazzato con alberi giovani e forti, ma noi vogliamo i nostri alberi millenari. Ha garantito che trasporterà altrove gli alberi millenari, ma noi non vogliamo che a questi esseri viventi venga torta una sola foglia. Non vogliamo che nulla venga toccato e che l'ambiente che ci circonda resti inalterato!

30 Manutenzione dei veicoli [A]

Agnese, 10:30 di un giorno qualsiasi

Sono in ufficio e sto ascoltando i miei colleghi parlare di automobili e motori. In genere non mi frega nulla di questi argomenti che invece fanno andare in *brodo di giuggiole* i maschietti, ma la mia collega è preoccupata perché ha sentito strani rumori provenire dal motore della sua utilitaria e vorrebbe capire meglio di cosa si possa trattare prima di recarsi dal meccanico. I colleghi - uomini – che oggi sembrano esperti di tutto ciò che riguarda lo scibile umano della meccanica automobilistica, formulano un'ipotesi, poi un'altra, completamente diversa dalla prima, infine una terza che sembra conciliare tutti. Ok, l'auto della mia collega ha le fasce elastiche che non vanno, i cilindri rigati e la camera di combustione che non tiene più. Arriviamo al punto dolente, la spesa ipotetica. La mia collega sembra in tensione e poi quasi urla quando un collega le paventa una spesa di più di 1500 € per rifare la testata, ma si rilassa subito dopo quando un collega le suggerisce una modifica al motore che risolverebbe tutti i problemi, ma che teoricamente è illegale ed inquinante. Si tratta di *rettificare* i cilindri, ovvero aumentarne il volume, sostituire i pistoni con esemplari nuovi un po' più grandi. Il tutto può costare molto meno, diciamo circa il 33% di meno e quindi la spesa scenderebbe sotto i 1000 €. Ma si tratterebbe di cambiare la cilindrata della macchina, di rendere il motore più inquinante, di violare una serie di leggi! Insomma, un'operazione illegale che altrimenti richiederebbe una nuova omologazione del motore della mia collega, una nuova valutazione dell'impatto ecologico, etc.. Lo faccio notare, ma il mio collega quasi mi deride chiedendomi, una volta richiuso il motore, come potrebbero mai le forze dell'ordine accorgersi della cosa? Resto stupita da questo menefreghismo per la legalità e l'ambiente. Assurdo…

Manutenzione dei veicoli [B]

Agnese, 18:45 di un altro giorno qualsiasi

Ho un problema all'auto. La perdita di potenza che si è verificata tornando dal lavoro è davvero preoccupante. Mi sono trovata in difficoltà, stavo effettuando un sorpasso ed a metà dello stesso l'acceleratore non andava più. Per fortuna l'auto che seguiva quella che stavo sorpassando ha percepito la mia difficoltà ed ha agevolato il mio rientro in corsia di marcia. Ho continuato molto più lentamente e sono riuscita a rientrare. Prima di tornare a casa faccio visita al mio meccanico di fiducia. Di lui mi fido ciecamente, in genere non sembra volermi derubare, mi offre sempre diverse soluzioni possibili in modo che io possa scegliere in base ad efficacia e costo. Una volta connessa l'auto all'analizzatore esterno, la spia di avaria generica accesa sul cruscotto si rivela essere relativa ad una certa sonda che rileva la percentuale di ossigeno nei gas di scarico, per consentire al catalizzatore della marmitta di fare il suo lavoro, ovvero ridurre le emissioni inquinanti dell'auto. La mia sonda è completamente andata! Purtroppo non si può sostituire la sola sonda, che purtroppo è saldata dentro dalla fabbrica, ma tutta la marmitta, dal motore al tubo posteriore. Il costo? Folle! 2500 € manodopera compresa. Resto basita da questo preventivo. Chiedo al mio meccanico se vi siano altre possibilità. E lui, reticente, risponde… che sì, ce ne sono, ma richiedono la disattivazione della sonda e la rimozione del catalizzatore della marmitta. In questo modo il problema sarà risolto, ma la mia macchina inquinerà come un'auto del 1920. Gli chiedo quanto mi costerebbe e lui risponde che, manodopera compresa, non spenderei più di 120 €. Accetto senza pensarci un momento. Non posso spendere uno stipendio solo per spegnere una spia! E poi, non sono certo io quella che inquina, ci sono mezzi molto, molto più inquinanti della mia automobilina.

31 Veicoli elettrici [A]

Fedele, ore 09:45 di un giorno qualsiasi

Io ci tengo moltissimo all'ambiente e credo che uno dei modi per rispettarlo sia diventare consapevoli della propria *impronta ecologica* e limare, laddove possibile, le attività dannose per l'ambiente e le scelte inquinanti. Uno degli ambiti nei quali sento di aver fatto la scelta giusta è la mobilità personale. Ho appena acquistato un'auto elettrica per la mia famiglia. L'ho pagata un po' di più, è vero, ma ne vale davvero la pena. Adesso posso essere certo del fatto che non sarò più responsabile in alcun modo dell'inquinamento urbano. E avrò i miei bei vantaggi, anche economici, come parcheggiare gratis sulle strisce blu, entrare senza problemi nelle zone a traffico limitato, non pagare il bollo per diversi anni. Il beneficio più grande? Sembrerà assurdo, ma lo percepisco a livello interiore: la mia auto elettrica è ecologica. Le vecchie auto a motore termico utilizzano carburanti fossili e sono estremamente dannose per l'ambiente. Ed ai tanti che mi dicono che l'auto elettrica non è veramente rispettosa dell'ambiente perché alla fine comunque da qualche parte l'energia la si crea e quasi sempre viene creata da carburanti fossili, rispondo che io ho avuto cura di scegliere bene anche in questo ambito. Ho optato per un fornitore di energia elettrica che se la fa pagare un po' di più, ma riporta chiaramente in bolletta che una percentuale considerevole di essa viene generata da fonti rinnovabili! E garantisce, inoltre, che questa percentuale è destinata a crescere nel tempo, ovvero man mano che la conversione delle centrali nazionali ed internazionali sarà sempre più completa. Quindi la mia auto non è ecologica solo nel suo *intorno*, non sto creando una città più pulita a spese di altri luoghi dove comunque per far muovere la mia auto si inquina in modo intollerabile, ma è ecologica per buona parte del suo ciclo di vita!

Veicoli elettrici [B]

Fedele, ore 12:15 di un altro giorno qualsiasi

Oggi ho ricevuto una telefonata di quelle generalmente detestabili durante la quale, però, l'operatore mi ha fatto una proposta davvero interessante. E' stato questo a catturare la mia attenzione proprio quando stavo per chiudere... Ha detto che avrei pagato la bolletta elettrica quasi la metà. Colpito dalla cosa ho deciso di ascoltarlo per qualche minuto, isolandomi un momento. In pratica la proposta riguarda la fornitura domestica di energia elettrica. Mi ha detto che, se decidessi di cambiare operatore passando a loro, potrei avere energia elettrica ad un costo che è praticamente la metà di quello attuale, tasse a parte. Da quando ho l'auto elettrica non spendo più denaro per il carburante, ma la bolletta elettrica è ovviamente aumentata e parecchio. Ogni sera devo mettere l'auto in carica in modo che il giorno dopo sia pronta ad affrontare i soliti 130km che devo percorrere. Sembra davvero che non ci siano fregature in questa offerta, se non che si perda la percentuale di energia prodotta dalle rinnovabili. Eh sì, perché per assurdo, in questa fase transitoria, l'avvento delle rinnovabili, con la moda che ne deriva, ha portato a far calare il prezzo dell'energia derivante da combustibili fossili! Sembra strano, ma in fondo è logico. Lui mi ha anche invitato ad approfittarne senza tanti scrupoli perché questa offerta non durerà per sempre, proprio a causa della transizione ecologica. Mmmh... Accetto. D'ora in poi la mia impronta ecologica non sarà più così limpida, ma non sarò certo io a distruggere il pianeta. Come ha detto l'operatore, questa energia è già stata prodotta e quindi non ha senso sprecarla! Io risparmio un bel po' di soldini e questo era uno dei miei obiettivi quando ho acquistato l'auto elettrica. E poi la mia auto è una su 1 miliardo che inquinano ogni giorno più di 250000 volte la mia in 10 anni!

32 Ecologia e coerenza [A]

Concetta, ore 18:00 di un giorno qualsiasi

Avete sentito del progetto di realizzare una ponte che unisca la terra-ferma ad una delle nostre isole maggiori? Parliamo di un'opera immensa, titanica, ma che non ha nessun senso di esistere! E' pura follia! Non voglio assolutamente che realizzino una cosa così mostruosa. Mi sembra assurdo disboscare, costruire, perforare l'ambiente marino per far passare dall'altra parte auto che comunque ci vanno da sempre con i traghetti! Quelli favorevoli dicono che il turismo crescerà avvantaggiando tutti, che le merci arriveranno prima e che, se facciamo tante storie per così poco, non avremo mai nuove infrastrutture. Ci sarà del vero, ma noi abitanti del luogo siamo convinti che il danno ecologico sarà ben più grande dei vantaggi! Proprio oggi ho avuto una discussione con un collega che è favorevole all'opera. Lui dice che devo ritenermi fortunata ad avere la possibilità di viaggiare sui ponti e sui viadotti del nostro stato e nelle gallerie delle tratte ferroviarie che sono state realizzate quando quella che lui chiama *ipersensibilità ecologica*, non c'era. Lui dice che se oggi fermassimo tutto per quelli che lui chiama *futili motivi*, cosa avremmo fatto allora dopo la prima guerra mondiale quando iniziarono a ricostruire il paese? E che paese saremmo se a metà 1800 non avessero iniziato la realizzazione dei vari trafori alpini, fondamentali anche oggi? Io non ho una posizione precisa su questo, ma posso portare un esempio. E' vero che la sensibilità ecologica è cambiata negli anni, ma è cambiata in meglio a nostro beneficio. Un esempio su tutti: l'amianto con cui si facevano tantissimi elementi edili che poi, una volta acclaratane la pericolosità, è stato vietato ovunque. Il fatto che in un certo periodo storico si potessero fare con facilità cose impensabili e oggi no fa parte dell'evoluzione nella comprensione del valore ambientale!

Ecologia e coerenza [B]

Concetta, ore 10:00 di un altro giorno qualsiasi

Sono passata poco fa dal mio supermercato e c'erano in offerta bidoni per la raccolta differenziata domestica colorati di blu, giallo, nero e verde. In alternativa, si potevano acquistare sacchetti di colore diverso. Purtroppo dalle mie parti la differenziata non è così diffusa, le percentuali sono proprio basse... a parte in alcuni comuni virtuosi, diciamo che ci si attesta sotto il 15%. Questo però si ripercuote sul cittadino che deve metterci del suo per praticarla. Che stress comprare ripetutamente 3 sacchetti diversi, aver cura di colmarli del rifiuto corretto! O avere addirittura 4 bidoni in casa con il risultato di tenere a lungo roba maleodorante... No no, va bene l'ecologia però c'è un limite a tutto. Ieri ho avuto degli ospiti a casa e, ad un certo punto, uno di loro, che aveva portato delle conserve, scoprendo che una di esse era andata a male, mi ha chiesto dove fosse la... compostiera!?! Lui dava per scontato l'avessi, dal momento che ho un piccolo orticello. Gli ho detto di non averla. Allora mi ha chiesto dove fosse il bidone dell'organico, ed io non ho saputo cosa dirgli perché ad oggi butto tutto nell'indifferenziata. Vabbè, ognuno contribuisce come può. Pensiamo alle cose belle ora. Devo andare a pranzo con un collega simpatico oggi. Sono contenta, siamo molto amici e da tempo non chiacchieriamo un po'. Il ristorante è a 300m dall'ufficio, ma non mi va di andarci a piedi. Prendo l'auto. Sì, è vero, c'è il sole, ma siamo in pausa pranzo no? Si chiama pausa per un motivo. E poi, vuoi mettere l'aria condizionata? A piedi suderei non poco e non mi va di sentirmi a disagio tutto il giorno con la mia camicetta spiegazzata. Non mi piacciono le camicie no-stiro, eccellenti dal punto di vista della tenuta alla piega, ma non certo di qualità eccelsa. Lo sanno tutti, anche le mie colleghe pronte a spettegolare. Meglio evitare...

33 Ecologia e protesta [A]

Flavio, ore 18:00 di un giorno qualsiasi

L'ecologia è troppo importante. Ne va del futuro del nostro pianeta e dei nostri figli, nipoti e pronipoti. Voglio fare tutto quello che posso per proteggere la natura. Non si tratta di amore naïve per alberi o animali, ma di un profondo senso di responsabilità verso l'umanità intera e verso il pianeta che ci ospita. Ci sono diversi temi che mi stanno a cuore e che dovrebbero stare a cuore a tutti. Uno è la sostenibilità di tutto ciò che facciamo, un altro è l'inquinamento. La sostenibilità vorrebbe che ogni uso e consumo di risorse, cibo, materie prime, fosse accompagnato da azioni volte al ripristino delle stesse, in modo da non creare un solco definitivo nel futuro dell'umanità solo perché seguire la moda delle borsette di coccodrillo richiede lo sterminio degli stessi o produrre il nuovo potentissimo smartphone richiede l'estrazione di un minerale rarissimo che si trova solo nello stato del Misereristan, dove degli sfigati dovranno ammazzarsi per estrarlo in cambio di pochissimi centesimi della loro svalutatissima moneta, tutto per farci godere come pazzi nel mostrare il nostro gioiello ad amici e colleghi. Produrre i mobili del famoso marchio Mobulusus, necessita di così tanta legna da radere al suolo mezza foresta amazzonica! Foresta che, come ci hanno insegnato già alle scuole elementari, rappresenta il polmone del pianeta. Polmone ormai con enfisema conclamato. Ma sembra che non freghi nulla a nessuno di questo. Tutti vogliono cambiare il mondo in meglio, ma poi nessuno fa nulla. Chi acquista veicoli elettrici pensando di aver fatto una scelta ecologica, lo sa che l'energia prodotta per il loro funzionamento proviene sempre e comunque da carburanti fossili? Che le batterie al litio che muovono questi fantastici mezzi vengono prodotte in paesi lontani, al costo di un inquinamento pazzesco e di sfruttamento umano inimmaginabile?

Ecologia e protesta [B]

Flavio, ore 09:00 di un altro giorno qualsiasi

Basta titubare, l'ecologia è una cosa seria, per cui ho deciso di passare all'azione! Sto partecipando ad una protesta organizzata nella capitale del mio stato. Una protesta contro il nostro governo... ma che dico? E' una protesta contro i governi di tutti i paesi che fanno poco, troppo poco per l'ecologia mondiale. E questa sarà solo la prima delle tante giornate che organizzeremo per farci sentire, per smuovere il muro di gomma che c'è dall'altra parte e ottenere finalmente che chi ha il potere di decidere, si muova poi effettivamente a favore di una serie di iniziative reali, operative, d'impatto che possano dare una sterzata a questa pericolosissima stasi. Oggi abbiamo sfidato l'inerzia di chi ci governa. Con un blitz nel centro città e dei secchi di vernice colorata, abbiamo ricoperto l'opera di Bernericio Madulerio, dedicata all'onestà ed eretta proprio dinanzi ai palazzi del potere! Vernice vera eh, non quella cancellabile di quelli che fingono di protestare solo per apparire poi come degli eroi su media e social. Ecco, lo abbiamo fatto, abbiamo cosparso questa opera con la vernice ed ora i cittadini increduli e codardi, ci guardano e ci insultano e prendono tutti in mano i loro telefoni. Ma noi ce la svigniamo adesso, non per paura! Dal momento che abbiamo ancora un po' di vernice, corriamo come i pazzi e raggiungiamo altri monumenti in zona, in una città che ne è piena zeppa. Se nulla si muove sul versante politico, eccoci qui a farci sentire davvero, a protestare in modo visibile contro l'indifferenza comune, contro l'immobilismo governativo, contro la compiacenza verso lo *status quo*. Noi non stiamo a guardare, noi ci facciamo sentire realmente! Ecco ora vengono ad arrestarci, ok, pagheremo i danni, ma questa nostra protesta avrà una eco importante, ne sono sicuro. E forse finalmente qualcosa si muoverà.

34 Ecologia e abitudini [A]

Corinna, ore 13:00 di un giorno qualsiasi

Viva la natura! La voglio letteralmente viva, non devastata dalle nostre nefandezze. Viva la varietà delle specie, gli *habitat* non violentati dall'uomo. Io sono assolutamente favorevole alla protezione degli ambienti naturali, degli ecosistemi, al rispetto di flora e fauna globali. Non voglio ritrovarmi in un pianeta in cui la biodiversità sia stata compromessa e l'aria è diventata irrespirabile. Purtroppo, però, il pianeta va alla deriva ed è davvero difficile fermare la degenerazione ambientale. Ritengo che la causa non sia da ricercarsi solo nelle scelte dei governi e della politica, come vogliono far credere quei movimenti di protesta che ogni tanto occupano le piazze mondiali. Non è solo un problema di interessi nazionali, finanziari etc. E' anche e soprattutto un problema personale! Sì perché alla fine quelli che scelgono siamo noi. Partiamo proprio da chi deleghiamo a gestire la cosa pubblica: siamo noi che scegliamo i politici che ci rappresenteranno. Noi quelli che decidono se consumare o meno cibo ottenuto da carne pregiata di animali il cui allevamento è dannoso per l'ecosistema. Noi che decidiamo di consumare una risorsa la cui produzione è insostenibile... siamo noi! Noi che operiamo scelte inquinanti o meno, scegliendo soluzioni dannose per l'ambiente a fronte di un risparmio immediato. La formazione in tal senso, la cultura al rispetto dell'ambiente, sono fondamentali per minimizzare l'impatto delle scelte personali sull'ambiente naturale. E' qualcosa che deve essere insegnato a tutti, partendo dalla tenera età! Ecologia non deve essere più solo un concetto chimerico come è stato finora, ma una materia scolastica di primaria importanza con un numero sufficiente di ore settimanali e che, soprattutto, deve essere sempre presente nei programmi a partire dalla scuola elementare fino all'università.

Ecologia e abitudini [B]

Corinna, ore 17:00 di un altro giorno qualsiasi

Sono felicissima! Sono in aeroporto, nell'area voli privati. Oggi un amico molto, molto benestante, ha organizzato per me un giro sul suo elicottero privato ed è stato fantastico! Abbiamo sorvolato la nostra regione soffermandoci nei punti più belli. Non appena me l'ha proposto ho accettato immediatamente. Lo ammetto, so perfettamente che un viaggio ludico con un mezzo inquinante non è proprio nei canoni delle cose in cui credo, ma diciamocela tutta... quando ti ricapita una occasione del genere? E poi, probabilmente lui il giro in elicottero l'avrebbe fatto comunque, anzi, ho fatto la cosa giusta perché con la mia presenza ho ridotto l'impronta del volo aumentando di 1 il numero di persone trasportate. E non è finita qui... stasera ceneremo in un ristorante giapponese dove si mangia divinamente! Di tutte le pietanze preferisco il *sashimi* e di tutte le varietà amo perdutamente il tonno fresco, ne mangio tantissimo. So che la pesca del tonno è una delle attività umane meno sostenibili al momento, forse proprio a causa della moda del cibo nipponico che si diffonde sempre più rapidamente sul pianeta, ma che volete, io ne vado matta! Non sarà il mio pezzettino di tonno a creare il problema, no? Mi pongo lo stesso problema quando andiamo a mangiare dalla miglior braceria della città. So bene che la produzione della carne ha un impatto ambientale molto alto, ma io davvero amo troppo il sapore della brace per potervi rinunciare. Anche qui, credete che sia il mio consumo ad incrementare sensibilmente questo problema? Anche se io non la consumassi, o non la acquistassi, quella carne sarebbe comunque già stata prodotta, quindi che senso avrebbe privarsene? Sono altri quelli che devono cambiare le cose in questo senso, non io che sono solo una piccola consumatrice come tutti gli altri! Io posso fare molto poco.

35 Cibo e bevande biologiche [A]

Fortunato, ore 08:45 di un giorno qualsiasi

Siamo sicuri di vivere in una società evoluta? E su cosa si baserebbe questa convinzione? Sull'igiene esagerata? Sulla formalizzazione eccessiva di qualsivoglia atto giuridico? Sulla grande disponibilità di cibo? A parte che non sono convinto che questi siano reali segni di civiltà, concentriamoci sul cibo! Sono stufo di cibo raffinato e trattato all'eccesso, basta con i conservanti, con i prodotti chimici, evviva l'agricoltura e gli allevamenti biologici! Non è assolutamente sano alimentarsi con cibi e dissetarsi con bevande che hanno subito trattamenti pazzeschi prima di giungere sulla nostra tavola! Frutta e verdura che sono state irrorate, cosparse, sommerse da sostanze come sali di rame, zolfo (se ti va bene) e infiniti miscugli chimici tra i più pericolosi (se ti va male). E poi cosa accade a questi cibi? Certo, passa un bel po' di tempo prima di mettere in tavola questi prodotti, e le sostanze un po' si diluiscono, ma chi mi garantisce che non ci siano residui? Chi mi garantisce che non ne resti una percentuale sufficiente a farmi male? Anzi, è certo che resti qualcosa, è più che ovvio! Magari qualcosa che si insinua... lì, in piccolissime quantità e che poi, giorno per giorno, mi causa problemi di salute seri quali cancro o altro! E poi, vogliamo parlare della selezione delle razze, delle modifiche al DNA? Tra tutti i trattamenti, quello più indegno e definitivo, sono le modifiche genetiche a piante e animali... ma vi sembra normale? Vi sembra sano alimentarci con questo tipo di prodotto? Abbiamo evidenze sui danni possibili che questa violenza al normale corso della natura può provocare? Io non voglio questo tipo di prodotto, non voglio mangiare verdure geneticamente modificate, non voglio frutta la cui integrità genetica sia stata violata, voglio roba naturale e biologica. Avrò pure il diritto di decidere cosa mangiare!

Cibo e bevande biologiche [B]

Fortunato, ore 12:15 di un altro giorno qualsiasi

Produco vino biologico grazie alle uve dei terreni dei miei avi. Imbottiglio vino di qualità! E' completamente biologico, nessun trattamento, a parte quelli legali e che rientrano nel ventaglio delle possibilità per i prodotti di questo tipo. Nessuna aggiunta di tutte quelle sostanze che rendono il nostro vino dannoso per la salute. Avete presente quando comprate un vino di qualità, ne bevete 3 calici e non percepite una eccessiva alterazione, mentre se comprate alcuni vini economici, non biologici e che hanno subito trattamenti misteriosi, vi parte il mal di testa dal terzo sorso? Bene, la spiegazione ce la possiamo dare da soli. Il mio vino non è così, il mio vino è puro! Dentro c'è solo uva fermentata e un po' di solfiti nelle quantità concesse dalla legge. A volte sgarro un po' ad esempio quando l'uva è un po' vecchiotta o il vino nel *silos* è già in uno stadio di fermentazione avanzata. A quel punto blocco il processo con una compressa un po' più grande dello standard, ma alla fine siamo comunque nell'ordinario. So perfettamente che guidando e indirizzando in modo opportuno la fermentazione del mio mosto si può massimizzare la generazione di solfiti naturali, ma io sono un piccolissimo produttore e non ho né i mezzi, né il denaro, né il tempo per ottenere questo risultato. E poi il mio vino è sicuramente migliore di quello di un qualsiasi produttore non biologico. Un po' di anidride solforosa, bisolfito di potassio o bisolfito di sodio e la fermentazione si arresta in modo da preservare il mio vino e anche chi lo berrà! Se la legge consente di chiamare biologico un vino con le caratteristiche del mio è proprio per indicare che questo vino è quanto di più naturale si possa trovare sul mercato. Con il mio vino vai sul sicuro e non hai sorprese perché è semplicemente frutto di operazioni naturali che l'uomo fa da migliaia di anni.

36 Scarti nucleari in mare [A]

Denise, ore 09:45 di un giorno qualsiasi

Il tema dell'energia mi sta parecchio a cuore. Sarà per gli studi che ho fatto sull'argomento in ambito universitario e non, sarà per responsabilità personale, perché in fondo tutti siamo chiamati a contribuire alla gestione del pianeta che ci ospita... insomma, qualsiasi sia il motivo, sono davvero interessata alla questione energetica! Come la penso? Facile! Sarebbe bello vivere in un mondo nel quale l'energia fosse inesauribile, fornita gratuitamente a tutti e senza potenziali problemi causati da centrali nucleari, anche quelle etichettate come "a rischio zero". Purtroppo questo obiettivo, almeno per ora, resta una chimera, utopia pura. L'inquinamento radioattivo è un serio problema per il pianeta ed è per questo che l'Organizzazione Mondiale della Sanità impone dei parametri di radioattività massima che devono essere misurati costantemente, soprattutto in presenza di centrali nucleari, affinché un ambiente sia abitabile. Come ho già detto mi interesso parecchio a questo argomento e su diverse autorevoli testate web ho letto che questi parametri sono molto rigorosi e che l'OMS, Organizzazione Mondiale della Sanità, prevede che nei campioni che vengono ripetutamente prelevati dall'acqua di mare a fini di monitoraggio, non ci sia una concentrazione troppo elevata di sostanze radioattive. In pratica questa soglia è di 10000 Bequerel per litro d'acqua. Non voglio entrare nella noiosa narrazione di cosa rappresenti questa unità di misura, diciamo solo che rappresenta la... radioattività! Eh sì, radioattività in mare a causa dell'acqua usata per raffreddare i reattori. Diecimila, capito bene? Io non ho idea di quanto pericolosi siano questi 10k Bq, e non posso certo sindacare, ma se l'OMS lo definisce come un valore tollerabile di sicuro è enormemente al di sotto di ogni possibile soglia nociva. Mi sento al sicuro!

Scarti nucleari in mare [B]

Denise, ore 20:30 di un altro giorno qualsiasi

Di recente il Bappone ha iniziato lo sversamento in mare di 1,34 milioni di tonnellate d'acqua utilizzata per raffreddare i nuclei radioattivi dei reattori della centrale di Krukushina, danneggiati durante il maremoto del 2011. In mare! Vi rendete conto? Acqua radioattiva che prima o poi finirà nei nostri organismi o in quelli degli animali che in quell'enorme ecosistema vivono, dei quali ci cibiamo o nella frutta e verdura che compongono parte della nostra dieta. E l'assurdo è che in Bappone la soglia parametrica che limita l'inquinamento radioattivo dell'acqua è molto più alta di quella massima tollerata dall'OMS. In Bappone tale soglia è di 60000 Bequerel per litro d'acqua! Sì, è vero che l'azienda che gestisce l'impianto ha garantito che l'acqua verrà così diluita da avere una soglia di radioattività nei campioni prelevati dopo lo sversamento molto inferiore a quella limite dell'OMS, ma nonostante questo a me non sembra assolutamente giusto che uno stato come il Bappone decida unilateralmente di inquinare il mare che è di tutti. Questo processo durerà 30 anni! Lo sversamento è iniziato e i campioni d'acqua prelevati dicono che il livello di radioattività rilevato è bassissimo, è vero, non più di 8 Bequerel/litro... ciononostante l'opinione pubblica mondiale è certa che questo atto di inquinamento deliberato non sia corretto e che potrebbe essere potenzialmente dannoso. Anche la Mina protesta. Sì, lo so che la Mina sversa in mare quantità 500 volte superiori al limite consentito dalla OMS, ma loro lo fanno da sempre! Lo so che il centro di smaltimento europeo sversa in mare quantità folli di acqua radioattiva a pochi km dai centri abitati, ma quel centro è un'eccellenza, sapranno bene quel che fanno! Allora perché inquinare ancora di più? Chi vi autorizza ad inquinare ancor di più il mare di tutti?

37 Il sogno di vivere in campagna - I [A]

Giancarlo, ore 07:00 di un giorno qualsiasi

Io amo la natura e la pace che da essa deriva. Amo la campagna, la bellezza dei paesaggi, la quiete che vi si trova. Sì, amo la campagna, e con essa la montagna, il fiume, il lago, il mare, luoghi di purezza assoluta, espressione della natura incontaminata, spesso lontanissimi dal caos delle città, dall'inquinamento atmosferico e sonoro. Luoghi di tracotante bellezza, nei quali il silenzio è disturbato solo da suoni di natura, appunto. Il vento che muove le foglie, gli uccelli, e poco altro. Niente schiamazzi o urla, niente concerti di clacson, stridori di frenate, niente musica a palla dal negozio vicino, niente folla sudata che ti sospinge. Niente stress, niente iperattività a causa dei 1000 impegni, solo pace e serenità! Io purtroppo, come tanti, lavoro in città e vivo costantemente immerso nello stress. A questo sono esposto dalla mattina appena sveglio. E per tutto il giorno vivo un multi-tasking estremo ed una continua e rapidissima commutazione di contesto che mi devastano. E la sera sono distrutto, soprattutto psicologicamente. Distrutto perché la quantità di input che giungono al mio cervello durante una consueta giornata di lavoro è davvero incommensurabile. Certo, provo a gestirli e sono anche bravo a farlo, ma restano comunque troppi e dannosi per chiunque. E allora provo il grande desiderio di concedermi una pausa che mi porti oltre tutto questo, in un luogo di serenità, in quella pace atavica dalla quale tutti veniamo, e che solo la natura incontaminata può offrire. Staccare la spina, isolarsi da questo mondo convulso, rifugiarsi in un mondo di pura pace e serenità. Una casetta un po' isolata, tra alberi e sciabordio delle acque è tutto ciò che vorrei! Datemi un posto tranquillo, un orticello, il silenzio, la natura, un po' di cibo ed un po' di acqua, in semplicità, e mi avrete reso finalmente felice. E vorrei tanto non tornare più indietro.

Il sogno di vivere in campagna - I [B]

Giancarlo, ore 19:00 di un altro giorno qualsiasi

Un amico mi ha fatto una sorpresa pazzesca! Conoscendo il mio desiderio di trascorrere alcuni giorni nella pace della campagna, mi ha dato le chiavi della sua casa immersa in un bosco vicino al lago! Ho preso ferie e, con moglie e figli siamo partiti per un weekend di relax. Appena arrivati, rapiti dalla bellezza del luogo, eccoci seduti sulle sdraio all'aperto. Ora preparo un caffè... Entro in casa per cercare le cialde, ma. non trovo la macchinetta. C'è solo una moka e il caffè in chicchi! Ma dai... ok uso il macinino manuale. Fatto! Metto la moka sul fornello. E il gas? Ah bisogna prima attivare la bombola... Fatto! No dai... è vuota! Simpatico il mio amico a non avvertirmi. Ma no, probabilmente non lo sapeva. Scendo a valle, compro la bombola, torno, la monto. Il caffè ha un sapore disgustoso, ma sono quasi le 20 ed è ora di cena. Ascolterei con piacere le notizie del giorno, ma la TV non c'è. Poco male, ho la app dedicata... Cosa? Non c'è connessione? Va bene, niente notizie. Meglio così, isolarci per qualche giorno ci farà bene. Uffa, però domenica c'è la MotoGp, la F1, il calcio. Dai al limite scenderemo a valle per pranzo. Ora però mi faccio una doccia... BRR L'acqua è gelida! Ah già, lo scaldabagno è piccolissimo. Va bene la casa di campagna, ma qui mancano le basi! Se fosse mia l'avrei munita di tutti i comfort, altrimenti che vacanza fai? Cena finita, devo buttare l'organico e... Noooo! Niente bidone! Devo portare io i rifiuti a valle. Non ci posso credere! Per fortuna è ora di dormire. Mi corico... non sono abituato a tutto questo silenzio. Non dico che rimpiango i rumori della città, ma in qualche modo mi tengono compagnia quando sono a casa. Ok la pace e la tranquillità, ma quando è troppo è troppo. Non ci sono neanche le basi della civiltà. Il minimo indispensabile per ogni tranquilla casa di campagna del mondo!

38 Evviva la natura, la flora, la fauna [A]

Danila, ore 07:15 di un giorno qualsiasi

Io amo la natura in tutte le sue forme ed espressioni. E' nostra madre in fondo, ed è una madre dolce, premurosa... a volte diventa severa, ma la capisco perché si difende proprio quando vuole in qualche modo farci pagare tutti i soprusi che è costretta a subire per il male che le facciamo. Ma anche in quel caso non si tratta di un attacco contro di noi, ma di una difesa. La natura è prodiga, perché ci permette di sopravvivere grazie ai frutti della terra, agli animali, alle risorse. Ma la natura sa essere anche avara, quando ci nega piogge e nevi per così tanto tempo da mettere in crisi le riserve idriche che ci affanniamo a creare. Ma siamo comunque suoi figli, lei non lo dimentica di certo. Nessuna madre può dimenticare i propri figli. Si può abbracciare madre natura? Certo che si può! Io, infatti, amo perdermi in un bosco in autunno e sentirne gli odori, osservarne i colori. Mi piace camminare lungo sentieri appena battuti, all'ombra di alberi secolari che mi proteggono con i loro rami. Amo tutti gli animali, anche quelli più pericolosi per l'uomo, che non hanno certo colpe per questo. L'uomo non è altro che un animale un po' più evoluto, sicuramente il più pericoloso, data la sua intelligenza. Dobbiamo rispettare la natura in tutte le sue forme ed espressioni, ne va della nostra sopravvivenza! Dobbiamo evitare di sterminare intere specie, di radere al suolo foreste, di piegare la dolce madre natura alla nostra folle e sconsiderata urbanizzazione incontrollata. Città che rimpiazzano alberi, manti di asfalto che non lasciano respirare la terra, palazzi altissimi che ci tolgono luce, causando la morte di uccelli, auto che uccidono piccoli mammiferi. E' una strage! Noi non siamo il centro dell'universo, siamo inseriti in un contesto ricchissimo che appartiene anche a noi, ma che va protetto ad ogni costo. Il suprematismo dell'uomo è insostenibile!

Evviva la natura, la flora, la fauna [B]

Danila, ore 17:00 di un altro giorno qualsiasi

Questo cattivo odore è insopportabile. Ma di che si tratta? Ah sì… le deiezioni delle mucche del vicino allevamento. Eh ma non si può! Protesterò, a costo di unirmi ad una posse di cittadini per far spostare l'allevamento. Non credo che un allevatore possa far pascolare i suoi animali senza preoccuparsi dei cattivi odori collaterali. E dai! Non parlo di un allevamento intensivo, ma di un piccolissimo allevatore con le sue vacche. E poi ci si mette anche il contadino che stocca il letame dell'allevatore per mesi e poi lo usa per concimare. Ma insomma? Avrò pure diritto di respirare aria pulita, no? E' mai possibile che non ci sia nessuno a monitorare le condizioni ambientali nelle quali si vive? Servirebbe un ufficio comunale per raccogliere tutte queste segnalazioni ed intervenire tempestivamente. In questo periodo, poi, ci sono milioni di zanzare, vorrei sterminarle tutte. Ho chiesto all'amministratore di organizzare la disinfestazione nella zona. Domani finalmente la eseguiranno e ce ne saremo liberati almeno per un mesetto. Alcuni mi hanno suggerito di predisporre una casetta per i pipistrelli, che divorano milioni di zanzare ogni giorno. Ma per favore! Dovrei tenermi in casa o nel giardino quei mostri bruttissimi?! Saranno pure utili, ma mi fanno orrore e se ce ne fossero in giro farei di tutto per liberarmene! Ho altro a cui pensare… ai lati della strada che porta a casa nostra stanno crescendo erbacce infestanti. Un vicino - folle - chiede di non rimuoverle perché, secondo lui, producono fiori molto belli. Può darsi, ma non è normale che io per parcheggiare sul lato della strada non possa far scendere il mio passeggero a causa di queste maledette erbacce. Certo, natura flora e fauna vanno rispettate, ma ci sono esigenze più importanti, o almeno che rappresentano il minimo sindacale per una vita ragionevolmente serena!

Gamification 4/10

Paragrafo	Solo A o solo B	Sia A che B
23 Strade sporche (in città)	☐ 0 punti	☐ 1 punto
24 Strade sporche (fuori città)	☐ 0 punti	☐ 1 punto
25 Consumo di acqua (a casa)	☐ 0 punti	☐ 1 punto
26 Consumo di acqua (fuori casa)	☐ 0 punti	☐ 1 punto
27 Raccolta differenziata	☐ 0 punti	☐ 1 punto
28 Flora e fauna	☐ 0 punti	☐ 1 punto
29 Infrastrutture	☐ 0 punti	☐ 1 punto
30 Manutenzione dei veicoli	☐ 0 punti	☐ 1 punto
31 Veicoli elettrici	☐ 0 punti	☐ 1 punto
32 Ecologia e coerenza	☐ 0 punti	☐ 1 punto
33 Ecologia e protesta	☐ 0 punti	☐ 1 punto
34 Ecologia e abitudini	☐ 0 punti	☐ 1 punto
35 Cibo e bevande biologiche	☐ 0 punti	☐ 1 punto
36 Scarti nucleari in mare	☐ 0 punti	☐ 1 punto
37 Il sogno di vivere in campagna - I	☐ 0 punti	☐ 1 punto
38 Evviva la natura, la flora, la fauna	☐ 0 punti	☐ 1 punto
TOTALE		

Lavoro

A volte passo l'intera riunione a chiedermi come abbiano fatto a far passare il grande tavolo attraverso la porta.

Anonimo

39 Carriera e colleganza [A]

Aloisio, ore 10:30 di un giorno qualsiasi

Sono entrato in azienda, come dire, dalla porta di... servizio. Ho letto l'annuncio su un portale e mi sono candidato. Al colloquio sono stato selezionato per un ruolo differente da quello che speravo di ottenere, ma... il lavoro è lavoro! Negli anni, poi, ho fatto tanti passi in avanti. Ora guido un team di colleghi e sono stimato e rispettato! I miei collaboratori mi amano, perché non do ordini, ma mi sporco le mani insieme a loro, sono il primo ad iniziare e l'ultimo a finire. Non è autoritarismo il mio, è autorevolezza! Quando portiamo un progetto a termine il merito è di tutti e mai solo mio. Ma se qualcosa va male sono io che volontariamente mi frappongo fra i colleghi ed i miei superiori per proteggerli. Per loro un rimprovero del capo potrebbe essere così deprimente da comprometterne l'autostima. A me invece tutti i rimproveri dei capi scivolano sulla pelle come acqua tiepida. E poi io, i miei collaboratori, li tratto quasi come figli e vivo una profonda empatia con loro. Quando chiedono giorni di ferie o qualche ora di permesso li autorizzo senza guardare. Se qualcuno ritiene che si debbano piegare le esigenze personali a quelle dell'azienda si sbaglia completamente. Dipendente ed azienda firmano un contratto che ha valore legale. I contratti nazionali sono scritti per tutelare questa relazione da entrambe le parti e stabiliscono un monte ore che deve essere retribuito con un equivalente - o quasi - quantità di denaro. Esistono aziende che regalano soldi senza motivo? No! Analogamente nessun dipendente deve regalare ore all'azienda senza un corrispettivo in busta paga. Questa per me è la regola di base ed i miei colleghi di team lo sanno. Pensate io sia stupido? Potrei anche perdere qualche euro di premio produzione, ma l'armonia di squadra che questo modo di gestire le cose produce, non ha prezzo.

Carriera e colleganza [B]

Aloisio, ore 18:30 di un altro giorno qualsiasi

Ho avuto una promozione, in azienda, e sono stato inserito tra "quelli che contano". Parliamo della squadra dei manager, poco sotto il capo supremo! Beh, sinceramente non avrei mai pensato di poter essere così contento di questo, ma essere invitato a tutte le riunioni strategiche mi fa star bene. E poi, questa cosa ha avuto anche qualche piccolo risvolto economico, che male non fa. Forse, però, la soddisfazione più grande è girarmi indietro a guardare tutta la strada percorsa prima di giungere qui. Ovviamente ho dovuto cambiare un po' le mie abitudini e le mie relazioni con i colleghi. I miei vecchi compagni di team ora hanno un altro responsabile e per forza di cose il rapporto tra noi non è più quello di un tempo, ma non poteva essere altrimenti, non lavorando più gomito a gomito sugli stessi progetti. Ora non sono più il loro superiore diretto, è vero, ma sono gerarchicamente al di sopra del loro nuovo capo. Non potrei neanche volendo occuparmene come facevo prima! A volte sento i loro capi parlare male di loro ma non intervengo più a difenderli. Ora ho un nuovo ruolo e non si può essere sempre oppositivi verso i superiori. Loro fanno una vita durissima per portare avanti la baracca e hanno bisogno di avere vicino persone che li supportino, non che li contestino alla prima occasione. Ora che sono dall'altra parte capisco quanto ci si possa sentire soli a guidare qualcosa di grande e quanto siano fondamentali quindi, quei pochi collaboratori che hanno il privilegio di stare vicino al capo assoluto. A volte, purtroppo, mi viene chiesto di fare da delatore circa comportamenti non proprio encomiabili attuati dai dipendenti e devo relazionare. Ma è per il bene dell'azienda per cui mi assolvo facilmente. In fondo perseguiamo tutti un bene più grande, che deve necessariamente prescindere dagli interessi del singolo.

40 Colleghi e confidenze [A]

Ignazio, ore 08:15 di un giorno qualsiasi

Io ho un migliore amico in azienda, al quale dico tutto, confido tutto. Si chiama Sempronio. Siamo inseparabili! Facciamoci caso, ognuno di noi può vantare di avere un migliore amico, anche in azienda. Uno di quelli ai quali puoi dire senza problemi chi sarà il prossimo a dare le dimissioni! Uno al quale puoi raccontare le cifre del tuo premio produzione senza scatenare invidie, parlare del tuo aumento senza temere che dica nulla a nessuno! Poi ho un amico un po' meno presente, ma ugualmente fedele... si chiama Tizio. A lui posso dire tutto, ma proprio tutto! Non serve neanche chiedergli di mantenere il riserbo, lo fa già, è una tomba, posso mettere la mano sul fuoco sulla sua fedeltà! Gli ho appena raccontato una cosa successa al mio caro amico, Sempronio, che non voleva la dicessi a nessuno! Ma al mio amico Tizio posso sicuramente dirla perché lui è una tomba... Poi ovviamente oltre l'amico con la A maiuscola c'è un'altra cara amica, Lucy, alla quale dico un po' meno cose, non quelle troppo segrete, ma quelle comunque un po' meno... *classified*. La mia amica Lucy è dolcissima e bellissima, come si fa a tenere il segreto con lei? Le chiedo di non dire nulla in giro, perché di lei mi fido un po' meno, ma cmq è un'amica e so che in fondo non mi tradirebbe mai. Le ho raccontato di Sempronio, è rimasta stupita e mi ha garantito che non l'avrebbe raccontato a nessuno. Infine ho un ultimo amico, al quale dico cose ancora meno importanti, ma a volte, in un eccesso di confidenza racconto tutto comunque, perché io e lui ci conosciamo da anni e so che anche di lui posso in qualche modo fidarmi. Quando gli chiedo di mantenere il segreto capisce perfettamente come deve comportarsi con le informazioni che gli sto passando. E' stato così anche per Sempronio... Però, pensandoci bene, qualche altro amico c'è...

Colleghi e confidenze [B]

Ignazio, ore 16:30 di un altro giorno qualsiasi

Si è sparsa la voce! Tutti i colleghi hanno saputo che Dinetto ha ottenuto l'aumento mentre altri che lavorano con me e che lo hanno richiesto da tempo non lo hanno ottenuto! E c'è un altro problema... Pistoio si è arrabbiato con me... afferma che io abbia raccontato ad altri cose riferitemi in un momento di dialogo privato e che mi aveva chiesto di tenere segrete, ed io avevo giurato! In pratica lui incolpa me di aver messo in giro voci sulla sua tresca con la collega Cunegonda. Ma io cosa c'entro? Assurdo! Ne avrà parlato con chissà quanti altri suoi "amici", quello è uno che non sa tenersi un cece in bocca. E poi, io avevo raccontato della tresca a Sempronio e dell'aumento a Tizio, ma loro non mi metterebbero mai nei guai, come io faccio con loro. Chiedo a Pistoio da chi provenga questa accusa e lui mi dice che Triscillo lo ha saputo da Petrosia che lo ha estorto a Rigino cui lo ha spifferato Marielletta che afferma di averlo saputo da... Sempronio! Maledizione! Io mi fidavo di lui. Che modi sono!! Io gli chiedo di mantenere un segreto e lui mi ripaga così? Ma scusa... se ti sto parlando di un argomento sensibile, che nessuno sa e che non va divulgato, soprattutto se riguarda colleghi, come puoi poi parlarne al primo venuto? Ma come è possibile che dopo tanto tempo mi abbia tradito in questo modo becero? Che ne è stato del nostro patto eterno di *non divulgazione*? Assurdo davvero. Sono profondamente deluso e non so se potrò perdonare uno sgarro del genere. E' un ruffiano, un delatore! E comunque tornando allo sfogo di Pistoio, chissà lui a quanti avrà raccontato questa cosa, non certo solo a me. Anzi, sapendo che io su questo tipo di cose sono un tomba è molto più probabile che la lingua lunga sia da cercare altrove. Quindi sfogati pure caro Pis, ma non dimenticare di chi puoi veramente fidarti!

41 Elogio della meritocrazia [A]

Erica, ore 14:45 di un giorno qualsiasi

Non sono molte le regole da seguire per far carriera nella propria azienda. Per me ne esiste praticamente solo una: la meritocrazia. Io sono per la meritocrazia nel modo più assoluto. Non serve spiegare molto altro. Devono andare avanti quelli bravi, punto. Quelli meno volenterosi, che tra l'altro probabilmente neanche vogliono compiere qualche onorevole passo in avanti, devono stare al loro posto. Non dico di restare a guardare, ma non ha proprio senso farli incedere nella scala gerarchica perché... semplicemente non lo meritano! E se poi neanche lo desiderano, allora non ha proprio senso alcuno. Io ho sempre lavorato tanto e bene, sono brava, eccello nel mio lavoro, non ho mai perso un colpo e, soprattutto, ho un grandissimo senso di responsabilità verso le mie attività in azienda. Se ci fosse una più brava le darei spazio senza pensarci un attimo, ci mancherebbe! Addirittura la affiancherei... curiosa e desiderosa di imparare cose nuove ed acquisire nuove capacità che possano portarmi ad un livello professionale più alto! La meritocrazia viene prima di tutto e riguarda quella naturale pulsione verso il miglioramento che da sempre mi spinge. Se una persona merita deve andare avanti, se merita di meno o non merita, deve andare indietro o restare dove lei stessa ha scelto di restare. Non c'è spazio per il nonnismo. Detesto quel termine, è quanto di più becero, antico, asfittico, ma soprattutto ingiusto possa mai esserci. Non c'è dubbio su questo, il nonnismo è roba da militari del secolo scorso, e neanche. E non ha alcun senso. Affermare che se uno è lì da 20 anni ha diritto ad emolumenti pur non facendo nulla di eccezionale è qualcosa di *inascoltabile*. Se tu sei li da 20 anni, e per tutto questo tempo non hai fatto nulla di diverso da quanto hai fatto il primo giorno, allora meriti meno dell'ultimo arrivato!

Elogio della meritocrazia [B]

Erica, ore 16:15 di un altro giorno qualsiasi

E' da poco arrivato un nuovo collega in ufficio, uno molto giovane. Credo si chiami Pretellio. E' stato assunto per supportarmi perché io davvero non ce la facevo più a svolgere tutte le attività di mia competenza da sola. E' un tipo sveglio, l'ho capito dal primo istante, ed è molto gentile con tutti. E, cosa che non guasta, è molto bravo nei compiti per i quali è stato chiamato, devo ammetterlo. Ma io sono io, e lui è lui, non scherziamo. Ieri in riunione hanno affidato a Pretellio compiti che prima erano miei e questo mi ha un po' infastidita. Devo essere sincera, fino al giorno prima del suo arrivo non riuscivo più ad evadere queste cose da sola, ma magari adesso, con l'aiuto che negli altri settori lui mi ha portato, ce la farei. Ma non importa, l'azienda è soddisfatta di lui ed il mio capo gli fa sempre complimenti. Dice che è molto bravo, ma secondo me è solo l'effetto della più giovane età che gli dona un'immagine di energia e freschezza. Eh però… oggi è successa una cosa bruttissima. Il capo ci ha convocati e gli ha praticamente dato… il mio ruolo! E' assurdo! Lui saprà tante cose nuove, ma vuoi mettere l'esperienza che ho io che sono qui da quasi 30 anni?! Come si può togliermi questo ruolo e darlo ad un novellino? Ok mi state spostando ad altro settore, che comporterà nuove sfide e lo fate proprio perché la mia esperienza gioverebbe in quell'altro reparto, ma che mi dite della mia capacità di gestire mille processi? Saranno in mano a lui? Non è giusto, le cose non si fanno così, non si possono cancellare tanti anni con un colpo di spazzola. L'anzianità avrà pure un valore! Non parlo di nonnismo becero come quello di chi pretende meraviglie senza restituire nulla, ma di una dipendente, io, che di contributi all'evoluzione aziendale ne ha portati milioni. Dove sarebbe oggi questa baracca se in questi anni non ci fossi stata io?

42 Elogio della professionalità [A]

Isidoro, ore 14:30 di un giorno qualsiasi

Nella mia azienda siamo sempre alla ricerca di nuove professionalità di grande valore e competenza. Da noi l'esperienza e la professionalità vengono rispettate nel vero senso della parola! Ogni collega ha le proprie attività ben definite ed applica ad esse le proprie conoscenze senza cimentarsi in mille altri task e soprattutto senza invadere altri campi. Questo non tanto per questioni di *gelosia* del proprio ruolo, quanto invece perché è giusto che chi ha studiato, chi si è adoperato per svolgere un particolare ruolo in cui è esperto e per il quale è stato da noi selezionato, possa poi lavorare in quell'ambito senza doversi fermare continuamente per attività che esulano dalla sua mansione e che gli farebbero perdere troppo tempo. Tempo prezioso e costoso e che va impiegato per compiti di alto livello, altrettanto remunerativi! Ribadisco, la nostra azienda rispetta moltissimo le professionalità e ciascuno viene trattato al meglio secondo quelle che sono le proprie peculiarità ed eccellenze. Cerchiamo sempre di mettere gli elementi migliori sui progetti ad essi confacenti, in modo che possano esprimersi al meglio delle proprie capacità, dei propri studi, delle proprie scelte di percorso professionale. Quando qualcuno ha bisogno di supporto, di un nuovo collega che lo aiuti ad espletare le sue attività in tempo, magari perché il business sta crescendo, operiamo una selezione accurata che coinvolge *in primis* chi quell'aiuto lo ha richiesto. Esaminiamo i CV dei candidati, svolgiamo diversi colloqui di cui quello più importante è proprio con il responsabile dell'area interessata e, solo se troviamo davvero la persona giusta, proseguiamo la conoscenza reciproca con un periodo di prova che normalmente, se tutto va per il meglio, si trasforma poi in un vero contratto a tempo indeterminato! Da noi la professionalità è un valore!

Elogio della professionalità [B]

Isidoro, ore 08:30 di un altro giorno qualsiasi

Qualche anno fa abbiamo messo sul mercato un nuovo prodotto, il Flesione, che da allora va decisamente bene crescendo progressivamente in termini di fatturato. Per far brillare il bilancio abbiamo dovuto limitarci in termini di operai adibiti alle linee di produzione. Ora però il successo richiede nuove figure ed il responsabile della catena di montaggio, Fridrigo, non riesce più a far tutto da solo! Ha chiesto di essere affiancato da qualcuno che abbia esperienza. Abbiamo individuato diversi candidati e con essi abbiamo svolto i colloqui coinvolgendo ovviamente Fridrigo che deve avere l'ultima parola essendo in assoluto il nostro dipendente più competente circa la produzione del Flesione. Lui ha apprezzato diversi profili, ma uno in particolare lo ha promosso con grande entusiasmo riconoscendone competenze non comuni. Abbiamo provato a legarlo a noi, ma c'erano diverse problematiche da affrontare. Innanzitutto il candidato era abituato a lavorare in smart working, e gli abbiamo detto subito che da noi non è possibile. Lui ci ha chiesto spiegazioni e gli abbiamo risposto semplicemente che non si può, punto. Altro problema è stato lo stipendio richiesto, decisamente troppo alto per i nostri canoni. A quel punto Fridrigo ha chiesto di avere qualcuno anche un po' meno esperto, purché in possesso delle competenze di base della produzione di prodotti in linea di montaggio, in modo da non doverlo formare da zero cosa che gli farebbe perdere il triplo del tempo fino a vanificarne la presenza peggiorando ulteriormente la situazione. L'abbiamo cercato, ma senza trovare nessuno ad un costo sufficientemente basso. Abbiamo deciso allora di prendere Tometto, un ragazzino di 18 anni appena uscito dalla scuola. Sì, non sarà competente in alcun modo, ma lui ci costa zero, e Fridrigo dovrà farsene una ragione!

43 Elogio della pianificazione [A]

Eva, ore 12:35 di un giorno qualsiasi

Ci sono vari processi che tengono in piedi un'azienda, ma alcuni di essi li apprendi e ne comprendi l'importanza solo quando il numero di progetti cresce e quindi anche quello di chi ci deve lavorare. Bene, uno dei più importanti è la pianificazione. Gestire i tempi del lavoro, allocarli, dare priorità a questo o quel task, è fondamentale in qualsiasi attività di progetto. Non si può assolutamente gestire in modo ottimale qualcosa di complesso come un progetto senza la suddivisione del *tutto* in parti più piccole ed una ragionata schedulazione! La pianificazione è fondamentale dal primo all'ultimo giorno delle attività previste. Come si potrebbero altrimenti gestire le scadenze, le consegne, fare previsioni, calcolare i budget, decidere quante persone vi dovranno lavorare, misurare i KPI, etc.? Noi redigiamo la pianificazione ogni volta che un nuovo progetto si avvia e poi, durante lo svolgimento dello stesso, cerchiamo di rispettarla aggiornandola o modificandola solo in casi estremi, in modo che tutto fili liscio e secondo le previsioni. Chiaro che se si verifica una emergenza vera, qualcosa di talmente grave da richiedere necessariamente la ri-allocazione di alcune risorse con conseguente slittamento delle attività precedentemente pianificate, beh allora è necessario procedere in tal senso. Del resto, la pianificazione è uno dei pilastri del *project management*. Nelle regole che ne governano le buone pratiche è previsto anche questo. E' chiaro che parliamo di un'emergenza, una vera emergenza, qualcosa che non può essere assolutamente lasciato al caso sperando che si risolva da solo, qualcosa che se non ti ci applichi il cliente ti manda a... passeggio! Qualcosa che deve necessariamente richiedere l'attenzione di tutta l'azienda. Non si altera la pianificazione per eventi singoli e non troppo importanti.

Elogio della pianificazione [B]

Eva, ore 16:35 di un altro giorno qualsiasi

Si è appena verificato un problema sulla linea di produzione del prodotto Xaprino Liquido. Il cliente, la Liquiditudini Inc. ha chiamato, nei panni dell'amministratore delegato in persona, Markucc Smith, ed ha chiesto di parlare con il nostro stesso amministratore Svetlano Abitudi, che poi, in preda ad una rabbia incontrollata nei nostri confronti, ci ha urlato contro il problema. Sembra che la retro-etichetta cartacea, visibile in trasparenza quando lo Xaprino è finito o sta per finire, riporti, in basso, in caratteri addirittura più piccoli delle clausole di Zio Paperone, l'email dei contatti con il simbolo "@" in grassetto anziché in carattere normale. E' chiaro che se il cliente non fosse così importante si tratterebbe di un problema secondario. Ma diventa un dramma assoluto per un cliente primary come la Liquiditudini, uno di quei problemi che gli inglesi definirebbero *mind blowing* e che può sicuramente nuocere alla reputazione dell'azienda produttrice, ma anche e soprattutto a noi, che ci vantiamo sempre di avere un'attenzione maniacale per il dettaglio. La nostra reputazione ha un valore grandissimo, è forse la cosa alla quale teniamo di più. Quindi ora abbiamo un'emergenza in azienda ed è fondamentale che le pianificazioni vengano riviste per farvi fronte. Ogni volta che ci sono emergenze gravi come questa il piano deve essere modificato per affrontarle. Mi sembra chiaro anche perché *ubi maior minor cessat*. I project manager obiettano che togliendo le risorse ai progetti che seguono, anche per un breve periodo, non riusciremo più a centrare le scadenze, ed i problemi si moltiplicheranno per 100, ma non vogliamo sentire ragioni. Un'emergenza è un'emergenza e come tale va trattata. E poi questo cliente ci da tanti, ma tanti soldi dai quali dipendono anche gli stipendi di tutti noi. Quindi tutti sul pezzo e via!

44 Iperlavoro [A]

Manlia, ore 11:30 di un giorno qualsiasi

Io detesto quelli che perdono tempo sul lavoro, quelli che sembrano sempre stressati da attività... fake! Li trovi in giro in qualsiasi momento, a volte vanno a fumare, e si trattengono lì fuori per mezz'ora, poi li trovi davanti alla macchinetta del caffè, per un'altra mezz'ora, poi nel bagno ancora per mezz'ora, poi a chiacchierare con i colleghi. Sempre intenti a raccontare agli altri il peso insostenibile delle loro attività lavorative. Si può dire, senza sbagliare troppo, che si tratti di persone che scroccano all'azienda almeno tre o quattro ore ogni giorno. Ma vi sembra tollerabile? E tutto questo amplifica il fastidio e la sofferenza dei colleghi che invece non si comportano così. Quelli che lavorano veramente sono parecchio danneggiati da questo modo di fare. Loro spesso percepiscono salari uguali o più bassi di questi perditempo, ma lavorano molto di più, mamma mia se lavorano, e percepiscono per questo una forte ingiustizia a loro danno. E per assurdo, proprio perché lavorano tanto, quelle poche volte che si concedono una pausa c'è pure chi ha da ridire nei loro confronti. Io, per esempio, lavoro tantissimo, sono sempre coinvolta nelle attività che mi vengono affidate e mi concedo pochi, davvero pochissimi momenti di pausa durante la giornata lavorativa. Io questo tipo di differenza la percepisco molto, ma non posso farci nulla. Non è che io non voglia che i colleghi vadano in pausa o che si distraggano piacevolmente ogni tanto sul lavoro, ma quello che stride è proprio la quantità di tempo trascorsa nello svago totale e non al lavoro. E purtroppo, chi dovrebbe venire a conoscenza di questo non sa nulla. O i piani alti si accorgono di questi comportamenti e trovano un modo per limitarli, o la frustrazione di quelli come me salirà a dismisura e non sarà un bene per nessuno. Non me l'ha prescritto il medico di lavorare qui!

Iperlavoro [B]

Manlia, ore 13:00 di un altro giorno qualsiasi

Non trovo corretto che i colleghi che mi hanno preceduto su questo progetto abbiano lavorato così male da farmi ereditare una situazione pessima come questa. Proverò a recuperarla, ma sono stati commessi errori indicibili. Non posso far finta di niente. Cerco il collega Pinino, lo saluto e gli racconto quello che ho trovato subentrando sul prodotto e gli dico quanto assurdamente basso sia il livello qualitativo di chi ci ha lavorato prima di me. Poi vado dai colleghi Manuccio, Marchello e Guidonio e racconto anche a loro la stessa cosa. Apprezzo i loro sguardi di compatimento verso la vecchia guardia del progetto, perché quello sguardo riconosce le mie grandi capacità, competenze e professionalità, cose che sono note e arcinote in azienda. Sanno tutti qui quanto io sia brava. Torno a sedermi e scopro di aver ricevuto una mail da un collega sottoposto, Henrietto. Sembra quasi che voglia darmi ordini. Sono davvero sdegnata, come si permette? Si rende conto che sta parlando con una delle poche che ne capisce davvero? Una di quelle che porta avanti davvero l'azienda da sempre, e che lavora come se non ci fosse un domani ed il cui lavoro vale davvero oro? Non me la posso tenere, devo parlarne con i miei colleghi pari livello, Gregonio ed Artusio. Inoltro loro la mail e li raggiungo rapidamente, con un sorrisetto che loro decodificano al volo quando mi vedono. E cominciano a ciondolare la testa come per dire… poveretto quello, perdonalo, non sa quel che fa. Esprimo loro tutta la mia rabbia nei confronti di Henrietto e gli dico che risponderò a tono. Ah se mi sentirà! Io che ogni giorno ricevo ed evado una tale quantità di lavoro che nessun altro riuscirebbe a svolgere! No basta, devo raccontarlo a Gignetta e a Frubonio! Ecco, scrivo la risposta. La correggo per due ore e poi torno dai miei colleghi per commentarla...

45 Morti sul lavoro [A]

Leandro, ore 11:45 di un giorno qualsiasi

La speaker del telegiornale ha appena letto le notizie di cronaca di oggi e ancora una volta ha annunciato la morte sul lavoro di 3 persone. E' assurdo che oggigiorno ci siano ancora eventi di questo tipo, è assurdo che una persona perda la vita mentre lavora per procurarsi il denaro per sostenere sé e la propria famiglia in modo dignitoso. Lo Stato deve fare qualcosa, qui non si tratta più di numeri singoli e poco frequenti, qui si parla di centinaia e centinaia di persone che perdono la vita ogni anno sui posti di lavoro! Io sono un lavoratore tuttofare in una azienda edile e come tale sono particolarmente toccato dal problema, visti i numerosi ambiti nei quali mi trovo a lavorare. Il prossimo sabato scenderemo in piazza per protestare contro questa strage. Urgono provvedimenti rapidi, leggi efficaci, aziende rispettose della sicurezza dei propri dipendenti. La sicurezza sul lavoro è sicuramente un problema serissimo in tutti i paesi del mondo, ma qui da noi sembra essere particolarmente grave. Operai che cadono dalle impalcature nei cantieri, altri che vengono colpiti da oggetti che scivolano dall'alto, altri che muoiono dentro caldaie che si accingono a pulire o che rimangono schiacciati in macchinari pericolosissimi. Le aziende affermano di essere in regola e si dichiarano non colpevoli, ma è evidente che non può essere così, è chiaro che sono responsabili delle frequentissime violazioni alle regole di base della sicurezza. I dipendenti, gli operai, quelli che alla fine il lavoro sporco lo fanno davvero in prima persona, sono un patrimonio inestimabile per l'azienda, come è possibile lasciarli lavorare in condizioni di pericolo? Come è possibile che un padre non rientri mai più a casa dopo una giornata di lavoro? Che un figlio, alla sua prima esperienza in una azienda muoia in modo così atroce? Non deve accadere mai più!

Morti sul lavoro [B]

Leandro, ore 07:35 di un altro giorno qualsiasi

Oggi ho iniziato il mio lavoro in cantiere alle 7:00 andando su e giù per l'impalcatura centinaia di volte tra i 12 piani del palazzo. Sono con un collega molto giovane e senza esperienza. Sto provando a formarlo, ma è lentissimo. Pensate che ad ogni movimento si mette e toglie i cavi di sicurezza. Certo, dovrei metterli anche io, ma per me sono superflui... vuoi mettere la mia esperienza di vent'anni su questi ponteggi? Sto rispettando tutti i tempi previsti per il mio lavoro, e poi a me piace sentirmi libero e questo mi permette di procedere spedito. Non ho detto che non mi sognerei mai di metterli, so bene che si tratta di un presidio di sicurezza obbligatorio, ma... sapete quanto tempo richiede ogni volta agganciare e sganciare l'imbracatura da un piano al successivo? Avete idea di quanto siano limitati i movimenti quando la si ha addosso e quanto lentamente ti costringa a lavorare? Ok la sicurezza, ma cosa vuoi mai che mi succeda? Sono espertissimo e conosco ogni singolo rischio del mio lavoro. Gli incidenti succedono ai pivellini non certo a persone di esperienza come me. Stesso discorso per la verniciatura, io respiro malissimo con la mascherina indosso. Non mi serve! Io so calibrare il respiro, uso il naso, mi giro quando ci sono nuvole particolarmente dense. Quando puliamo le cisterne, so bene quando una di esse è stata aperta per un tempo sufficiente a renderla innocua. Sicuramente quelli che ci sono morti dentro non avevano la mia esperienza. L'azienda mi ha sempre fornito tutto ciò che serviva per proteggermi. Mascherine, imbracature, formazione, corsi di aggiornamento, cartelli ovunque per ricordare che è necessario utilizzare tutti questi dispositivi di protezione. Ma è chiaro che l'azienda confida anche nella mia lunghissima esperienza ed io mi fido ciecamente delle mie valutazioni circa il pericolo.

46 Progetti e manuali [A]

Fabiola, ore 14:35 di un giorno qualsiasi

Ogni progetto, di qualsiasi tipo esso sia, deve essere corredato da manualistica, istruzioni per l'uso, documenti di analisi, insomma commenti testuali di qualsivoglia tipo che consentano a chi dovrà analizzare in un secondo momento quanto realizzato di comprendere ogni dettaglio delle scelte operate, del funzionamento dei sistemi, insomma capire ogni aspetto quasi come se si fosse nella mente di chi quel progetto lo ha implementato. Io ogni giorno affronto problematiche derivanti da carenze di manualistica, di documentazione, dovute ad ingegneri e progettisti, troppo frettolosi di giungere alla fine della gestazione del prodotto, in modo da metterlo quanto prima in commercio, in vendita, in azione, a seconda della tipologia di progetto. E sono dolori! Quanta superficialità e quanta poca professionalità! E' terribile, in mancanza di documentazione, dover capire cosa passava nella testa della persona che quella soluzione ha progettato. Maledizione! Non è per niente facile interpretare a posteriori quanto pensato da qualcun altro. Già è difficile farlo su cose progettate da te, tornandoci sopra in un tempo successivo, figuriamoci su cose ideate da un altro, diverso da te, lontano da te nel tempo, nei modi, nelle esperienze. Ed il rischio di sbagliare nella manutenzione è elevatissimo. E' come se un palazzo venisse costruito senza una cartina, una mappa, un disegno. Se un giorno io volessi rinforzare i pilastri come potrei mai sapere dove sono essendo essi completamente nascosti, ricoperti, verniciati? L'unico modo possibile per trovarli sarebbe bucare ovunque per verificare ciò che c'è dietro l'intonaco. Insomma, la documentazione dovrebbe essere obbligatoria per ogni progetto al mondo e soprattutto qualitativamente valida perché è deontologicamente errato pensare che il progetto finisca quando il *manufatto* è finito.

Progetti e manuali [B]

Fabiola, ore 11:30 di un altro giorno qualsiasi

Oggi il capo mi ha chiamato chiedendomi di lasciare momentaneamente la mia attività quotidiana per dedicarmi ad un progetto speciale. La nostra azienda sta partecipando ad una gara di appalto per una commessa davvero importante di un cliente *prospect* ancora più importante. Ne va del nostro futuro... ed io sono in odore di promozione. Sì perché il tempo è poco ed il mio capo, conoscendo le mie grandi qualità di *problem solver* e la mia velocità nell'implementazione di soluzioni, ha posto me al centro di un gruppo di persone egualmente valide. Purtroppo abbiamo deciso di partecipare a questa gara solo qualche giorno fa. Dovremo essere veloci, tralasciare il superfluo, concentrarci sul progetto per arrivare il prima possibile ad una simulazione funzionante. Bisognerà riconoscere a fiuto le attività che fanno perdere tempo o che possono essere rimandate o che non aggiungono valore al prodotto finito. Scriveremo il progetto concentrando tutti i nostri sforzi sull'obiettivo primario: giungere al giorno della simulazione con un qualcosa che sia in grado di funzionare. Documentazione, commenti, descrizioni, istruzioni? Non è il momento di dedicarsi a questa roba che è importante, sì, ma non contribuisce al funzionamento del prodotto vero e proprio. Il giorno in cui qualcuno dovrà modificare quanto fatto da noi? Prima preoccupiamoci di farlo funzionare, di renderlo bello ed efficace, preoccupiamoci di vincere la gara, e poi ci preoccuperemo di queste cose che vengono solo dopo queste fasi. Qui parliamo di roba seria, di un'occasione storica, non possiamo sprecare tempo! E poi, io sono chiarissima quando scrivo progetti, sfido chiunque a cimentarsi con essi, li comprenderebbe anche un bambino. Non serve neanche fornire documentazione, credetemi, se il capo mi ha scelto è perché sono la migliore.

47 Yes men and women [A]

Ivano, ore 12:00 di un giorno qualsiasi

Tutti sanno quale sia una delle malattie più gravi di ogni azienda: le *yes woman* e gli *yes men*. Non significa che non siano brave persone nella vita privata, ci mancherebbe, ma sul loro coinvolgimento nella gestione di alto livello delle aziende avrei molto da ridire. Le *yes persons* sono un vero e proprio cancro che divora dall'interno l'azienda e ne peggiora costantemente le performance. Parliamo di persone che lavorano a diretto contatto con la direzione di un'azienda e che partecipano a tutte le riunioni decisionali. Hanno il potere, almeno teoricamente, di esprimere la propria opinione e, in caso differisca da quella del capo, di contestarla, di proporre azioni differenti. Io non sono uno yes man. Non lo sono mai stato e mai potrei esserlo. Se qualcuno mi chiama in direzione è perché è interessato a conoscere la mia opinione smaliziata su un problema, e vuole ascoltare il modo in cui lo risolverei. E' proprio questa mia onestà che mi rende insostituibile in frangenti nei quali serve agire in modo efficace. Non mi fa paura l'effetto che le mie parole potrebbero avere sul capo, in realtà non me ne frega nulla. Se chiede la mia opinione è perché è interessato a conoscerla, indipendentemente da quanto sia distante dal suo modo di pensare. Tanto poi, alla fine, può fare come vuole, chi mai può impedirglielo? E' lui il capo! Ma io non sarò mai uno yes man, mai. Tra l'altro, quando affermo determinate cose, le affermo perché ci credo fermamente, non per uno stupido quanto pericoloso spirito di contestazione. Se il capo dice una stupidaggine, devo farglielo notare. Se decide di trattare male qualcuno ingiustamente, devo suggerirgli un criterio di azione più analitico e meno brutale. E' questo il mio ruolo, è questo quello per cui sono pagato, fare il bene dell'azienda, non certo assecondare opinioni nelle quali non credo assolutamente.

Yes men and women [B]

Ivano, ore 16:30 di un altro giorno qualsiasi

Oggi il capo è davvero arrabbiato. E' successa una cosa che ritiene grave ed è nero fino alla cima dei capelli. Come ogni volta che questo accade, sta prendendo una serie di decisioni troppo drastiche, senza considerare, per esse, il tempo necessario ad attuarle e soprattutto l'effettiva efficacia delle azioni conseguenti! Quando si vivono momenti come questi non bisogna agire troppo d'impulso, ma riunirsi, mettere sul tavolo tutte le possibilità e decidere con calma quali implementare, quali cancellare, quali rimandare. Io ho una mia idea su quanto accaduto, ma mi guardo bene dal dirla oggi. O meglio, ci ho anche provato, ma non appena ho compreso il *mood* nel quale lui si trova, ho lasciato perdere. Non voglio mica rischiare la carriera. Non deve sembrare troppo strano, ma quando siamo in queste fasi, io non mi metto certo a far notare tutte le implicazioni negative che queste azioni prese d'impulso generano. Io mi metto lì vicino ed in qualche modo assecondo quanto sta decidendo. Ok, siamo in un paese libero, ho acquisito diritto di parola dalla costituzione, dal contratto nazionale e dal regolamento aziendale, ma non voglio rovinarmi la carriera solo per dire la mia. Il capo è in una fase del suo percorso professionale nella quale detesta terribilmente qualsiasi opinione contraria. Per assurdo un collega amico mi incolpa dicendo che mi sto comportando da *yes man*… cosa? Io *yes man*? Ma vogliamo scherzare? Non sto mica vivendo la *sindrome del vestito nuovo dell'imperatore*, quella in cui il capo supremo dice cose errate, parla di obiettivi irrealizzabili, definisce stime che non può definire in quanto non competente e tutti quelli presenti a queste sue azioni annuiscono, acconsentono, accettano, approvano. Io sto solo offrendo supporto, in un momento difficile, a lui che ha infinite più responsabilità di quante ne abbia io!

48 Le responsabilità del capo [A]

Dorotea, ore 10:00 di un giorno qualsiasi

Dirigo quest'azienda da tantissimi anni e lo faccio sulla base delle mie capacità personali e professionali. Si tratta di abilità assolutamente fondamentali per una imprenditrice come me e ho sviluppato negli anni grazie all'esperienza accumulata. Ma se non ci fosse stato il mio talento alla base di tutto questo e soprattutto la mia capacità innata di generare profitto da idee, cose, persone, inventando nuovi prodotti e nuovi servizi, probabilmente nessuno nella mia azienda, oggi, sarebbe qui. Ho realizzato qualcosa di veramente grande! Siamo cresciuti tantissimo ed ora siamo conosciuti e rinomati ovunque. Ci stimano, ci chiamano in ogni consesso... Ad ogni presentazione noi siamo lì! Sia chiaro... tutto questo non l'ho ottenuto da sola, la mia bravura è stata anche quella di accerchiarmi delle persone giuste all'inizio e di continuare a farlo anche oggi. Certo, la mia autostima mi fa affermare con convinzione che sono stata io la forza motrice da cui è partito tutto, ma poi necessariamente il talento l'ho dovuto cercare anche negli altri, quelli che avrebbero dovuto lavorare in aree alle quali non avrei più potuto lavorare io. Delegare è stato difficile, lo ammetto. Quando un'azienda è piccola e si è in pochi, tutti fanno tutto e quindi ogni singolo elemento del team è responsabile di una serie lunghissima di attività e processi. Quando poi, pian piano, ci si struttura, si deve lentamente cedere le proprie responsabilità ad altri che avranno quel particolare compito come unico compito (o quasi) e lo svolgeranno al meglio, o almeno così si spera. Ed io, come donna a capo di questa azienda, ho dovuto cedere infinite attività ad altri. Certo, ho scelto persone in gamba, delle quali mi fido completamente, altrimenti non ce l'avrei proprio fatta! E' difficile quando accade, ma è l'unico modo per far crescere davvero tutto.

Le responsabilità del capo [B]

Dorotea, ore 16:15 di un altro giorno qualsiasi

Cammino lungo i corridoi della mia azienda quasi tutti i giorni. Mi piace guardare i colleghi che alacremente lavorano alle loro attività. Io ne accentro ancora tante, ma sono finalmente più confacenti al mio ruolo. Ammetto che non mi dispiace essere posta di fronte a problematiche ordinarie. Guardando i volti dei partecipanti ad una riunione, se vedo smarrimento entro senza problemi. Nessuno mi può respingere, no? Essere il capo ha i suoi vantaggi! Quando si parla di nuove funzionalità da aggiungere a prodotti un po' stantii, produco una serie di idee che i presenti non riuscirebbero mai ad elaborare. E poi gli ordino di aggiungere queste features a questo o quel prodotto. Altre volte si parla di processi. Anche qui tiro fuori proposte innovative che lasciano tutti di stucco. E mi guardano tutti a bocca aperta. A volte fanno obiezioni, che però io smonto subito. Raramente si oppongono, ma comunque capita. Oggi per esempio, si parlava di nuove caratteristiche da aggiungere ad un servizio ed il project manager ed il responsabile marketing avevano effettuato dei sondaggi ottenendo dei risultati sulla base dei quali avevano deciso le feature necessarie. Io ho detto la mia, ovvero che la feature più importante era un'altra. Hanno iniziato ad insistere perché i dati deponevano diversamente, ma sapete che vi dico? Me ne frego! Io ho talento e mi sono così abituata ad esso che mi fido ciecamente dei suoi segnali. Alcuni dicono che un'eccessiva confidenza nel proprio talento può trasformarsi in un alibi per non ragionare e non farsi supportare. Ma se l'idea mi viene, un fondo di verità c'è sempre. E sono certa che quella feature avrà successo. Ho messo a tacere il collega dicendogli di fare come ho chiesto, punto. Poi me ne sono andata. Mi annoia discutere dell'ovvio. Alcuni dipendenti sono così privi di talento...

49 Lo straordinario [A]

Fiorenza, ore 08:00 di un giorno qualsiasi

Mi piace lavorare! Il lavoro che ho la fortuna di svolgere è proprio quello che sognavo: produrre oggetti di uso comune. Se fai il tuo dovere e realizzi il numero quotidiano previsto di prodotti della nostra catena di montaggio puoi stare davvero tranquillo. Molti giovani, sapendo che sono una veterana, mi chiedono informazioni su diverse cose. Tra le tante, lo straordinario. Beh, facile! Il contratto di lavoro tra azienda e dipendente è sancito dalla legge e prevede uno scambio equo tra le prestazioni lavorative del dipendente ed il... denaro dell'azienda. Quest'ultimo è tale da compensare equamente (o quasi) la prestazione erogata. Un dipendente deve lavorare per il numero di ore previsto da contratto ed essere pagato di conseguenza. Se lavora di più, l'azienda deve pagare di più ovviamente. La mia azienda non consente straordinario non pagato. Per poter lavorare di più è necessario chiedere l'autorizzazione al proprio superiore. Tutto questo ha senso, altrimenti chiunque potrebbe restare qui diverse ore in più ogni giorno anche senza necessità e guadagnare ingiustamente, così, altro denaro. Lo straordinario pagato è quello in cui ad ogni *extra* di tempo lavorato, corrisponde un *extra* di denaro in busta paga. Erogare straordinario non pagato ovviamente è illegale e nessuna azienda onesta al mondo te lo chiederebbe mai. Ma anche regalare ore di propria volontà all'azienda è completamente sbagliato! Vi è mai capitato di trovare denaro in più in busta paga sotto la voce "regalo"? Vi sembrerebbe credibile se l'azienda decidesse liberamente di regalare ai dipendenti 100 € a fine mese? No! E allora, perché mai un dipendente dovrebbe regalare ore della propria vita privata, falsando inoltre così la capacità produttiva aziendale in modo tale da non riuscire più a fornire stime attendibili delle attività pianificate?

Lo straordinario [B]

Fiorenza, ore 17:00 di un altro giorno qualsiasi

La mia unità lavorativa è sotto stress in questo periodo. Il nostro prodotto di punta si rompe se sottoposto a determinate sollecitazioni e per assurdo sembra proprio che la causa di tutto questo sia da ricercare nella vernice della quale viene ricoperto durante il processo di colorazione. Indovina? Quella è una scelta che proviene dal mio ufficio, da me quindi, che ne sono la responsabile. Ok ma come può essere? Beh sembra che una determinata sostanza contenuta nello smalto che abbiamo scelto, danneggi a fondo le fibre del materiale plastico utilizzato, cosa che porta poi ad una fragilità dell'intero pezzo. Ho bisogno dell'aiuto di tutti i colleghi! Devono concentrarsi su questo problema. Ci sono diversi fronti sui quali operare… il primo è verificare se è vero che ci sia sfuggita una incompatibilità specifica dichiarata tra i due. Se non c'era, amen, non è colpa nostra. Se c'era, dovremo assumerci le nostre responsabilità verso l'azienda e saranno giorni durissimi. Il secondo è porre rimedio per i prodotti già in vendita. Il terzo è scegliere vernici differenti per i prodotti che verranno realizzati da oggi in poi. Siamo alla fine della giornata lavorativa e vedo i primi colleghi andarsene a casa. Li fermo! Gli chiedo come mai vadano via… mi rispondono che io ho sempre dichiarato che gli orari andassero rispettati. Loro davano per scontato che valesse sempre. Ma no! Ma no che non vale. C'è un'emergenza tangibile, grave, che riguarda proprio loro e loro se ne vanno? Mi rispondono che se fosse inquadrato come straordinario, allora potrebbero anche restare. Straordinario? Voi avete creato il problema ed ora l'azienda deve anche pagarvi per risolverlo? Siamo matti? Va bene, fate pure, ma ne terremo sicuramente conto nelle valutazioni di fine anno. E' assurdo che non si sia disponibili a lavorare di più in situazioni di emergenza.

50 Mai più smart working [A]

Iacopo, ore 08:00 di un giorno qualsiasi

Per svariate ragioni, io non credo nello smart working. I dipendenti devono essere controllati altrimenti non lavorano o lavorano molto meno di quanto potrebbero. E poi credo che il legame personale che si crea quando ci si incontra fisicamente in ufficio realizzi la squadra, rafforzi i rapporti personali e professionali, renda tutti più determinati a raggiungere gli obiettivi comuni. Ho dovuto concedere lo smart working durante una recente epidemia solo perché in alternativa avrei dovuto fermare tutti i lavori della mia fabbrica di laminati plastici per due anni! E questa sarebbe stata probabilmente la fine. Non posso negare che la nostra produttività in quel periodo non è calata, i nostri ingegneri hanno continuato a lavorare alacremente, forse perché quando sei in smart non puoi essere altrove se non dinanzi al tuo schermo, ma resto dell'idea che l'interazione *de visu* sia vincente. Secondo me l'hanno sperimentato anche i miei stessi progettisti, anche se non lo ammetterebbero mai! Lo smart working non può funzionare perché se il dipendente non viene controllato è portato a sprecare tempo. E non parlo solo di lavorare poco, parlo di quando se ne vanno in giro per la casa in ciabatte a prendere un caffè dopo l'altro, giocando con i loro bimbi, o vanno a far la spesa o a lavare l'auto! Sì lo so che la legge prevede obbligatoriamente una pausa ogni 2 ore, ma in smart tutto può essere pausa! Praticamente se uno volesse potrebbe non lavorare mai, essere sempre in vacanza. Ma poi, volete dirmi che stare davanti ad uno schermo asettico permette di sentire le vibrazioni di una sala riunioni? Di percepire la vera passione, i dubbi, le speranze, dei colleghi quando si parla di questo o quel progetto? Di creare un legame vero in un team? No, da me lo smart working non ci sarà più. A meno di nuove pandemie, è solo un triste ricordo passato.

Mai più smart working [B]

Iacopo, ore 11:00 di un altro giorno qualsiasi

Quando ci incontriamo in sala riunioni spesso siamo in tanti e lo spazio è poco. La nostra sede è piccolissima e non ha altri luoghi di aggregazione. A questo punto mi chiedo che senso abbia perdere tempo per spostarci!? Nelle riunioni in presenza c'è sempre quello che arriva in ritardo, quello che propone il caffè prima di iniziare, quello che parla della squadra del cuore, delle gare automobilistiche… del meteo! Siamo proprio sicuri che incontrarci fisicamente sia vantaggioso? Ormai stiamo stretti in ufficio, ho ri-compattato i dipendenti più volte, ma il problema si ripresenta periodicamente. Resto dell'idea che solo lavorando in presenza si possano sperimentare le emozioni della relazione ed essere veramente efficaci sui progetti, ma è altrettanto vero che perdere tempo significa perdere denaro. E allora che c'è di male nel fare delle riunioni da remoto restando seduti alle proprie scrivanie nei propri uffici? In questo modo si preserva la relazione umana ed allo stesso tempo si abbreviano i tempi. Per migliorare le performance ci mandiamo un link e facciamo una video call dai nostri uffici. No, non è come lo smart, è ovvio, vuoi mettere il contatto umano? E poi in questo modo posso controllare meglio i dipendenti che di certo non se ne andranno in giro in mutande. Ci sono altre situazioni che lo richiedono… ad esempio quando un dipendente che sta seguendo un progetto importante ha un problema serio e si mette improvvisamente in malattia, restandoci per diversi mesi. Se in quel caso il collega, temendo di perdere terreno, si proponesse per lavorare un po' da casa, io non potrei certo accettare, perché vietato dalla legge, ma se in autonomia lui decidesse di darci una mano, perché impedirglielo? Se arrivasse un controllo ovviamente sarebbe un problema suo. Non l'ho certo autorizzato io a fare questa cosa!

51 Imprenditori innovatori [A]

Giulio, ore 08:00 di un giorno qualsiasi

Io sono un imprenditore di successo, uno di quelli che ce l'ha fatta e ha trasformato un'idea, *la doccia prefabbricata*, che ai tempi degli inizi sembrava assurda e fuori contesto, in un asset tecnologico moderno. Fondamentale, in questo caso e in tutti i casi analoghi al mio, è stato il tempismo. Essere *first mover*, muoversi per primi, dà un vantaggio competitivo ineguagliabile almeno per un certo tempo. Certo, magari dopo anni i competitor ti raggiungono, arrivano a risultati analoghi, carpiscono i tuoi segreti, ti copiano e quel vantaggio si assottiglia, ma se mantieni la direzione resterai sempre in vantaggio, anche se di poco. Come ho fatto ad arrivare qui? Beh facile a dirsi ma meno a farsi: aggiornamento continuo! E' il mio mantra, la mia regola assoluta. Sono sempre stato affascinato dalle novità, dalle cose nuove che promettevano di rendere la vita più facile. Laddove gli altri le temevano, perché andavano a turbare la serenità di un ordinario e ciclico modo di fare, io ero il primo a provare, a sperimentare. E da queste sperimentazioni nascevano nuove idee, nuovi spunti per ulteriori progressi. E i prodotti sono sempre stati all'avanguardia. Sì perché se sei sempre favorevole a cambiare, modificare, migliorare a vantaggio del cliente finale, il cliente ti ripaga con la fedeltà! Il mio prodotto è tuttora innovazione pura, ogni nuova tecnologia che viene rilasciata la esamino, la verifico, la integro, ne traggo insegnamenti sulle cose da fare e su quelle da non fare e poi la metto in atto chiedendo ai miei dipendenti di diventarne esperti, padroni assoluti. Non mi importa il costo aziendale che questo ha sulla mia linea di produzione perché è l'unico modo di mantenersi assolutamente competitivi su questo mercato. Giunto a questo punto, posso oggi serenamente e orgogliosamente dire che è il solo modo valido di lavorare.

Imprenditori innovatori [B]

Giulio, ore 16:30 di un altro giorno qualsiasi

Di recente abbiamo sfruttato una grande opportunità: acquistare il *progetto* di un prodotto di concorrenza non nuovissimo, la "vasca da bagno per sedia a rotelle", che ha una fetta di mercato esclusiva. Abbiamo acquisito il progetto da un imprenditore che vuole passare a fare il consulente. Io e lui siamo profondamente differenti, ma lo comprendo! La vita del CEO aziendale è troppo stressante, non la si può fare troppo a lungo. Ma torniamo al nostro acquisto, ci sono clienti interessati proprio alle caratteristiche della vasca. Il primo lo incontrerò a breve e sembra che abbia davvero fretta e sia disposto a pagare bene perché vorrebbe inserirla nel suo catalogo. La *vasca* che ho acquistato è vecchia, ha una serie di difetti che potrebbero essere risolti oggigiorno, ma questo avrebbe un costo importante. Lo sapevo bene quando ho deciso di procedere, ma proprio grazie a questi problemi ho tirato giù il prezzo e fatto un affare! In azienda volevamo acquisire un prodotto come questo perché completa la nostra offerta. Pensandoci però, il nostro cliente non sembra avere grandi pretese... Quasi quasi gli vendo il nostro nuovo acquisto così com'è, senza risolverne i problemi. Che senso ha sprecare anche un solo giorno di lavoro per sostituire quella parte con un'altra analoga solo perché ora si usa così? Non tutte le nuove tecnologie devono necessariamente essere apprese ed attuate. Se una cosa funziona, perché modificarla? Spesso l'innovazione è una moda, qualcosa di cui fregiarsi, ma deve avere un senso, altrimenti parliamo di tempo e denaro sprecati. Ma scusate, se il mio cliente è contento così, perché sforzarsi? Inoltre, se anche modificassi le componenti e la tecnologia sottesa, dall'esterno il prodotto sembrerebbe sempre uguale! E allora perché sprecare risorse se da fuori nulla di diverso traspare?

Gamification 5/10

Paragrafo	Solo A o solo B	Sia A che B
39 Carriera e colleganza	☐ 0 punti	☐ 1 punto
40 Colleghi e confidenze	☐ 0 punti	☐ 1 punto
41 Elogio della meritocrazia	☐ 0 punti	☐ 1 punto
42 Elogio della professionalità	☐ 0 punti	☐ 1 punto
43 Elogio della pianificazione	☐ 0 punti	☐ 1 punto
44 Iperlavoro	☐ 0 punti	☐ 1 punto
45 Morti sul lavoro	☐ 0 punti	☐ 1 punto
46 Progetti e manuali	☐ 0 punti	☐ 1 punto
47 Yes men and women	☐ 0 punti	☐ 1 punto
48 Le responsabilità del capo	☐ 0 punti	☐ 1 punto
49 Lo straordinario	☐ 0 punti	☐ 1 punto
50 Mai più smart working	☐ 0 punti	☐ 1 punto
51 Imprenditori innovatori	☐ 0 punti	☐ 1 punto
TOTALE		

Stato, politica, servizi

Negli uomini, non esiste veramente che una sola coerenza: quella delle loro contraddizioni.

Guido Morselli

52 Il Servizio Sanitario Nazionale [A]

Artemisia, ore 11:38 di un giorno qualsiasi

La Sanità pubblica del mio paese è un vero colabrodo. Prenotazioni lontanissime nel tempo, assenteismo, approssimazione, scarico di responsabilità! Prenoto oggi una visita urgente, e dico urgente non a caso, e loro me la fissano tra 2 anni come minimo, quando probabilmente il mio male sarà conclamato o io sarò addirittura morta! Richiedo delle comuni analisi del sangue e la data prevista è tra 6 mesi! E quali sono le cause di tutto questo? Innanzitutto la possibilità che hanno i dottori di visitare pazienti a pagamento usando le strutture pubbliche, cosa che ovviamente genera un conflitto di interessi talmente evidente che anche un neonato lo comprenderebbe. Ma poi, oltre questo, il male assoluto sono le... raccomandazioni! Tantissimi non rispettano il proprio posto in una fila, in una lista d'attesa, ma sgomitano disturbando il patriarca Abramo, il cugino del conoscente, lo zio del nipote del cognato della nuora del loro occasionale migliore amico per avere una prenotazione ravvicinata, e questo è veramente indecoroso, incivile, distruttivo per l'agenda visite del SSN. Eh sì perché quelli che sono nella lista e non hanno santi in paradiso, languono dietro e vi rimangono senza possibilità di risalire la china, a meno che non ricorrano anche loro alla raccomandazione. E questi poveracci vengono scavalcati da persone che chiedono vantaggi illeciti per la propria urgenza che è ovviamente da loro considerata molto più importante di qualsivoglia altra. Assurdo dell'assurdo poi è che ognuno di essi affermi che il Servizio Sanitario Nazionale non funzioni a dovere! Ok, è chiaro che questi predicano bene e razzolano malissimo! Se ogni santa volta che hanno bisogno di cure specialistiche usano, senza pensarci un attimo, mezzi illeciti per scalare le liste d'attesa, come può il servizio funzionare a dovere?

Il Servizio Sanitario Nazionale [B]

Artemisia, ore 12:45 di un altro giorno qualsiasi

Mia figlia non sta bene ed ha urgente bisogno di accertamenti approfonditi. Lei è giovanissima, nel pieno vigore ed io, come madre, ho una paura terribile per la sua salute. Chiaramente ogni cosa che metta in dubbio il suo reale stato di salute diviene per me un'allerta da non ignorare nel modo più assoluto. Ed ora c'è questa stranezza, questo malessere improvviso, questi segni preoccupanti che io non lascerò certo passare nell'indifferenza. Non posso permettermi visite specialistiche private costosissime che certo mi garantirebbero referti affidabili con una rapidità quasi fulminea, ma devo trovare comunque rapidamente un modo per farla visitare da uno specialista di quelli bravi, da un luminare insomma. Pensandoci... ho un amico, Morrio, che lavora nel settore e che mi deve parecchi favori. Lui vanta di essere vicino ad *uno di quelli che contano*, ma che contano davvero, almeno dalle nostre parti. Beh non posso starci a pensare troppo su. La mia è un'urgenza seria. Non parliamo di un dente dolorante o di un'unghia incarnita, ma di roba preoccupante. Non voglio ignorare questi segnali e poi pentirmene un giorno! Ho chiamato il mio amico e gli ho spiegato la situazione. Lui è stato rasserenante dicendomi che avrebbe rapidamente indirizzato la cosa. E così ha contattato il pezzo grosso, spiegandogli la situazione per bene. Beh, il mio amico è davvero intimo di questo luminare, perché in poche ore mi hanno chiamato dall'ospedale per fissarmi la visita... domani! Forse può sembrare poco lecito e giusto, ma vuoi mettere la salute di una figlia? Per un altro forse non lo avrei fatto, ma per lei farei di tutto. E poi, quanti altri casi urgenti come il mio ci saranno da qui a 2 anni? Quanti altri accertamenti importanti potranno mai esserci? Non credo di aver danneggiato nessuno, sono ben altri quelli che danneggiano il SSN.

53 Monopòli di Stato e dipendenze [A]

Stato, ore 11:30 di un giorno qualsiasi

Attenti quando vi rivolgete a me, voi cittadini, perché io sono lo Stato, il vostro Stato. Sì, lo Stato con la "S" maiuscola. Sono l'elemento di sintesi della triade fondamentale di ogni nazione, ovvero "territorio", "popolo" e "sovranità". Lo Stato ha cura del cittadino, lo sancisce la Costituzione che è alla base del mio essere Stato. E la mia è una cura seria, non approssimativa, amorevole, non indifferente. Io ho sempre autentica cura del mio popolo: quando si tratta di salvaguardare tutti voi, nessuno escluso; quando si tratta di legiferare sulla salute, sulla sicurezza dei luoghi di lavoro dove voi svolgete ogni giorno le vostre mansioni, sulle regole che tutti voi dovete rispettare; quando si tratta di proteggere ogni cittadino da guerre e violenze o ancora quando punisco chi si è reso colpevole di atti illegali, danneggiando cose o persone. Insomma, il mio ruolo è evidente. Io proteggo sempre i miei figli da tutto quello che può nuocere loro. Il mio compito è garantire la sicurezza, il benessere ed il rispetto dei cittadini. E tu, sì, proprio tu, sai perfettamente che ti voglio bene davvero, lo senti anche quando talvolta le cose non funzionano come dovrebbero. Tu sai sempre che io sono lì a tenerti stretto tra le mie braccia, tu che sei la mia più grande ricchezza, proteggendoti in modo adeguato. Io non permetterei mai a nessuno di farti del male, non consentirei lo sfruttamento dei tuoi averi con mezzi differenti da quelli istituzionali che sono leciti ed eticamente accettati. Io sono la fiducia, l'affidabilità, la serenità, la protezione, l'amore. Certo sono anche un corpo vitale che necessita di risorse per funzionare, ma solo al fine di restituirvi, in servizi, il denaro che sono costretto a chiedervi con le tasse, ma questo non cambia mai la mia rotta. Io guardo sempre dritto puntando all'obiettivo finale: la felicità e la realizzazione dei miei cittadini!

Monopòli di Stato e dipendenze [B]

Stato, ore 11:30 di un altro giorno qualsiasi

Ho bisogno di soldi, le mie casse sono a secco e devo rimpinguarle. Serve qualcosa di nuovo. In realtà le ho provate quasi tutte, ed hanno funzionato! Le licenze per i mille tagliandi dai costi folli che si grattano che neanche la varicella dai quali prendo percentuali altissime, le estrazioni dei numeri, che prima si estraevano 2 volte a settimana, poi 3 volte. Poi... idea pazzesca: consentire alle ricevitorie di eseguire un'estrazione ogni 10 minuti. Un tempo sufficiente a placare l'orgasmo da gioco di chiunque. E' sufficiente entrare nei bar di qualsiasi paesello per trovare, da mane a sera, orde di anziani intenti a dilapidare la propria pensione! Sono riuscito così ad incassare cifre importanti, ma mai sufficienti in un paese indebitato come il nostro. Lo ammetto, non mi fa piacere, ma su questi giochi prendo una percentuale altissima senza fare praticamente nulla. Fa tutto la ludopatia! Pensate ai giochi storici relativi al calcio, alle agenzie di scommesse, alle sale dove si gioca una specie di tombola. I canali per capire se la dea bendata volge il suo sguardo a favore sono davvero tanti. Non voglio certo creare nuovi ludopati, non voglio minare alla salute economica dei miei cittadini. La vostra sicurezza è il mio primo pensiero. Ma per combattere le mafie ed il gioco d'azzardo illegale, bisogna legalizzarlo, almeno fin dove si può. Il mio è uno scopo benefico no? Lo capite dalla pubblicità contro i miei stessi giochi. Giocare con sobrietà non lede patrimoni, non distrugge vite e famiglie. Se prendi un coltello sta a te usarlo per tagliare il formaggio o per suicidarti. E se ciò accade non è certo colpa di chi produce lame. Con la mia pubblicità contro la ludopatia metto in guardia le persone fragili dal rischio dipendenza, e così l'aspetto educativo formativo è salvaguardato. Le sigarette ed il tabacco? Stesso discorso, no?

54 Evasione fiscale [A]

Gerlanda, ore 09:15 di un giorno qualsiasi

Io sono contro la disonestà e quindi contro ogni forma di evasione fiscale. Nel modo più assoluto! In questo paese, del resto, l'evasione è a livelli altissimi e pervade praticamente ogni strato sociale, ogni relazione in cui ci sia passaggio di denaro. Siamo primi in diverse classifiche che elencano le nazioni dove l'evasione è più alta, ce ne rendiamo conto? Ma poi tutto questo a spese di chi? Degli onesti come me! Non è per niente giusto che alcuni cittadini violino le leggi dello Stato eludendo il fisco e non pagando i tributi mentre altri no. Sì perché dall'altra parte ci sono cittadini onesti che si spaccano per lavorare onestamente e portare a casa la pagnotta quotidiana e che vedono la loro busta paga quasi dimezzata dallo Stato che deve necessariamente dissanguarli non potendo contare sulle altre entrate, che mancano proprio a causa degli evasori. In pratica c'è un cittadino disonesto che guadagna cifre – importanti - che restano tali perché l'illegalità le rende esenti da tributi, e cittadini che invece contribuiscono al funzionamento dello Stato anche per... quelli disonesti! Eh sì, perché quei signori disonesti utilizzeranno comunque i servizi dello Stato, tra cui la Sanità, le strade, i ponti, le forze armate, e tanto altro. Loro si serviranno di tutto quello che lo Stato gratuitamente può dare ai cittadini in quanto suoi... figli, ma non contribuiranno in alcun modo alla cosa pubblica. E chi compenserà questa mancanza? Gli altri, quelli onesti, quelli che neanche volendo potrebbero truffare, quelli che vedono un cuneo fiscale sempre più ampio divorargli quanto legalmente guadagnato. E' ingiusto! Io lavoro per due, vengo retribuita per due, ma incasso per uno. Questi evasori fiscali andrebbero tutti identificati e puniti pesantemente, il danno enorme che procurano a persone oneste come noi, come me, non è perdonabile.

Evasione fiscale [B]

Gerlanda, ore 19:30 di un altro giorno qualsiasi

Ho portato l'auto dal meccanico Guidello per alcune riparazioni importanti. La tiene in officina da giorni ormai e sono preoccupata. Oggi mi chiama con la sua solita voce greve e dispiaciuta come quella di un dottore che ti annuncia un male incurabile e mi dice che c'è da cambiare un pezzo costoso. Gli chiedo quanto dovrò spendere per il ricambio e la manodopera e mi spara una cifra così alta che mi servirà lavorare 1 mese intero per ripagarla. Gli chiedo se non si possa risparmiare in qualche modo e lui mi spiega che se decidessi di comprare il pezzo da un mercato parallelo, rinunciando alla garanzia, pagando in contanti e rinunciando alla fattura potrei arrivare a pagare il 40% in meno! Come si fa a dirgli di no? So che non è giusto né onesto, ma io i soldi me li sudo, eh non come quei politici che stanno lì a riempirsi la bocca di paroloni quali fisco, lotta all'evasione e poi hanno conti in banca con saldi a nove zeri. A quelli pagare il 40% in più o in meno di una riparazione così gli fa il solletico. Per me invece sono soldi importanti questi. Ho lavorato tanto per ottenerli. E poi, che sarà mai evadere con una cifra del genere rispetto al *mare magnum* delle frodi al fisco? Sono altri gli evasori fiscali, quelli che frodano lo stato togliendo all'erario cifre folli! Io non sono tra questi con la mia ridicola, patetica auto! Io sono solo un'onesta cittadina schiacciata dal costo della vita e che è costretta a barcamenarsi alla men peggio per sopravvivere. E se poi le capitano disavventure come queste cosa può fare se non cercare qualche strada percorribile per non soccombere? Gli evasori sono i grandi evasori, le aziende, i professionisti di successo, quelli sì che evadono! Alla fine io non sono che una piccolissima goccia in un mare nero che mi fagocita. Accetto la proposta del meccanico. Che altro posso fare?

55 Autodichìa [A]

Ascanio, ore 10:30 di un giorno qualsiasi

I politici sono tutti corrotti, lo sappiamo. Non si arriva a ricoprire certe posizioni senza avere le mani in pasta, senza conoscere *padreterni*, senza sapersi muovere con competenza quasi mafiosa nei diversi affari. Noi cittadini invece siamo onesti e non conosciamo questi meccanismi. Loro ci controllano, ci governano, decidono per noi senza coinvolgerci nonostante siamo stati noi a votarli. Loro fanno i loro interessi e mai i nostri, loro pensano solo a sé stessi. Sono davvero dei poco di buono, non c'è che dire. Un amico, Maldicoro, mi dice che alla fine sono persone come noi perché da noi provengono. Questo amico afferma che non si generano belve da un popolo di San Francesco d'Assisi e viceversa. Secondo lui, se siamo tutti buoni, allora anche i politici lo saranno, ma se così non è, allora quel modo di fare che punta ad assecondare solo i propri interessi è insito in noi tutti. Oppure, è l'occasione che fa l'uomo ladro. Io non credo alla tesi di Maldicoro: noi siamo brave persone, non siamo corrotti né siamo abituati a corrompere. Pensate che i politici possono arrivare a decidere i loro stessi stipendi e benefit, e tante altre cose, mediante un organismo interno con poteri giurisdizionali! Per noi sarebbe impossibile comportarsi così. E' un modo di fare tipico dei politici e che non è insito nelle persone oneste come noi. Cmq su una cosa il mio amico ha ragione, noi parliamo e ci lamentiamo, ma alla fine nessuno ci impedisce di provare ad entrare in politica per cambiare le cose dall'interno. Ok, probabilmente abbiamo sbagliato a non fare scelte alternative quando ne abbiamo avuto la possibilità. Avremmo dovuto avere più senso di responsabilità verso la cosa pubblica e portare qualcosa di buono ed onesto in quel mondo fatto di persone di bassissima statura morale. Ma chissà, forse non è troppo tardi!

Autodichìa [B]

Ascanio, ore 16:30 di un altro giorno qualsiasi

Devo ringraziare il mio amico Maldicoro che anni fa mi suggerì di provare ad intraprendere la carriera politica. All'inizio pensavo fosse impossibile, ma poi ci ho provato. E ci sono riuscito! Prima mi sono candidato alle circoscrizionali e sono stato eletto contro ogni previsione. E poi via via più su, puntando sempre all'elezione successiva, più importante della precedente. Oggi sono un parlamentare europeo rispettato e stimato quasi ovunque. Eh per riuscirci ovviamente ho dovuto abbandonare un po' quell'estremismo che mi animava all'inizio di questo percorso. Con il tempo ho imparato che essere troppo rigidi non porta nulla di buono ed allora mi sono moderato parecchio ed ora mi vogliono un po' tutti a riempire le fila delle varie zone di influenza parlamentari. Diciamo che io provo a fare il bene del paese e quindi scelgo l'area politica il cui programma si confà alle cose in cui credo. Ah dimenticavo, mi hanno nominato presidente dell'ente giurisdizionale interno che si occupa di valutare i ricorsi degli stessi dipendenti del parlamento, ovvero i miei colleghi. Parliamo di autodichìa. Ho accettato di buon grado! Oggi un gruppo di colleghi ha intentato ricorso chiedendo un aumento di stipendi e benefit per una serie di ragioni, prima fra tutte il fatto che il nostro lavoro è molto pesante. E poi… siamo così esposti a tentativi di corruzione da parte di chiunque, da non poter percepire stipendi troppo bassi. Ho indetto una serie di incontri con la mia commissione e non è stato troppo difficile decidere che la mozione del collega andava accolta senza troppe obiezioni. E' bello quando le cose funzionano in modo facile e quando tutti sono d'accordo sul da farsi, Sì certo, l'aumento riguarda anche me e tutti noi della commissione, ma questo è un effetto collaterale della democrazia cui non posso in alcun modo sottrarmi!

56 I valori della Sinistra [A]

Gaia, ore 13:00 di un giorno qualsiasi

Io credo moltissimo nei classici valori della sinistra e ci credo da sempre. Prima di me ci credevano i miei genitori e dopo di me, spero, ci crederanno i miei figli, sempre che io riesca a trasmettere loro la mia stessa percezione del mondo e di ciò che merita di essere salvaguardato. L'uguaglianza sociale deve essere il primo movente di qualsivoglia partito che si dichiari di sinistra. Sono i valori della gente comune, della vita vera, dell'individuo, e l'individuo va rispettato e sostenuto ad ogni costo indipendentemente dalla classe sociale di appartenenza. Non è concepibile, al giorno d'oggi, che ci siano persone così tanto svantaggiate da non poter arrivare, non dico a fine mese, ma a metà mese e dall'altra parte ci siano poi persone così ricche da non dover lavorare più neanche un giorno fino alla fine delle loro scintillanti vite da sogno! E non è giusto che ci siano persone con disabilità che non abbiano accesso agevolato a tutti i servizi ai quali hanno diritto, che non possano neanche percorrere in strada un marciapiede senza doversi bloccare dopo 10 metri. E ancora, non è accettabile che le minoranze religiose siano discriminate, che ci sia l'omofobia e che due persone dello stesso sesso non possano liberamente baciarsi in pubblico senza sollevare una marea di proteste provenienti da persone che vivono un trogloditismo interiore atavico. E così, per i diritti di queste ed altre minoranze, la sinistra deve farsi alfiere! Deve rappresentare il loro baluardo di protezione. Di più! Deve proprio essere quell'entità che, forte della straordinaria empatia che è tipica dei militanti di questo lato politico, combatte perché le leggi cambino, le menti cambino, la società cambi e diventi moderna, progressista, come è giusto che sia. La sinistra è l'unica forza politica che dovrebbe avere tra le mani le sorti del paese, per il bene di tutti.

I valori della Sinistra [B]

Gaia, ore 12:30 di un altro giorno qualsiasi

Molti mi hanno chiesto di candidarmi in una lista di sinistra per il mio comune. Detto fatto, sono stata eletta! Beh dal momento della mia prima vittoria elettorale a quello del mio insediamento in Parlamento a Roma è stato un attimo. Posso dire di aver fatto una importante carriera politica in poco tempo! Ora sono a capo di uno dei partiti di sinistra, non il più importante certo, ma posso fare la mia parte e cambiare le cose in modo serio, non come quando ero una cittadina qualunque con grandi sogni e nessun potere. Finalmente posso dare un contributo alla causa di sinistra, ma per farlo devo mantenere un consenso politico abbastanza allargato in modo che nessuno sia troppo scontento e lasci la nostra area. Ma posso fare di meglio! Ammorbidendo il nostro programma su alcuni punti, ai quali forse il nostro paese non è ancora pronto, posso allargare la base e raccogliere voti di aree un po' meno di sinistra, ma comunque moderate e progressiste! Alla fine, tolti alcuni punti che non ritengo fondamentali nell'immediato, il nostro programma e quello dell'opposizione coincidono. Certo, fatto 30 possiamo fare anche 31. Posticipando le priorità di altri punti posso raccogliere ancora il 5% dei voti di centro! La politica è anche e soprattutto arte del compromesso, altrimenti non si va da nessuna parte. Essere troppo rigidi non paga, meglio essere più inclusivi. E' chiaro che questa strategia produca malcontento nelle fila del mio partito, ma è nell'ordine delle cose. Se questo portasse ad una scissione, che potrei farci? Alcuni mi dicono che è un loop che si itera, che ciò che sto vivendo io lo hanno vissuto tanti altri prima di me e nessuno è riuscito a restare *di sinistra*, ma quelli che parlano non hanno le mie responsabilità, non sanno cosa significhi avere tra le mani le sorti del partito e del paese, per fare il bene di tutti!

57 Dissonanza belligerante [A]

Vladimiro, ore 04:00 di un giorno qualsiasi

Oggi io, capo di un enorme paese nostalgico come la Prurria, ed il mio possente e valoroso esercito, ho invaso un paese sovrano vicino, la Futreania, che non ha alcun diritto né di essere paese né di essere sovrano, ma soprattutto che, per la sua vicinanza, rende necessario un intervento a protezione della nostra madre patria. Sì, ho invaso uno stato sovrano e l'ho fatto con precise ragioni. La Futreania un tempo faceva parte dei territori del mio stato e poi, per svariate vicissitudini e guerre, ha conquistato – ingiustamente - l'indipendenza. Bene, ora io l'ho invasa. Il logico avvicinamento di questo sedicente stato indipendente alle forze internazionali ed alle unioni di altri paesi del vecchio continente sono stati per tanti anni fuoco sotto la paglia per me e la mia Prurria. Ma ora basta! Ho deciso: la rado al suolo, indico elezioni democratiche, che sicuramente mostreranno una netta preferenza per il mio governo, e dimostro che tutti gli abitanti hanno sofferto per tutti questi anni la separazione dal nostro grande paese e bramano di rientrarvi. Sì lo so, ci saranno migliaia di morti tra i militari e, purtroppo, tra i civili. Missili, bombe, raid aerei, eserciti in marcia, carri armati. Produrremo una devastazione completa che renderà quel paese un ammasso di rovine, ma solo così la ragione potrà nuovamente affermarsi. Alcuni dicono che il mio è un modo di agire da prima metà del novecento, periodo al quale si pensavano relegate le ultime velleità di guerra mondiale, ma le mie ragioni non sono mai state considerate come valide nonostante le mie continue denunce. Spiace anche a me per tutti coloro che cadranno in questa guerra, che spero il più breve possibile, ma la necessità di ripristinare gli equilibri turbati tanti anni fa dall'indipendenza e di recente dall'avvicinamento di questo stato ad altre potenze è ormai ragione di vita o di morte.

Dissonanza belligerante [B]

Vladimiro, ore 16:00 di un altro giorno qualsiasi

Io, Vladimiro, presidente della mia grande federazione, la Prurria, ho da tempo avviato una straordinaria e necessaria operazione militare in un paese limitrofo, la Futreania, a difesa dei nostri confini che erano chiaramente minacciati dalle forze nemiche e dalle probabili alleanze che questo paese stava stringendo con un consesso molto ampio di odiosi occidentali capitalisti. Il mio compito come capo di stato e comandante supremo delle forze armate è proteggere il mio paese ed i miei cittadini! E su questo nessuno potrà mai dirmi che non sono qualificato. Oggi i pericolosi soldati dell'esercito nemico della Futreania, paese nel quale il mio esercito sta lavorando per il ripristino dell'equilibrio internazionale, hanno commesso un atto esecrabile, facendo saltare un ponte importantissimo che collega il nostro ad un altro stato amico, la Slitonia. E' intollerabile! Si tratta di un atto esecrabile di puro terrorismo internazionale che non può avere attenuanti. E' un atto di una gravità assoluta! Come può mai pensare la Futreania, che ha messo in pericolo per anni la nostra madre patria Prurria, di attaccare in un modo così plateale uno stato sovrano come il nostro? Di far bellamente saltare un pezzo così importante delle nostre infrastrutture di viabilità internazionale? I colpevoli pagheranno! Le nostre ritorsioni saranno terribili. Questo è un attacco deliberato contro la libertà, la sovranità, la democrazia. Cercheremo gli autori di questo, li staneremo, li giudicheremo e li faremo fuori. So che in questo percorso di giusta vendetta ci saranno caduti, tanti caduti, soprattutto dalla loro parte, e forse anche vittime civili, ma la ri-affermazione della giustizia rende necessari sacrifici che nessuno vorrebbe mai attuare, ma che si rendono necessari a seguito di provocazioni di questa caratura. Chi ha offeso cadrà, noi vinceremo, parola di Vladimiro!

Gamification 6/10

Paragrafo	Solo A o solo B	Sia A che B
52 Il Servizio Sanitario Nazionale	☐ 0 punti	☐ 1 punto
53 Monopòli di Stato e dipendenze	☐ 0 punti	☐ 1 punto
54 Evasione fiscale	☐ 0 punti	☐ 1 punto
55 Autodichìa	☐ 0 punti	☐ 1 punto
56 I valori della Sinistra	☐ 0 punti	☐ 1 punto
57 Dissonanza belligerante	☐ 0 punti	☐ 1 punto
TOTALE		

Società

Se pensate che sia facile violare i vincoli sociali, provate a salire su un autobus e a cantare a squarciagola.

Stanley Milgram

58 Collaborazione domestica [A]

Gemma, ore 14:30 di un giorno qualsiasi

E' assurdo che una donna debba essere, ancora oggi, l'unica persona in casa a darsi da fare per cucinare, lavare, pulire, stirare, gestire i bimbi, etc. Dov'è la parità di genere nella realtà? Se ne parla da un'eternità, ma di fatto non c'è, a partire dall'ambiente domestico, la casa, la famiglia, per poi passare al lavoro ed agli altri ambiti.. L'uomo che svolge alla pari i servizi di casa è una chimera, davvero, ed io sono proprio stanca. Sembra che il retaggio culturale non sia assolutamente mutato in questi anni. Sì, gli uomini parlano di parità, si riempiono la bocca di frasi quali "è ora che…", "è giusto che…", "è sano che…", "è moderno che…", ma poi, quando rientrano in casa, si buttano sul divano con il telecomando e danno il via al più inutile zapping dell'universo. E niente e nessuno potrà smuoverli. Convinti di aver lavorato solo loro, di aver portato a casa la pagnotta solo loro, di essere gli unici a meritare riverenza e servigi. E noi? Noi lavoriamo meglio di loro, nello stesso numero di ore, percependo ingiustamente uno stipendio inferiore ed al rientro a casa ci tocca un supplemento che a loro non tocca. E perché? Perché sono stati educati e cresciuti da genitori che, in perfetta aderenza con la società patriarcale del recente passato, si comportavano nella stessa maniera. E lungi da loro evolversi, invertendo, o meglio, eguagliando le mansioni! Tutto questo, oltre ad essere terribilmente anacronistico, è assurdo! Scherziamo? Siamo in una società in cui le donne hanno (teoricamente) ottenuto la parità che è biologicamente sancita dalla natura e che solo la stupidità del maschio ha tenuto a freno nei secoli. Non siamo più nel *precambriano*! E' assolutamente normale che l'uomo e la donna abbiano medesimi compiti e che condividano tutte le attività della vita quotidiana. E allora perché nella realtà poi non accade?

Collaborazione domestica [B]

Gemma, ore 10:30 di un altro giorno qualsiasi

Oggi siamo ospiti dei nostri amici, Flusonio e Luigietta. Ci hanno chiesto di arrivare un po' prima per preparare insieme le portate del pranzo. Appena entrati in casa loro resto spiazzata... Vedo Flusonio con un grembiulino intento a lavare water, bidet, lavandino e vasca nel loro bagno principale. Io non sono certo all'antica, ammetto però che mi fa specie vedere un uomo grande e grosso come lui svolgere un lavoro del genere. Tra l'altro quel troglodita di mio marito Rolfonso, nel vedere un altro uomo svolgere lavori che lui non farebbe mai, è diventato viola e verde e sta vivendo momenti di serio imbarazzo tanto da non saper dove guardare! Già perché Rolfonso vorrebbe essere sempre in presenza di uomini che sono stati cresciuti ed educati in famiglie patriarcali e che non vogliono emanciparsi. Lui cose del genere non le farà mai... va bene tutto, ma piatti, bagni, lavatrici, lavastoviglie... no! Neanche sotto tortura, figuriamoci lavare i pavimenti e tenere in ordine la casa. Flusonio, dopo aver pulito il bagno, inizia a preparare le pentole per il pranzo. L'assurdo è che Luigietta, invece, è completamente rilassata sul divano ed ogni tanto bada ai loro bimbi affinché non si facciano male giocando. Abbiamo appena finito il pranzo, ed è stato davvero piacevole. Flusonio, invece di restare seduto con noi, dopo il dolce si è alzato ed ha iniziato a sparecchiare, lavare, ripulire, riporre e, per quanto io sia per l'uguaglianza dei compiti, regola che ribadisco sempre, la cosa mi è sembrata un po' da... finocchio! Lo so è un controsenso per me che affermo la parità, ma è quello che ho pensato. Ok l'uomo che collabora in casa, che cucina la domenica, butta la spazzatura, ripara quello che c'è da riparare, fa la spesa e tante altre cose, ma da donna, vedere un uomo che lava il bagno mi fa un effetto troppo strano!

59 Galateo della precedenza [A]

Oliviero, ore 16:30 di un giorno qualsiasi

Sono appena arrivato nella sala d'aspetto dello studio del dott. Megaloni, specialista in *frottatria della sesta età*. Ho fissato un appuntamento con lui da mesi. Megaloni è un luminare e tutti vogliono farsi visitare da lui! Ho prenotato per le 18:00, ma sono arrivato molto prima. Al mio arrivo la sala d'aspetto è già piena. Saluto tutti cercando di carpire gli orari di prenotazione dei singoli. Anche gli altri si interrogano tacitamente su di me e mi guardano con aria inquisitoria. Finalmente qualcuno inizia a chiedere informazioni qua e là. Ci sono persone che hanno prenotazioni successive alla mia! Se sono già qui è sicuramente perché sanno che non si rispetta l'orario di prenotazione, ma quello di arrivo. Non è corretto, ovviamente, ma non mi va di litigare con nessuno, voglio solo fare la mia visita ed andar via con le mie prescrizioni. Sono in attesa da 2 ore, l'orario previsto della mia visita si avvicina e con esso quella specie di zona calda in cui nessuno potrà più disturbare la mia attesa. A questo punto, felice di essere arrivato prima, mi sbrigherò in tempo ed andrò via presto. Improvvisamente entra un paziente con una prenotazione precedente alla mia di 10 minuti e pretende di entrare come successivo. Mi metto a capo dell'insurrezione dei presenti contro questo folle tentativo. Eccolo! Il solito paziente *della domenica* pronto a fare discussioni! Se uno ha una prenotazione per un orario precedente, ma arriva all'ultimo, non può pretendere di entrare prima delle persone che come me hanno passato tutto questo tempo in attesa! Ma vi sembra normale? Io sono qui che aspetto e loro in giro a fare shopping, poi arrivano e pretendono di entrare. Non se ne parla proprio. L'orario di prenotazione è evidentemente una formalità. Qui si entra per priorità acquisita al momento dell'arrivo. Siediti ed aspetta il tuo turno, deficiente!

Galateo della precedenza [B]

Oliviero, ore 18:30 di un altro giorno qualsiasi

Oggi ho prenotato un nuovo appuntamento presso lo studio del dott. Megaloni. La mia prenotazione è per le 18:45 e sono davvero a rischio ritardo oggi. Esco dall'ufficio come un razzo e mi proietto in auto. In 10 minuti sarò lì e riuscirò ad essere in sala d'attesa entro l'orario previsto. Purtroppo arriverò pochi minuti prima dell'orario previsto per il mio appuntamento e, se non ci saranno stati troppi ritardi nello svolgimento delle altre visite pomeridiane, al mio arrivo sarò il… successivo! Vige chiaramente l'orario concordato, altrimenti che senso avrebbe questa prenotazione effettuata 4 mesi fa? Beh sono le 18:42 e sto entrando nella sala d'aspetto. E' gremita come sempre. Chiedo immediatamente che fascia oraria stia visitando il dottore e scopro che dentro c'è uno che aveva la prenotazione immediatamente precedente alla mia, ovvero alle 18:35. E quindi ad alta voce dico che dovrei essere il prossimo. Un idiota mi risponde dicendomi che non posso essere il prossimo visto che loro sono lì da 2 ore e mezza. Gli chiedo cortesemente a che ora abbia la prenotazione e mi risponde che sul suo ticket c'è scritto 19:30. Gli rispondo a mia volta che deve attendere il suo turno altrimenti che senso avrebbe prenotare per orari? Sono già arrabbiato e dal tono della mia voce lo faccio capire immediatamente. Lui è molto contrariato, ma me ne frego bellamente. Ho una prenotazione e detesto questa abitudine incivile che molti hanno di scavalcare gli altri. La gente deve rispettare le regole del vivere comune, la civiltà è anche questo. Ho una prenotazione? Forte di questo posso arrivare anche all'ultimo momento e nessuno può privarmi di questo diritto. E se qualcuno nella sala d'aspetto decidesse di alzarsi per entrare, non esiterei a fermarlo, anche brutalmente, per far valere il mio diritto!

60 Presunto colpevole: il supermercato [A]

Ida, ore 10:45 di un giorno qualsiasi

Come ogni Sabato mattina, all'inizio del weekend, sono al supermercato per fare la spesa. Che dire, è un momento rilassante dopo tutto lo stress della settimana lavorativa appena trascorsa. Metto nel carrello tutti i prodotti seguendo rigorosamente la mia lista e mi avvicino alla cassa. Dispongo i miei articoli sul nastro nero ed attendo che il cassiere faccia il suo dovere. Dinanzi a me ci sono 2 clienti, uno con una spesa enorme ed uno con una spesa minore. Arriva il turno di quello con la spesa minore e la barriera anti taccheggio inizia a suonare. D'istinto guardo il cliente - uomo - del supermercato che immediatamente si infila le mani in tasca e chiede, rivolto al cassiere, se è per lui che l'allarme stia suonando. Il cassiere, che deve necessariamente anche a malincuore fare il suo dovere, gli risponde timidamente di sì. Il cliente inizia a frugarsi le tasche senza tirare niente fuori… non voglio insinuare nulla, ma questo è un modo di fare abbastanza sospetto. Poi apre il portafogli e io mi chiedo che senso abbia, iniziando seriamente a dubitare della sua onestà. So che non dovrei guardarlo, ma non riesco a farne a meno, voglio vedere dove andrà a parare. Mi giro un momento verso le altre persone in fila e alzo le sopracciglia, ricambiata da espressioni analoghe di chi come me la sa lunga, lunghissima. Il cliente sotto i *riflettori* solleva le buste nel carrello e… magia! Sotto di esse appare una confezione di lecca lecca. Il cliente non ha bambini con sé. Secondo me l'ha messa intenzionalmente lì. Lui inizia a farfugliare che probabilmente i lecca lecca erano già lì e il cassiere li prende tranquillizzandolo e dicendogli che sicuramente si è trattato di un errore. Ma troppe cose non tornano. Incrocio nuovamente lo sguardo del cliente dopo di me che ricambia la mia espressione di chiara condanna di quanto accaduto.

Presunto colpevole: il supermercato [B]

Ida, ore 18:30 di un altro giorno qualsiasi

Sto andando a fare la spesa, come ogni fine settimana. Oggi porto con me mio figlio di 2 anni, Tortolino. Vaghiamo per i corridoi dell'enorme supermercato prendendo tutto quello che ci serve per il weekend e per la settimana successiva durante la quale non avremo molto tempo. Giunti alla cassa salutiamo la cassiera che inizia la scansione dei prodotti sul nastro. Non appena supero le barriere con il carrello il dispositivo anti taccheggio inizia a suonare! Con sommo imbarazzo guardo la cassiera chiedendole se stia suonando quello della nostra cassa ed in particolare se stia suonando per me! Lei annuisce imbarazzata e mi tranquillizza dicendo che forse sta suonando per qualche *tag* dimenticato nelle nostre giacche dal giorno dell'acquisto nei relativi negozi. Mi difendo subito dicendole che sono entrata con mio figlio in altri mille supermercati con le medesime giacche senza mai avere problemi. Per dimostrarle che si è sicuramente trattato di un errore, torno indietro e attraverso nuovamente le barriere con mio figlio ed il carrello vuoto. E… l'allarme suona di nuovo, maledizione! Incrocio gli sguardi supponenti dei clienti dietro di me. Stronzi! Vorrei dire loro che sono onesta e che non ho mai rubato nulla, neanche quando avrei davvero potuto farlo. Ma loro, impietosi, continuano a fissarmi con aria di assoluta certezza della mia colpevolezza. La cassiera continua a dirmi che posso andare via tranquilla, ma io ci tengo a dimostrare a quegli idioti dietro che non abbiamo alcuna colpa. Alla fine, frugando nelle tasche della giacca di mio figlio, trovo una barretta di cioccolato. Che vergogna! Inizio a scaricare le colpe sull'ingenuità di mio figlio, ma vorrei scomparire all'istante. I volti degli altri clienti iniziano ad esprimere commiserazione per me che mi giustifico incolpando un bimbo inconsapevole.

61 Presunto colpevole: il bus [A]

Onofrio, ore 19:30 di un giorno qualsiasi

Sono le 18 e come ogni giorno salgo sul bus per rientrare a casa dopo il lavoro. Anche oggi ho fatto una bellissima passeggiata dall'ufficio sin qui, ma ora mi riposerò un po' sul mio sedile al caldo. Prendo posto e verifico il mio titolo di viaggio. Dopo una decina di fermate il controllore sale a bordo e mi si avvicina per controllare il mio biglietto. Tutto ok, ovviamente. Sono un tipo super organizzato io! Lo seguo con lo sguardo mentre si allontana. Poco oltre, chiede il biglietto ad una signora e lei, inizialmente distratta, si appresta a recuperarlo dalle tasche del soprabito. Poi apre la borsa ed inizia a cercarlo goffamente. Dopo svariati tentativi, tira un sospiro di sollievo ed estrae dalla borsa un biglietto che non sembra affatto nuovo anzi... è chiaramente stropicciato. Lo stira un po' con le dita e lo porge al controllore che lo verifica. Il biglietto è già obliterato da giorni ed il controllore lo fa gentilmente presente alla signora che inizia a giustificarsi in mille modi. Ora... mi sembra già chiaro che si tratti di una di quelle persone che prendono i mezzi pubblici senza pagare e che sperano di farla franca. Davvero non capisco come si possa sfruttare in questo modo i servizi pubblici che possono lavorare proprio grazie al biglietto che tutti noi onesti diligentemente paghiamo. Il controllore è costretto a chiederle di pagare il biglietto sul posto con un supplemento. Dopo mille altre giustificazioni la signora paga insultando il controllore che sta semplicemente svolgendo il suo lavoro in modo corretto. So che dovrei guardare altrove mentre il fatto accade, ma vince la curiosità di osservare chi ha il coraggio di salire a bordo di un mezzo pubblico senza pagare! Le altre persone intorno a me, che stanno osservando anch'esse la scena, ogni tanto mi guardano riconoscendo d'istinto in me una persona per *bene* come loro.

Presunto colpevole: il bus [B]

Onofrio, ore 07:15 di un altro giorno qualsiasi

Come ogni mattina prendo il treno per andare al lavoro. Ho sul mio smartphone il biglietto elettronico. Mi si avvicina il controllore e con sicurezza estraggo il mio smartphone mostrando, con la solita fierezza che contraddistingue ogni *immigrato tecnologico* nell'uso di dispositivi digitali, il *qr-code*. Il controllore lo scansiona con il suo tablet e, mentre le mie orecchie attendono di ascoltare il solito "grazie e buon viaggio", mi dice gelido che... il titolo di viaggio non è valido. Avvampo di imbarazzo, sorrido e gli chiedo... *in che senso?* Lui risponde che il biglietto è per un'altra data. Mentre gli sguardi di tutti i passeggeri del vagone si rivolgono impietosi verso di me, controllo la data e mi rassereno. Si sbaglia, il biglietto è per oggi. Gli faccio notare che il biglietto è per il 16. Lui mi dà finalmente ragione, ma poi mi dice che oggi è... 15. In un istante realizzo il dramma... è davvero 15! Ho due possibilità: pagare il biglietto a prezzo maggiorato o scendere alla prossima fermata. Scelgo ovviamente la prima e pago balbettando giustificazioni circa la mia convinzione di vivere il 16 del mese, ma dagli sguardi dei presenti mi rendo conto che nessuno mi crede. Pensano tutti che io sia uno di quelli che fa il biglietto per un altro giorno e, se gli va bene, lo *risparmia* e poi ri-usa il giorno dopo. Se va male, come oggi, paga un supplemento. Dal momento che il controllore passa poche volte, c'è di che guadagnarci. Non è il mio caso e vorrei far rivivere a tutti il momento in cui ho acquistato il biglietto, dimostrando il sentimento di pura onestà che mi pervadeva, ma è impossibile. Abbasso gli occhi e continuo il viaggio sperando che arrivi presto la mia fermata e che nessun altro scenda con me costringendomi a percorrere anche il sottopassaggio in compagnia della loro disapprovazione. La fermata arriva. Scendono tutti con me.

62 La partita di calcio [A]

Iside, ore 21:00 di un giorno qualsiasi

Sto guardando giocare la mia squadra del cuore che sta affrontando forse la partita più importante della stagione. Uno dei tre obiettivi dell'anno è stato già centrato, un altro è saltato, purtroppo, ma ne resta un ultimo, il più prestigioso: la *Coppa dei Citroni,* ambita da qualsiasi team del pianeta! Spero tanto che si possa festeggiare la meritata vittoria. Il gioco si è svolto nel massimo rispetto reciproco, almeno finora. Ma no, maledizione! Durante un'azione di contropiede che stava riuscendo alla perfezione spiazzando completamente il centrocampo avversario, il nostro attaccante viene brutalmente messo a terra dall'ultimo difensore rimasto prima del portiere. Il gol era ormai certo! Lo sgambetto è plateale, il difensore della squadra avversaria ha chiaramente puntato alle gambe e non alla palla! Guardo la moviola più volte e la scena diviene ai miei occhi sempre più drammatica, quasi cruenta. Mio dio posso solo immaginare il dolore! Il nostro vola in alto e poi atterra rotolando disordinatamente e l'avversario gli cade addosso a peggiorare la situazione! Sembra quasi che nella caduta egli infierisca sul nostro. Terribile! Assolutamente un fallo da espulsione! Ora l'arbitro darà una giusta punizione all'avversario che si rialza spiegando in modo plateale che non ha fatto nulla. Il nostro è a terra che si mantiene la gamba in una terribile smorfia di dolore. E finalmente l'arbitro... l'arbitro.... COSA? NO! Ma come? Simulazione di fallo ed ammonizione al nostro? Ma è ASSURDO! L'avversario l'ha quasi ammazzato! Come si può dare un giudizio così sbagliato? Siamo impazziti? Ma insomma! E' evidente che questo arbitro abbia qualcosa contro di noi e stia favorendo l'altra squadra. Speriamo nel VAR. Cosa? Non posso crederci! Anche il VAR conferma che il fallo non c'è stato? Ma allora è una congiura!

La partita di calcio [B]

Iside, ore 21:50 dello stesso giorno qualsiasi

Siamo al secondo tempo. Il gioco è veloce ed energico ed è un vero spettacolo apprezzare l'azione agonistica dei nostri giocatori. In questo momento la squadra avversaria sta attaccando e purtroppo una delle 3 punte è riuscita a filtrare tra i centrocampisti e a dirigersi verso la nostra porta! Il nostro difensore incrocia l'attaccante, ormai giunto in area, in modo esemplare e quello... improvvisamente simula una caduta incredibile. Ma no! Ma cosa vuoi ottenere? Ma dai! Il giocatore fa una smorfia di dolore come se il nostro difensore l'avesse colpito, ma è assolutamente falso non lo ha neanche sfiorato, è evidente! Erano lontani quasi 3 metri quando si sono incrociati! L'attaccante sta sicuramente simulando, speriamo l'arbitro non ci caschi perché è una farsa inaudita! Ecco adesso arriva anche la barella ad aumentare il peso psicologico sull'arbitro che dovrà decidere se dare un rigore o meno. Guardo e ri-guardo più e più volte il video e non vedo alcun fallo da parte del nostro giocatore. Ha svolto una normale manovra di difesa senza ledere in alcun modo l'attaccante avversario che è volato in alto e poi a terra in modo esagerato. L'arbitro si consulta via radio, tira fuori un cartellino giallo e indica il dischetto del rigore. Ma stiamo scherzando? Non lo ha neanche sfiorato! Lo hanno visto tutti! E' una chiara simulazione! Spero che invochino il VAR. Lo fanno! Siamo salvi! Tutti restiamo in attesa del giudizio definitivo. Cosa? Il rigore è confermato? Ma siamo impazziti? E' chiaro che l'arbitro parteggi per la squadra avversaria, non ci vuole un indovino per capirlo. Ogni scelta che fa è sempre contro di noi, sempre a favore degli avversari. E assurdo che al giorno d'oggi siano ammissibili partite con arbitraggio venduto come in questo caso! È davvero intollerabile, antisportivo, criminale!

63 Figli ed ingerenza [A]

Orlanda, ore 10:45 di un giorno qualsiasi

Io mi sono realizzata... da sola! Non ho avuto alcun aiuto e nessuna spinta o raccomandazione, mai. E ce l'ho fatta comunque... a crearmi una vita, a trovare un buon lavoro, a metter su famiglia. E' per questo che sono convinta che i figli debbano crescere e maturare da soli, per quanto possibile. Imparare a difendersi in autonomia senza ingerenze di alcun tipo. Devono sì, accogliere gli insegnamenti dei genitori in termini di etica, rispetto, morale, ma devono soprattutto imparare ad applicarli senza il loro intervento. I genitori devono essere di supporto, è vero, ma non più di questo. Le esperienze, gli scontri, anche le liti (purché si parli di scaramucce e non di pericolose aggressioni) contribuiscono a formare il carattere dei nostri piccoli. Bimbe e bimbi devono addestrarsi da soli, creare la loro scala delle emozioni! I genitori possono essere una dolce guida, indicando loro cosa è giusto e cosa non è giusto fare, magari indicando quali siano i limiti da non superare, ma non devono immischiarsi nelle loro piccole diatribe perché, così facendo, non consentono alla loro endogena capacità di difesa di accrescersi, modellarsi, strutturarsi, reagire. E poi dai, dai! Alla fine della fiera, sono bambini! Come può un genitore intromettersi in queste minuscole beghe che alla fine non possono che essere formative? Come si può diventare giudici di scaramucce quali la proprietà di una caramella o il diritto ad usare un po' il pallone? Quando nella chat della classe leggo messaggi di genitori che accusano, difendono, incolpano, si sdegnano per una parolina detta al loro bimbo da un compagno, provo a spegnere tutti i fuochi dicendo che in fondo sono dei bambini e che bisogna lasciarli liberi anche di offendersi e scontrarsi, in modo da aiutarli a *formare* anche una capacità di autodifesa, che non può e non deve dipendere dai genitori invadenti.

Figli ed ingerenza [B]

Orlanda, ore 14:30 di un altro giorno qualsiasi

Oggi mio figlio Vulrico mi ha riferito di essere stato chiamato *fannullone* da Pludemio, uno dei suoi amichetti. Come si permette? Lui ci è rimasto così male da non riuscire a reagire. Mai quanto farò io restare male lui ed i suoi genitori quando li incontrerò! Ma non mi fermerò lì. Affronterò anche la maestra e poi la direttrice scolastica. Nessuno si può permettere di dire a mio figlio che non ha voglia di studiare. Vero è che non si impegna molto nello studio, ma questo accade perché le maestre sono incapaci di svolgere il loro mestiere! Spesso mi chiedo dove si siano formate, cosa abbiano studiato!? Ora sono dolori caro Pludemio! Detto fatto. Ho scritto sulla chat delle mamme che so perfettamente chi è stato a dar del fannullone al mio piccolo Vulrico! Non è assolutamente corretto. E me ne frego di tutti quegli altri genitori in chat che scrivono cercando di sminuire dicendomi che sono bambini e che vanno lasciati liberi di interagire senza il nostro intervento! Questo può anche essere vero nel 99% dei casi, ma Vulrico è stato chiamato "fannullone"! Non "stupidino", non "scemo", ma "fannullone"! Ma poi, chi è l'autore delle offese? Questo insignificante bimbo senza patria che sembra essere stato educato da una famiglia di ricci di mare vuoti! Comincio anche a pensare che abbia ripetuto cose sentite dai suoi genitori! Cosa voleva insinuare su Vulrico? Che è uno che non ha voglia di fare nulla? Che è uno che dove lo lasci lo trovi? O magari voleva insultare la famiglia sapendo che Vulrico mi avrebbe raccontato la cosa? Ma sì sarà così. Sono ignoranti e pensano che siamo dei nullafacenti! Ah ma io e mio marito lavoriamo duro per dare un futuro al nostro Vulry, altro che nullafacenti, e lui è un bimbo pro-attivo, energico, propositivo. Non posso tollerare questi insulti. Vedranno con chi hanno a che fare!

64 L'oroscopo [A]

Lorena, ore 10:35 di un giorno qualsiasi

Io ho avuto la fortuna ed il desiderio di studiare, e tanto. Ora sono una affermata professionista, credo nella scienza, credo in tutto ciò che è tangibile, dimostrabile, vero. Non credo assolutamente nelle baggianate in cui molti credono. Non capisco come possano alcune persone *bersi* fenomeni che sono assolutamente non dimostrabili o teorie che non hanno di base nulla di verificabile, di credibile, niente di solido. Io sono una donna tutta d'un pezzo, mica una credulona, la so lunga su tantissimi argomenti e mi ritengo una cultrice assoluta della competenza, della scienza e della comprensione, laddove possibile, di tutti i fenomeni. Leggo tantissimo, studio tantissimo. Insomma, a me non la si da a bere! A volte leggo dei post incredibili di autori sconosciuti sui social e rido all'idea che qualcuno possa credere a certe baggianate. Non si tratta di fake news eh, sia chiaro, si tratta proprio di teorie folli, ipotesi complottiste surreali. Se uno scrive che gli asini volano, ma lo scrive in modo grammaticalmente e sintatticamente corretto e magari dando una parvenza giornalistica al proprio testo, beh quel qualcuno inizia a ricevere decine e decine di commenti da parte di persone che concordano su quanto affermato. Nonostante quelle teorie siano completamente false e confutarle sia un gioco da ragazzi, sotto il post iniziano ad addensarsi numeri sempre più grandi di persone compiaciute che dicono cose tipo "io generalmente non credo a queste cose, ma in questo caso c'è sicuramente qualcosa di vero perché questo signore afferma che gli avvistamenti di asini volanti sono migliaia ogni giorno, e allora di sicuro *loro* ci nascondono qualcosa". E poi ad un certo punto vedo che tra i commenti, ve ne sono alcuni di amici che stimavo e la mia opinione su di loro crolla drasticamente... Come possono bersi queste frottole?

L'oroscopo [B]

Lorena, ore 12:30 di un altro giorno qualsiasi

Sono a pranzo con i miei colleghi e stiamo piacevolmente chiacchierando. Ad un certo punto mi rendo conto di alcune particolarità nel carattere di Sigmondo, che ritengo associabili ad un preciso *segno zodiacale*. Non credo in certe cose eh, ma la caratterizzazione di persone nate nello stesso periodo è spesso inconfutabile. Gli chiedo il mese di nascita perché sono quasi convinta che lui sia di un particolare segno dello zodiaco, perché a quel segno appartengono persone con caratteristiche molto evidenti. Mi risponde dicendomi che è del segno del Cimaduolo, ma che non crede assolutamente a nulla che riguardi zodiaco ed oroscopo. Gli rispondo, stupita, che pensavo fosse del segno del Poraccio o al limite del segno del Guorino, che con il Poraccio condivide molte caratteristiche. Lui dice di no, Cimaduolo, Io non mi rassegno e gli chiedo giorno e mese di nascita. Me lo dice e questo conferma la stranezza... è proprio del Cimaduolo! Bah, strano, forse il fatto che sia nato a cavallo tra un segno e l'altro spiega la cosa, ma sì, sarà sicuramente così! Lui ribadisce di non credere minimamente che la proiezione di stelle appartenenti a galassie diverse e lontanissime sulla volta celeste del pianeta terra, peraltro associata arbitrariamente a nomi di animali o altro, possa minimamente influenzare il carattere di qualcuno e che inoltre, essendo i segni zodiacali 12, non può accettare l'idea che ogni giorno 1/12esimo della popolazione mondiale abbia una medesima *prescrizione.* Io gli rispondo che anche io sono assolutamente scettica in generale e che non credo quasi per niente agli oroscopi, che talvolta consulto solo per gioco, ma sul segno zodiacale no, relativamente al momento della nascita, beh, lì ci sono delle evidenti veridicità. Spiegatelo con il clima, se volete, ma persone nate nello stesso periodo hanno caratteristiche simili!

65 La scaramanzia [A]

Osvaldo, ore 08:45 di un giorno qualsiasi

Sono un uomo di quelli di cui si è perso lo stampo. Non devo niente a nessuno e si può dire che io mi sia *fatto da solo*. Ho creato, praticamente dal nulla, basandomi solo sulle mie intuizioni, un piccolo impero. Sono uno di quelli che ha studiato tanto per diventare ciò che è oggi. Credo nelle idee, nei progetti, nell'intraprendenza, nel pragmatismo. E sono uno dotato di grande razionalità e buon senso. Credo in tutto ciò che è verificabile, dimostrabile, reale. Tra l'altro le leggi di mercato funzionano inesorabilmente così! Se il prodotto che proponi è qualcosa di cui gli utenti finali hanno realmente bisogno, allora venderai senza alcun problema! Ma se il prodotto nasce solo da un tuo capriccio e non ha alcun riscontro nelle esigenze quotidiane delle persone comuni, beh, allora non vai da nessuna parte. Quando sento parlare alcuni imprenditori, soprattutto giovani, mi rendo conto che le loro sicurezze si basano su idee campate in aria. L'unica legge che vince è quella del mercato. Se vendi hai successo, se non vendi... no, è lineare! Ci sono anche imprenditori miei colleghi che hanno dei feticci, degli orpelli scaramantici che portano con sé dal primo momento pensando che in essi risieda la forza o la fortuna che li sospinge. Non credo nel modo più assoluto a stupidaggini di questo tipo. Questa è scaramanzia bella e buona. E ne leggo tante di idiozie basate su queste credenze popolari. Non capisco come sia possibile bersi cose come quelle che circolano, ancor prima che sul web, tra persone, retaggio di credenze popolari del passato. Non c'è nulla di possibile in queste teorie illusorie. Io sono uno tutto d'un pezzo, mica un credulone, la so lunga su tantissimi argomenti. L'ho già detto, mi ritengo un *cultore della cultura* e della verità su tutti i fenomeni. Leggo tantissimo, studio tantissimo. Insomma, a me non la si da a bere!

La scaramanzia [B]

Osvaldo, ore 16:10 di un altro giorno qualsiasi

Ho convocato un collega nel mio ufficio per parlare di un progetto importante. Ci siamo confrontati a lungo su tutti i temi e tutto è chiaro. Il progetto, però, è complesso soprattutto a causa della scarsa chiarezza del committente. Il collega mi dice, con aria di sufficienza, che se poi le cose dovessero andare male, beh non *moriremo* mica in questo progetto. Perché parla di morire? Cosa c'entra? Perché evocare la morte del progetto, dell'azienda o di noi come esseri umani? Sinceramente, ho sempre detestato questo tipo di discorsi... non mi piacciono per niente! Gli sorrido e in modo neanche tanto velato, porto le mani in prossimità delle mie parti intime, in un gesto *apotropaico* che anche i nostri avi facevano al passar di un carro funebre. Sì, siamo in ufficio, che si può considerare un ambiente pubblico, e quindi siamo attorniati da colleghi, ma lo faccio in modo sfuggente, quanto basta per far capire al mio collega che certe cose è meglio non dirle. Il futuro del progetto è troppo importante, per non parlare del valore dell'azienda. So che questo tipo di gesti non serve assolutamente a nulla, non sono scemo, ma, nel dubbio, meglio fugare ogni rischio. Che mi costa? Lui, non contento, sminuisce il mio gesto dicendomi che niente e nessuno è mai completamente al sicuro perché nella vita, da un momento all'altro, tutto può succedere. Mannaggia, questo menagramo continua! Infilo le mani nelle tasche della mia giacca poggiata alla spalliera della sedia e vi trovo le chiavi dell'auto che tocco. Anche questo non serve a nulla, ma chissà… che mi costa farlo? Non devo certo immolare un agnello sull'altare per modificare il favore degli dei, devo solo toccarmi un po' le *balle* e stringere un po' di ferro tra le mani. Non ho altri gesti scaramantici io, se non quando cade il sale o si versa l'olio, ma quello è un altro discorso.

66 Individuo e folla [A]

Leo, ore 10:30 di un giorno qualsiasi

Amo l'individualità di ciascuno di noi ed allo stesso tempo, amo il gruppo che unisce molteplici persone. Amo di certo la libertà che ogni individuo ha, le differenze di ciascun individuo e la forza di ognuno. Ma, allo stesso tempo non posso negare di amare la forza decuplicata, centuplicata, di un gruppo di individui che lavorano insieme, che giocano insieme, o anche solo che vivono insieme un momento di gioia o passione. Una partita allo stadio, un concerto rock o qualcosa di più imperioso come una protesta in strada per rivendicare i propri o gli altrui diritti. Tutto questo è follemente umano, dolcemente ed empaticamente umano! Sentire cuori che battono all'unisono, diversi per origine, cultura, storia personale ed allo stesso tempo tutti uguali, tutti orientati verso una meta, un obiettivo comune, è meraviglioso! No, non mi fa paura stare in mezzo a folle oceaniche allo stadio e provare tutti insieme il brivido all'inizio del brano di maggior successo della nostra band preferita. E' qualcosa che mi fa letteralmente venire la pelle d'oca. Tu sei lì e ti emozioni, e altre decine di migliaia di persone provano, se non la stessa emozione, qualcosa di molto, molto simile. E' difficile da descrivere se non lo si prova direttamente almeno una volta nella vita. E poi, vogliamo parlare delle passioni comuni? O di attività diffuse come uscire al mattino per fare jogging ed incontrare altre persone che fanno lo stesso? Sorridere loro come se le si conoscesse da una vita anche se è la prima volta che le si incontra? Portare il cane fuori ed incontrare altre persone che fanno lo stesso, sapendo intimamente che provano il medesimo rispetto per gli animali? Recarsi ad una mostra di un pittore famoso e ritrovarsi in estasi davanti ad un opera insieme ad altre persone che, in silenzio, stanno condividendo la stessa emozione? Unico… !

Individuo e folla [B]

Leo, ore 16:30 di un altro giorno qualsiasi

Assurdo, sabato mi sono recato nella fiera espositiva della mia città, ed è stato un incubo! Migliaia di auto in fila, bus saturi di persone strette come sardine, file infinite alla biglietteria, file infinite all'ingresso (e mi chiedo perché sia necessario fare due file quando si potrebbe entrare direttamente dopo aver preso il biglietto), file bibliche per entrare nei padiglioni, file epocali addirittura per entrare nei bagni! Non vi dico cosa abbiamo dovuto fare per comprare una birra ed un panino... dopo aver preso il biglietto col numerino abbiamo atteso quasi mezz'ora... inconcepibile! Non sto parlando della fiera, che meritatamente vive un momento di grande successo, e ben venga, parlo proprio della gente, della folla. Ma che senso ha accalcarsi in questo modo? Che senso ha precipitarsi in fiera tutti lo stesso giorno?! Ma insomma, lo sapete anche voi che il sabato è un delirio, soprattutto se si tratta del giorno iniziale e ancor più di quello finale! Ma tutti oggi dovevate venire qui per rovinare la giornata a noi? No, vabbé, le persone sono stupide, da tutti i punti di vista. Scelgono tutti lo stesso orario per tutte le fasi della giornata. Si accalcano nello stesso momento nelle stesse zone invece di distribuirsi meglio. Io certo non potevo fare altrimenti perché avevo solo oggi uno slot libero, ma gli altri? Vogliamo parlare degli altri? E cmq la mattinata non è iniziata meglio. Questa mattina mi sono svegliato presto, ma presto presto, tipo alle 5:00. Ho indossato tuta e scarpe da ginnastica e ho deciso di andare al lavaggio auto *self service* per lavare la mia utilitaria. Arrivo a destinazione, certo di essere l'unico a quell'ora e invece... ho trovato altre due persone già sul posto a lavare l'auto. Ma davvero non avete nulla di meglio da fare? Perché non restate a dormire visto l'orario? Bah, lo trovo veramente assurdo. Detesto la massa!

67 Raccomandazioni e famiglia [A]

Ottavio, ore 10:30 di un giorno qualsiasi

Ho presentato mia figlia Piderolìa al capo! Nessun doppio fine aziendale sia chiaro, ma... chissà. lei ci tiene tanto a quel posto di assistente professore ed il mio capo ha un ascendente sui baroni dell'università. Può di sicuro fare in modo che la sua *pratica* venga, non dico promossa, ma quantomeno esaminata! In quel consesso, riuscire a far volgere verso di lei gli occhi misericordiosi del professorone di turno equivale a superare le selezioni! Il mio capo ha sicuramente compreso, non devo chiedergli nulla, sa già cosa fare, in fondo me lo deve per il grande lavoro che svolgo in azienda coadiuvandolo in tutto. Non credo di danneggiare nessuno in questo modo. Cosa c'è di male nel presentare qualcuno a qualcun altro in modo che possa semplicemente saggiarne le competenze, la rapidità, la consistenza dei pensieri, e perché no, anche la bellezza. Sia chiaro, so che questo non è un tasto sul quale spingere con il mio capo, ma comunque oggi mia figlia sfoggia dei capelli meravigliosi. E' già una bella figliola, ma in questo momento risplende. Comunque, sarebbe utile che il mio capo la conoscesse un po' di più. Lo dico per il bene dell'azienda eh... sarebbe vantaggioso per tutti noi che i manager notassero di che pasta è fatta Piderolìa. Supponiamo che la carriera universitaria dovesse rivelarsi un fallimento o comunque un percorso non troppo remunerativo, non sarebbe male un posto di dirigente qui da noi. Avrebbe assolutamente tutte le carte per svolgere anche il più complesso dei lavori. So che a posti del genere anelano anche i miei colleghi per i loro figli, ma io ho una sorta di implicito *diritto di prelazione*. Posso usare il mio ascendente con la direzione aziendale per segnalare loro un talento fuori dal comune. Non sto mica vendendo un *fake*, faccio quel che posso solo per il bene di chi assumerà mia figlia!

Raccomandazioni e famiglia [B]

Ottavio, ore 16:30 di un altro giorno qualsiasi

Il raccomandato è uno degli esseri più infami dell'universo conosciuto. Infame lui, chi lo raccomanda e chi sostiene quella raccomandazione mettendo in atto pratiche ingiuste, illegali, penalizzanti per altri. Ho una pratica aperta da anni all'Istituto Nazionale per i Vuoti a Perdere e non riesco in alcun modo a farla esaminare. Di sicuro questo accade perché i *dossier* di altri passano davanti al mio grazie ai santi in paradiso del latore. Che fastidio, che rabbia! Odio profondamente questo modo di fare, odio le raccomandazioni. Provo disgusto verso coloro che usano stratagemmi per superare gli altri. Detesto chi, con pretesti di ogni sorta, salta le code o chi giunge in uno studio medico, o in qualsiasi altro studio e dopo aver scambiato due chiacchiere con il segretario, entra direttamente passando avanti a tutti. Disprezzo chi, causando consapevolmente gran parte dei problemi di qualsiasi ente pubblico, a causa di quella che lui e solo lui ritiene un'urgenza, chiama l'amico dell'amico e salta in cima alla lista riuscendo a far esaminare i propri casi con grande rapidità, in barba a tutti gli altri che son figli di *nessuno*. Persone che non esitano a fare i salti mortali per parlare con il dirigente scolastico della scuola affinché sposti il loro figlio capitato in una sezione che non è considerata la *più snob* dell'istituto. Il vero marciume della società è proprio qui! E poi ci lamentiamo dei rallentamenti, delle liste d'attesa infinite, delle ingiustizie! Le stesse persone che abusano e chiedono raccomandazioni se poi le becchi al bar ti parlano male dei cosiddetti *raccomandati*, cui loro stessi appartengono. E' intollerabile sentirli parlare così pur sapendo che pochi giorni prima hanno fatto ricorso alle loro meschine conoscenze al solo fine di non attendere neanche un giorno in più per questioni di loro interesse personale.

68 Difesa della privacy [A]

Letizia, ore 18:00 di un giorno qualsiasi

E' assurdo, ma è successo di nuovo! Mi ascoltano, mi spiano, mi perseguitano! Come è possibile che il motore di ricerca Flofle sappia già cosa io desideri acquistare?! Ci osserva! Non so quali servizi siano attivi sul mio *smartphone* a mia insaputa, fatto sta che ogni volta che cerco qualcosa sul motore di ricerca, magari sul telefono, poi vengo inondata da offerte di prodotti simili, per giorni, per settimane e, ovunque io mi colleghi, qualsiasi sito io navighi, vedo ovunque banner, riquadri, notifiche, relative agli stivali che desidero e che giorni fa ho cercato. Questa cosa mi capita spessissimo durante la navigazione Internet, e termina solo se alla fine compro quel prodotto o non faccio più ricerche analoghe per diversi mesi. E' come se sfruttassero il mio desiderio del momento per rilevare la mia vulnerabilità ed usarla finché non decido di liberarmi di quel desiderio acquistando infine il prodotto bramato. Ma come fanno? Chi li autorizza ad usare i miei dati? Questa cosa è sicuramente illegale! Nessuno può spiare ciò che faccio sul web senza la mia autorizzazione, ma poi, come possono essere ovunque? Sul telefono, sul computer, sulla smart TV? E' allucinante, mi sento spiata, osservata, monitorata illegalmente in ogni mossa che faccio sul web, in ogni scelta che voglio operare. C'è sempre questa sorta di grande fratello digitale pronto a suggerirmi questo o quello, e sempre, dico sempre, partendo da una mia ricerca di poco prima. Ne ho parlato con degli amici che mi dicono che anche loro vivono lo stesso fenomeno e che anche a loro succedono cose analoghe. Questo è intollerabile. E' davvero una violazione della privacy personale, finalizzata al lucro di qualche big dell'informatica che vuole sfruttare senza ritegno i miei gusti e le mie passioni violando apertamente la mia privacy. Roba da denuncia, da *class action*!

Difesa della privacy [B]

Letizia, ore 14:00 di un altro giorno qualsiasi

La mia amica Protonia mi ha suggerito un nuovo servizio di Flofle che è davvero fenomenale! Si chiama Flofle Suite. L'ho provato e me ne sono innamorata all'istante. Perché? Beh, innanzitutto perché è *gratuito* ed è incredibile che uno strumento così completo e potente lo sia! E su questo non posso che ringraziare Protonia per avermi dato davvero una dritta pazzesca. Pensate, posso inviare mail di dimensioni generose senza pagare un centesimo, creare e pubblicare video, scrivere documenti di testo, fogli di calcolo, creare form, database, presentazioni, disegnare mappe, usare tante app sullo smartphone, il navigatore, chattare con l'intelligenza artificiale, e tutto senza sborsare un centesimo! Flofle ha fatto di questa strategia la sua forza, pensate che ormai sono più di 2 miliardi le persone che usano i suoi servizi! Davvero viene da chiedersi come facciano a mantenere in piedi tutte queste infrastrutture enormi e costosissime, ma se lo fanno avranno sicuramente i loro buoni motivi. La cosa mi riguarda poco, diciamo che a me interessa usare gli strumenti. Io sono molto curiosa e amo provare servizi innovativi, per cui, non appena Protonia mi ha inviato il link della suite, sono corsa al mio PC ed ho cliccato con estrema curiosità. Mi si è subito presentata una pagina che descriveva il nuovo servizio e diceva che sarebbe stato gratuito per sempre. Per cui ancora un click e via a a registrarmi! Ho compilato tutti i campi richiesti, ho inserito la mia mail e la password desiderata, poi ho messo crocette a go-go in una lunghissima sfilza di checkbox, infine mi si è aperta la solita pagina lunghissima con un testo lungo con su scritto "licenza d'uso"... ho cliccato su "accetta" e "avanti" 3 o 4 volte ed alla fine... ero pronta ad iniziare ad usare questa nuova meraviglia! Ed ora davvero, davvero non posso più farne a meno!

69 Africa e materie prime [A]

Pio, ore 10:00 di un giorno qualsiasi

Ho fatto una tesi di laurea sulle aziende europee In Africa. E' stato un lavoro davvero interessante. Ammetto di non essere mai stato particolarmente attento a queste cose, per cui questa opportunità mi ha insegnato molto. Non sapevo che in Africa fossero impiantate centinaia di aziende e di queste tantissime appartenessero al mio paese. Pazzesco, noi estraiamo di tutto in Africa... Cercando sul web, si scopre che moltissime delle materie prime che fanno "funzionare" quello che noi chiamiamo Occidente vengono da lì! Le nostre aziende estraggono in Africa olio, gas naturale, rame, petrolio, diamanti, oro, ferro, bauxite, carbone, titanio, uranio, etc. Producono in Africa e poi importano nel nostro continente caffè, cotone, cacao, te, gomma, etc. E non finisce qui... c'è un minerale che è fondamentale per la produzione di *device digitali* e che è presente nel nostro smartphone, anzi, per dirla tutta, in ogni smartphone del pianeta, ed è il *coltan*! E le più grandi miniere di coltan africano sono nella Repubblica Democratica del Congo, che né è anche uno dei maggiori produttori al mondo. Eh le aziende sono tante e c'è tanta concorrenza tra i paesi europei (e non) nel riuscire ad approvvigionarsi di una parte di quelle risorse. Per fortuna l'Africa è enorme e quindi ce n'è per tutti. Se un giorno dovesse improvvisamente interrompersi il flusso di materie prime che recuperiamo in Africa, sarebbe paralisi per moltissime delle nostre multinazionali. Ah poi, certo, ci sono aziende che portano le materie prima dall'Africa in Europa senza grande rispetto per il paese di provenienza, pagando in modo ridicolo i lavoratori ed ignorando le questioni fiscali, per cui la loro ricchezza si accresce in modo esagerato ed indebito, ma che possiamo farci? Insomma, l'Africa dal punto di vista delle materie prime è forse la... prima potenza mondiale!

Africa e materie prime [B]

Pio, ore 14:30 dello stesso giorno qualsiasi

Io questi immigrati clandestini non li reggo più! Sbarcano di continuo sulle nostre coste provenendo dall'Africa senza documenti, permessi, autorizzazioni, visti. Ma lo sanno loro che questo è uno stato sovrano? Dotato di leggi e regolamenti che vanno rispettati, altrimenti c'è il carcere o altro? In realtà non reggo neanche quelli che vengono dall'Africa nel nostro paese legalmente a rubarci il lavoro. Ma scusate… avete tutto quel ben di dio in Africa, perché venire qui da noi a toglierci ciò che ci appartiene? Noi siamo nati su questo territorio e questo territorio è fortunatamente provvisto di tante risorse che spetta a noi sfruttare. Voi avrete pure le vostre, no? Andatevene, non potete usufruire delle nostre. Basta, bisogna fare qualcosa, ad esempio evitare che arrivino! Si è mai visto, in un mondo normale, che cittadini di uno stato vadano in un altro stato a sfruttarne le ricchezze, entrando in un luogo che non gli appartiene per consumarne le risorse? Parliamo di risorse che sono lì da sempre ed a quel paese ed ai suoi abitanti appartengono di diritto! La ricchezza è nostra e ce la teniamo. E poi… tutti quei soldi per mantenerli nei centri di accoglienza, ma ci rendiamo conto di quanto ci danneggino queste spese? Per me tutti fuori! Nessuno può consumare a proprio vantaggio ciò che ci appartiene. Questo sfruttamento deve finire! Tornatevene a casa vostra e giù le mani dalle nostre proprietà! Cercate lavoro nella vostra terra così ricca di risorse! Siete intraprendenti se con tutto quel ben di dio non vi dedicate a mettere su imprese in grado di sfruttarlo. Davvero non capisco, dovreste essere ricchissimi e invece non avete voglia di far nulla e, pur di non lavorare prendete un barcone rischiando la vita, attraversate il nostro mare comune, e venite qui a dilapidare i nostri soldi senza alcun ritegno. Questo è sfruttamento bello e buono!

70 Proprietà intellettuale [A]

Teobaldo, ore 10:00 di un giorno qualsiasi

Io sono un musicista creativo, amo realizzare musica originale suonando i vari strumenti; amo utilizzare loop campionati, produrre dischi, girare e montare video, pubblicarli sui miei canali web e perché no, guadagnarci anche qualcosa. Ho anche scritto e pubblicato diversi libri sul tema. E' una vera soddisfazione veder crescere il numero delle visualizzazioni o dei download! Purtroppo, come nel mondo fisico, anche nel mondo digitale c'è sempre qualcuno che ruba! Spesso trovo parti dei miei lavori in quelli di altri, senza citarne la fonte. Può mai essere che abbiano scritto un brano identico? Sì, potrebbe, ma... trovare spezzoni dei miei video in altri video, senza alcun riferimento a me? No, questo non può essere casuale, nel modo più assoluto! Le mie musiche vengono utilizzate come colonne sonore senza che mi procurino alcun guadagno a differenza di quando sono pubblicate sui miei canali. Insomma, è proprio difficile proteggere il lavoro della propria creatività! Tutelarmi? Certo, l'ho fatto, ora infatti pongo tutto sotto licenza, deposito i brani, i video, le creazioni, presso enti preposti alla protezione degli stessi. Ovviamente chi vuole riprodurli può farlo senza problemi ed io incasserò qualcosa, chi vuole utilizzarli deve necessariamente richiedere la mia autorizzazione e pagare i diritti... e se non vuole pagare? No, non serve la denuncia, è sufficiente notificare la cosa all'ente per far partire l'obbligo di rimozione, cancellazione, modifica, del frutto del mio lavoro dalle loro pubblicazioni. E' giusto così! Non è corretto nel modo più assoluto sfruttare illegalmente il lavoro creativo di altri per produrre lucro senza che una parte di quel guadagno sia giustamente corrisposta a chi lo sforzo creativo l'ha realmente fatto. E' un furto in piena regola e come tale va punito. Se invece mi paghi le royalties, beh sei il benvenuto!

Proprietà intellettuale [B]

Teobaldo, ore 11:00 di un altro giorno qualsiasi

Ieri la mia band preferita ha pubblicato un nuovo disco e non vedo l'ora di ascoltarlo. Sono passati almeno 4 anni dall'ultimo album e l'attesa si è fatta spasmodica. Ora non sto più nella pelle dal desiderio di ascoltarlo. Certo è che il loro disco precedente non era più così straordinario come quelli dei bei tempi, per cui speriamo bene in questo… Hanno scelto produttori giovani e ispirati, hanno impiegato tanto tempo a produrlo. Dai sì, probabilmente sarà un buon lavoro! Però, però… Eh ma, se poi non mi dovesse piacere? Ancora oggi un album intero di una band di primo ordine costa parecchi soldini. Non mi va di spendere tutto quel denaro per una cosa che potrebbe non piacermi o così insulsa che anche piacendomi potrei dimenticare in mezza giornata. Vorrei ascoltarlo prima di comprarlo. Sì, so perfettamente di poter utilizzare lo streaming gratuito di parti brevi di ogni brano, ma mi snervano le interruzioni pubblicitarie o il fatto che non possa decidere la playlist. So anche che ci sono licenze mensili che costano pochissimo e che rimuovono pubblicità e ti danno libertà di ascolto, ok, ma perché pagare quei soldi se posso avere le stesse cose gratis ascoltando preventivamente il disco senza spendere un soldo? Non sono mica stupido. L'ho detto e lo ripeto, i prezzi di questi prodotti sono ancora troppo alti. Comunque muoio dalla voglia di ascoltarlo. Sapete che faccio? Vado sui circuiti *peer to peer* e mi scarico l'album gratis. Ma no, non sto facendo niente di male. Vuoi paragonare con quelli che lo fanno di mestiere? Che ci lucrano? E poi io voglio scaricare un disco, non 200 album e 400 film. Quelli sì che commettono un reato. Lo ascolterò e, se sarà all'altezza dei lavori storici, se mi piacerà davvero, probabilmente lo comprerò. Avrò pure il diritto di conoscere nel dettaglio cosa acquisto prima di comprare, no?

71 Società e migranti - I [A]

Prisco, ore 09:45 di un giorno qualsiasi

Oggi ho sentito in TV che il fenomeno del caporalato assume dimensioni sempre più ampie. Il caporalato è lo sfruttamento di manodopera a basso costo che elude le leggi ed i regolamenti sul lavoro. E' ormai universalmente diffuso, ovunque ci siano produzioni agricole o allevamenti importanti, ovviamente. E' terribile il modo in cui vengono trattati questi lavoratori, spesso immigrati clandestini in cerca di un tetto e di un pasto quotidiano. Lavorano in condizioni terribili, sotto il sole o la pioggia, facendo orari prolungati oltre ogni logica, senza mai interruzioni, pause, riposo, senza alcuna protezione o sicurezza. E spesso si ammalano anche gravemente. E alcuni di loro perdono la vita! E' terribile, lo immagino, essere in un paese straniero che hai raggiunto pensando di fare fortuna e finire a lavorare sfruttato nel modo più atroce, nell'indifferenza globale. E poi ammalarsi senza che nessuno abbia cura di te, lasciato in una baracca con la sensazione di essere un peso che in quei giorni non porterà nulla a casa. E poi morire senza che nessuno lo sappia e magari essere scaricati da qualche parte per spacciare la morte come morte casuale. Il caporalato è diffuso nell'agricoltura, nell'allevamento, ma anche in altri ambiti come l'edilizia. E non è presente solo al sud, sia chiaro, è diffusissimo su tutto il territorio e in tutti gli stati. Come si può uscire da questa situazione di semi schiavitù? Non ne ho idea. E se uno di questi poveracci provasse a ribellarsi accendendo un faro su quanto sta accadendo a lui e ai suoi fratelli, farebbe rapidamente un brutta fine. Il caporalato è gestito da persone senza scrupoli, che non hanno paura di compiere gesti terribili. Non è possibile che nell'era *moderna* in cui viviamo accadano ancora cose del genere, ci siano ancora episodi di sfruttamento del lavoro come questo, bisogna fare qualcosa!

Società e migranti - I [B]

Prisco, ore 18:00 di un altro giorno qualsiasi

Pazzesco, oggi sono andato a fare la spesa ed il mio supermercato di fiducia non aveva più il Pomodorino Magenta Stagionato DOP della Stùrfia Inferiore. Si tratta di un prodotto davvero delizioso e insostituibile che costa pochissimo! Ci sono coltivazioni intensive di questo pomodorino in tutto il paese e tantissimi lavorano sulla sua filiera. Il mio pomodorino preferito dà da vivere a tanti ed è quindi assurdo che oggi non sia disponibile! Ho subito chiesto al venditore il perché di questa grave mancanza e lui mi ha risposto che ci sono state sollevazioni tra i lavoratori che lo raccolgono. Sembra che lo facciano in condizioni non proprio dignitose. Come può essere non dignitoso lavorare per raccogliere primizie nei campi, anche facendo qualche ora in più? Mi chiedo se oggi la gente sappia ancora cosa significhi lavorare, spezzarsi la schiena per portare la pagnotta a casa! No, non lo sa! Non sa che cosa ho dovuto fare io per ottenere una posizione dignitosa che mi permettesse di scegliere cosa mangiare. Oggi voglio il mio Pomodorino e non è normale che non possa averlo. Io pago e, pagando, vorrei essere sempre soddisfatto e portare a casa ciò che avevo intenzione di comprare. E i prezzi? Vogliamo parlare dei prezzi? Come mai il prezzo di una vaschetta di pomodori normali ha subito un aumento del 5%? Ora costano 1.05 €/kg! Cosa mai ci sarà di tanto costoso in una decina di pomodorini raccolti da un alberello? Vengo al discount per pagare meno, non per trovare sorprese come questa. Sul volantino delle offerte erano pubblicizzati a 1€, quindi ora pretendo di pagarli 1€! Diamine, avevo anche organizzato una cena con Rafiòla, la ragazza che mi piace, e volevo cucinarle un piatto di deliziosi spaghetti al Pomodorino sturfese e niente, non potrò farlo. Mi sentiranno ai piani alti del supermercato, sono cliente da anni!

72 Social network - I [A]

Luisa, ore 17:30 di un giorno qualsiasi

Ci piaccia o no, i social network sono ormai parte importante della vita di ciascuno di noi. Ci piaccia o meno, valgono più che partecipare ad una *conference*, valgono più di un comizio elettorale, purtroppo a volte anche più di un incontro in pizzeria tra amici. E tantissimi si fanno influenzare dalle opinioni espresse nei post di illustri sconosciuti che diventano così milionari senza alcuna ragione plausibile! E così facendo, i punti di vista di pochi, magari i più idioti, a furia di *like* divengono opinioni... globali. Mi chiedo, che autorevolezza abbiano questi signori per muovere le idee delle masse? Non so davvero... Io credo che prima di credere ad ogni notizia bisognerebbe verificare l'autorevolezza delle fonti che l'hanno prodotta. Non ci sono notizie vere o false a prescindere, ma chiaro che una notizia che provenga da fonti note ed autorevoli, come le grandi testate giornalistiche, come le grandi redazioni di format televisivi, sarà già stata verificata nei dettagli più e più volte, perché l'azienda che è dietro quei titoli, che ci tiene ovviamente alla propria reputazione, non potrà assolutamente concedersi uno scivolone di alcun tipo divulgando un fake. Pubblicare una notizia poi smentita significherebbe perdere in credibilità e quindi perdere la fiducia dei lettori vedendo così crollare il proprio successo, cosa che infine si tramuterebbe in una seria perdita di denaro. Di conseguenza le notizie vengono vagliate da cima a fondo! Se ne deve verificare tutto, luoghi, persone, tempi. L'analisi viene condotta su ogni frase, su ogni affermazione. E noi, da lettori, ci fidiamo se una testata giornalistica importante afferma qualcosa, e ci fidiamo ancora di più se le testate che pubblicano la medesima notizia o, come si dice in gergo, la *ribattono*, sono più di una. Non dobbiamo essere creduloni, dobbiamo essere attenti, scaltri!

Social network - I[B]

Luisa, ore 17:30 di un altro giorno qualsiasi

Oggi ho reperito una serie di *news* su alcuni social che mi hanno lasciato abbastanza sconcertata. Per esempio, ho letto su Fikkiolibro che se si mangiano le noci dopo aver bevuto l'aranciata si rischia un collasso. Sembra che ci sia una interazione importante tra i flavonoidi della frutta secca che si accoppiano con i tensioattivi dei residui di scorza di melone che a volte sono presenti nella buccia delle arance. Sì, la cosa può sembrare strana, ma, pensandoci, l'altro giorno dopo il pranzo della domenica a casa di mia sorella, mio figlio si è sentito male lamentando forti dolori di pancia. Lui ama l'aranciata e come sempre ne aveva bevuta un po' da una lattina che mia sorella, come sempre, gli aveva gentilmente fatto trovare. A fine pranzo poi abbiamo mangiato la frutta secca e lui ha mangiato qualche noce. Che sia vero? Non so, ma da oggi in poi eviterò questa accoppiata. Strano che non ci siano indicazioni sull'aranciata o sulle noci, ma cmq, nel dubbio, meglio tutelarsi. Ho comunque approfondito la cosa cercandola sul motore di ricerca che utilizzo e ho scoperto che un altro social, Ittiogram, afferma che questo avviene perché la lavorazione delle angurie viene eseguita contemporaneamente a quella delle arance a causa dei traffici internazionali illegali di pollini artificiali prodotti da api della Scaptkandia del nord. Beh, ora le cose cominciano a quadrare effettivamente! Se questo accade nella realtà, allora chissà da quali germi sono infestate le nostre verdure, la frutta. E poi l'aranciata... Binperestic dice che i prodotti delle potenti multinazionali, come questa bevanda, non portano certo benefici alla nostra salute. Parla di prodotti dannosi e afferma che è assurdo far correre rischi alla nostra salute! Si tratta di aziende senza scrupoli che hanno come unico fine il lucro e non hanno rispetto di noi utenti finali!

73 Il sogno di vivere in campagna - II [A]

Raimondo, ore 13:15 di un giorno qualsiasi

Non reggo più lo stress della città... il traffico, il rumore, le infinite cose da fare, la folla ovunque. Basta! Ho bisogno di staccare, di andare a vivere in un posto di quiete assoluta, magari in campagna, isolato da tutto e da tutti. Devo potermi rigenerare, ritrovare me stesso, la calma, la serenità, la gioia di vivere. Ho bisogno di tempi lenti e non acceleratissimi. Io non voglio più dover affrontare le mille incombenze che la vita ogni giorno mi impone, non voglio passare da un impegno all'altro come se non ci fosse un domani e poi arrivare a sera a casa stremato, trascorrere una notte che durerà meno di un lampo e risvegliarmi all'alba di una nuova terrificante giornata. Io voglio la campagna, la montagna, il mare, uno chalet nel nulla, in collina, in una valle, ovunque ci sia la natura tutto intorno a me, dove sentire i rumori degli animali, dell'acqua che scorre in un fiume vicino. Il canto degli uccelli, il sussurro del vento. Io ho bisogno di staccare. E poi, il lavoro. Dio mio, non ce la faccio davvero più! A volte vorrei ammalarmi, rompermi una gamba ed essere obbligato a restare a casa per una lunga serie di giorni. Allora sì che potrei avere un momento di pausa, rilassarmi un po' in tutto questo disfacimento. E poi, ho tante passioni alle quali non ho mai il tempo di dedicarmi. Se avessi finalmente la possibilità di restare a casa mi darei alla pittura, alla musica, all'uncinetto, al bricolage, riparerei questo e quello e tante, tante altre cose. Il tempo passa troppo velocemente, non riesco a trattenere nulla, non riesco a godermi nulla. Tutto è rapido, sfuggente, accelerato. Le giornate volano davanti ai miei occhi come un'auto da F1 davanti alle tribune ed è una corsa verso la morte. Stasera chiuderò gli occhi, li riaprirò e sarò già vecchio, ad un passo dalla tomba. Che vita è questa? Ho bisogno di tirare il freno a mano!

Il sogno di vivere in campagna - II [B]

Raimondo, ore 16:45 di un altro giorno qualsiasi

Sono in campagna da un bel po' e non ce la faccio più. Innanzitutto è assurdo che qui non ci sia connessione, ma in che anno siamo? Non posso comunicare con nessuno in maniera efficace. Come faccio a seguire tutte le mie attività? Mi lamenterò con il proprietario. Ma poi, possibile che io debba lavarmi con acqua fredda perché spesso non parte il riscaldamento? A volte va via la corrente, ma ci rendiamo conto? Ma che centrali usano qui, quelle del 1800? Sai che danno per il mio notebook… E poi, questo latte fresco di mucca. Come posso berlo senza che mi sia fornito in un contenitore a norma? Corro il rischio di ammalarmi, di prendermi un'infezione. Sicuramente è un bel posto, ma non mi sarei mai aspettato questo quando sono arrivato qui… ben 24 ore fa! Non riesco più a sopportare la stasi, la noia. Ho bisogno di uscire, di vedere fisicamente i miei amici, di fare attività di qualsiasi tipo. E per assurdo mi manca il lavoro, tantissimo. Come si può restare chiusi in casa per tanto tempo? Io non la reggo più questa situazione. E poi, qui non c'è niente da fare, nulla di interessante, nessuna attività da portare avanti che possa coinvolgermi davvero, non c'è neanche Blastfix! E' come essere reclusi, il tempo non passa mai, trascorre ad una lentezza spasmodica. Ok, è vero, in passato ho sempre sognato di rallentare, ma qui si esagera. Ogni giorno dura quanto un mese lontano da qui, conto le ore, i minuti, i secondi. E non passano mai, mai. Non ho impegni, non ho scadenze, Potrei dedicarmi alle attività che ho sempre messo da parte, è vero, ma sinceramente non ne ho la minima voglia! Non so perché, non me lo spiego. Forse una via di mezzo tra vita frenetica e vita immobile sarebbe preferibile a questa stasi. Sì, è questo quello cui devo anelare ora, una vita che combini bene stress, frenesia con calma e relax!

Gamification 7/10

Paragrafo	Solo A o solo B	Sia A che B
58 Collaborazione domestica	☐ 0 punti	☐ 1 punto
59 Galateo della precedenza	☐ 0 punti	☐ 1 punto
60 Presunto colpevole: il supermercato	☐ 0 punti	☐ 1 punto
61 Presunto colpevole: il bus	☐ 0 punti	☐ 1 punto
62 La partita di calcio	☐ 0 punti	☐ 1 punto
63 Figli ed ingerenza	☐ 0 punti	☐ 1 punto
64 L'oroscopo	☐ 0 punti	☐ 1 punto
65 La scaramanzia	☐ 0 punti	☐ 1 punto
66 Individuo e folla	☐ 0 punti	☐ 1 punto
67 Raccomandazioni e famiglia	☐ 0 punti	☐ 1 punto
68 Difesa della privacy	☐ 0 punti	☐ 1 punto
69 Africa e materie prime	☐ 0 punti	☐ 1 punto
70 Proprietà intellettuale	☐ 0 punti	☐ 1 punto
71 Società e migranti - I	☐ 0 punti	☐ 1 punto
72 Social network - I	☐ 0 punti	☐ 1 punto
73 Il sogno di vivere in campagna - II	☐ 0 punti	☐ 1 punto
TOTALE		

Amore e sessualità

Ho chiesto a mia moglie: "Da 1 a 10 che voto mi dai come amante?". Ha risposto "Sai che non sono brava con le frazioni".

Rodney Dangerfield

74 Pan-sessualità [A]

Martinello, ore 18:00 di un giorno qualsiasi

Al telegiornale della sera hanno parlato dell'ennesimo atto di discriminazione nei confronti di una coppia omosessuale. Ma come può esserci ancora qualcuno che si comporti in modo discriminatorio? Come è possibile avere ancora tali pregiudizi al giorno d'oggi? Il mondo si è evoluto da millenni, non siamo più nel medioevo, dai! Io non ho nulla contro l'omosessualità, del resto come mai potrei? Se è vero come è vero che ognuno è libero di fare ciò che gli pare finché non lede la libertà degli altri, è sicuramente libero di amare chi preferisce e quindi è libero di amare, tra gli altri, qualcuno del proprio stesso sesso. Ma poi, cosa gliene frega a questi idioti di chi amo io? Eppure, se scrivo sui social di essere pazzo d'arte pittorica ed in particolare di un quadro nessuno mi critica, anzi, sono un figo! Se scrivo di essere innamorato degli animali vengo valutato come un sensibilissimo che ha un cuore grande così. Ma se posto una foto di due amanti omosessuali mi linciano! Come si può solamente pensare di poter limitare quei sentimenti per cui l'essere umano dovrebbe essere il più libero, il più naturale, il più felice possibile ovvero l'attrazione, il desiderio, la passione? Ognuno deve poter amare chi vuole senza alcun limite e quindi massima libertà di espressione dei sentimenti. Ci mancherebbe! Se io bacio la mia ragazza in pubblico, perché mai non dovrebbero farlo due uomini o due donne? Che follia è inneggiare al pudore, al rispetto pubblico per una cosa che è assolutamente innata? Come può la mia personale attrazione per l'altro sesso avere più dignità di un'attrazione per lo stesso sesso? Alla fine siamo tutti in parte pansessuali. Proviamo attrazione di continuo per individui indipendentemente dal genere. Quello che noi chiamiamo carisma di un altro individuo, altro non è che attrazione vera e propria.

Pan-sessualità [B]

Martinello, ore 18:30 di un altro giorno qualsiasi

Nella nostra comitiva sono entrati di recente due uomini, amici di una delle nostre amiche, Sfridonio e Pourtasio. Sono simpaticissimi e mi fanno fare un sacco di risate. Mi ero anche legato ad uno dei due con il quale andavo a correre, ed è proprio parlando con lui di mattina che ho scoperto che... sono fidanzati! Da quel momento ho cominciato a guardarli di più e notare cose che prima non notavo. No, per carità, nessun pregiudizio ci mancherebbe, anzi. Il problema non sta certo nel fatto che siano una coppia, assolutamente. Non c'è nulla di male, anzi, io sono sempre stato un portabandiera della libertà in amore, ma ammetto di provare un certo imbarazzo quando sono insieme. No, non quando siamo tutti insieme in comitiva a parlare, scherzare, ridere, bere qualcosa, ma quando si abbracciano, si prendono per mano. Da qualche giorno si baciano anche. E poi c'è un problema... non grave, ma c'è. A volte porto con me mio figlio, perché magari non ho il tempo di riaccompagnarlo a casa prima della serata, lui poi mi fa un sacco di domande e comincio a temere che questo possa turbare il suo naturale sviluppo sessuale. Non vorrei che pensasse che sia normale che il mondo vada, come dire, in quella direzione. So che l'attrazione è una cosa innata, ma magari comportamenti diversi dalla *media* possono turbarlo. So che non è così, l'ho sempre affermato, ma io... non so proprio cosa fare. Un classico dei sogni erotici di noi uomini è immaginare due donne omosessuali scambiarsi effusioni di ogni tipo, fino a fare l'amore! Mi immagino lì, vicino a loro. Sì lo so che se fossero omosessuali a loro di me fregherebbe ben poco, ma io perdo la testa alla sola idea di vederle insieme. Ma sì dai, ci do dentro con il porno in cui ci sono coppie di donne omosessuali, certo, non posso negarlo. Ma due uomini...

75 Alfiere del genere [A]

Romolo, ore 13:40 di un giorno qualsiasi

Questa storia delle discriminazioni tra i generi mi ha stufato, le donne e gli uomini pari sono! Tutti, uomini e donne, possono fare anche i lavori più pesanti e difficili, se opportunamente allenati. Una donna allenata mi stende con mezzo pugno se vuole, così come un uomo. Ed esattamente alla stessa stregua un uomo non allenato viene spazzato via con un soffio da chiunque sia anche leggermente allenato, indipendentemente dal genere. Questa storia delle faccende domestiche, poi, è solo culturale, ma è ora di superare questo scoglio assurdo delle mansioni relative al genere. Ma ci rendiamo conto? Uomini che non lavano nulla in casa, che non cambiano i pannolini ai bimbi, che non stirano, che affermano di essere collaborativi solo perché interrompono le loro attività *divanesche,* leggasi zapping compulsivo, con la riparazione di una presa elettrica staccatasi dal muro, evento che si verifica solo un po' più frequentemente del passaggio della cometa di Halley. Le tavole si imbandiscono perché le donne lo fanno, le case sono pulite perché le donne ne hanno cura. Ma oggi le donne lavorano tutte, come gli uomini, quindi questo non ha più alcun senso! Ma poi, avete mai pensato ai modi di dire? "La donna delle pulizie", "la badante", "la segretaria", etc etc. Nessuno che prenda "un uomo delle pulizie" per la propria casa. Si pensa anche che un uomo non sarà all'altezza proprio perché alla fine si cimentano così raramente che è molto improbabile che lo siano. E la TV? Vogliamo parlarne? Solo qualche marchio più coraggioso ha realizzato pubblicità in cui ci sono uomini a svolgere faccende domestiche, per il resto, sono sempre e solo donne che annusano il bucato appena lavato, che usano stracci iper tecnologici per il pavimento, Oh, ma siamo nella preistoria? Lo dico da maschio... uomini, per favore, svegliatevi!

Alfiere del genere [B]

Romolo, ore 18:20 di un altro giorno qualsiasi

Sono un uomo molto collaborativo, ma ammetto di non saper cambiare il pannolino a mio figlio e di avere qualche difficoltà nel pulirgli il culetto. Che posso farci? Non è che non voglia fare questo tipo di cose, intendiamoci, ma davvero non ci riesco, faccio un casino! Potrei collaborare in altri modi, ma sono abbastanza incapace. Ho provato a stirare, ma con scarsissimo successo! L'indumento sopravvissuto al ferro sembrava sempre e comunque appena uscito dalla lavatrice! Ci metto un'ora a stirare una camicia e alla fine è più spiegazzata di prima. Non mi dite che sono sessista, ma secondo me le donne hanno capacità speciali. E cucinare? Mi cimento, ma con piatti super, diciamo il mega piatto prelibato della domenica, che so fare benissimo, per il resto, in settimana, cucina mia moglie. Lei si occupa anche di pulire i bagni e la cucina, ma solo perché spesso quando torno a casa devo lavorare per guadagnare qualcosina in più. Lo faccio per il bene della famiglia! Vorrei poter collaborare, ma non posso quasi mai. Alla fine lei è bravissima nel fare tante cose tutte insieme, e guardandola ho capito che il mito che le donne sappiano fare 100 cose insieme e gli uomini solo una, poi tanto mito non è. So che non dovrei usare parole sessiste, ma a volte davvero sembra che loro abbiano un talento speciale, una sensibilità superiore verso concetti quali la pulizia, l'accudimento, cose che *latitano* in noi maschi. Non sono certo un alfiere della società patriarcale, figuriamoci, ma se faccio io le cose che fa lei, compio solo disastri. Comunque io collaboro eh, porto la spazzatura ai bidoni e gli oggetti più ingombranti all'isola ecologica. Se c'è da riempire la caldaia di acqua lo faccio e se un rubinetto perde lo riparo io o al massimo chiamo io l'idraulico. Insomma, mi do da fare in casa. Altro che stereotipi di genere!

76 Libertà sessuale - II [A]

Mariellino, ore 14:30 di un giorno qualsiasi

E' di oggi la notizia che la preside di una scuola italiana ha intrapreso una relazione sentimentale con un suo studente! Ma siamo matti? Certo, lo studente era maggiorenne e la legge lo consente, ma è comunque intollerabile! Ma dai! Sei la sua insegnante, quella che dovrebbe formarlo, insegnargli come vivere nel mondo degli adulti, anche dargli qualche dritta su come gestire le relazioni! Dovresti avere cura di lui, non andarci a letto! Nel giro di pochi istanti l'universo *social*, ma in generale quello dei media, è stato letteralmente invaso da giudizi perentori contro la donna che è stata oggetto di etichettatura sociale fulminea. Ma giustamente dico io! E poi, non oso immaginare che figura con la propria famiglia, con la famiglia del ragazzo, con gli altri professori colleghi! La cosa forse più imbarazzante per lei, come evidenziato dallo speaker di una delle mie trasmissioni radiofoniche preferite, è che i primi ad esporla al ludibrio pubblico sono stati i suoi stessi giovani studenti. C'è da dire che quegli stessi studenti qualche mese fa avevano manifestato in piazza contro un'altra insegnante, stavolta rea di aver apostrofato una propria alunna trovata in classe a ballare sui banchi con l'ombelico da fuori, dandole, per riferimento indiretto, in qualche modo della prostituta. Sì, forse non è molto coerente che ora gli studenti chiamino prostituta l'insegnante, ma li capisco! Torniamo alla preside... nessuno si è sottratto all'obbligo di giudicarla nel peggiore dei modi e anche io non mi sono sottratto. Va bene tutto, per carità, io sono il primo che non si sconvolge più per niente, ma noi affidiamo i nostri figli alla scuola ed in particolare, a tutte quelle persone che in essa lavorano. Non è logico pensare che proprio la scuola possa creare un dramma psicologico nei nostri figli con una relazione davvero borderline come questa!

Libertà sessuale - II [B]

Mariellino, ore 21:30 di un altro giorno qualsiasi

Oggi sono uscito con i miei amici storici di notti brave, Euterio e Frigenio e Loperto. Ci troviamo spesso durante l'anno a condividere qualche birra ed un buon hamburger seduti al tavolo di un qualche disco pub. Niente di particolarmente straordinario eh, si beve, si mangia e poi quattro salti con la musica del deejay. Eh oggi il locale ha iniziato a riempirsi dopo le 23, forse grazie al nome del deejay, abbastanza noto. Ed ecco che iniziano ad entrare diversi gruppi di giovani maggiorenni, e anche alcuni gruppi di ragazze, anch'esse maggiorenni... semplicemente stupende! Eh beata gioventù. Mamma mia. Troppo belle! Si percepisce che sono già belle di base, ma poi, tirate a lucido per la serata, splendono come delle star! Eh che dolore... io e i miei amici iniziamo a fare commenti su di loro, all'inizio sommessi, poi sempre più conclamati. Io sono un po' in imbarazzo perché uno dei miei amici, Frigenio, ha un figlia più o meno di quella età. Non vorrei mai che lui pensasse che sono uno che fa il marpione con ragazze così giovani. Ma mi sembra chiaro che anche lui ci stia dando dentro con i commenti ed apprezzi molto la presenza di queste *squinzie*. Eh mamma mia... sono così belle che se un giudice dovesse accusarmi di aver fatto cattivi pensieri, gli proporrei di guardarle prima di pronunciare il suo giudizio contro di me. Euterio e Frigenio propongono di provare a ballare vicino a loro e chissà… Loperto non ci sta e nega la sua disponibilità dicendo che potrebbero essere nostre figlie, e Euterio risponde che effettivamente potrebbero, dal punto di vista anagrafico, ma non lo sono. E aggiunge che l'amore non ha età. Ridiamo tutti e tre e ci avviciniamo alla pista. Per fortuna le ragazze non sono accompagnate altrimenti rischieremmo la rissa. A me ne piace una, ma so di essere un matusa per lei. Ma quanto è sexy...

77 Amore e tradimento [A]

Ettorina, ore 06:00 di un giorno qualsiasi

L'amore è roba seria! Se due persone si amano quel rapporto è sacro e va difeso ad ogni costo. Se le relazioni di amore vero durano tanti anni, ci sarà una ragione! Quando nasce un amore è come se si accendesse un fuoco, che brucia dapprima velocemente, poi più lentamente, ma comunque brucia. Certo, dopo tanti anni le cose un po' cambiano, ma l'amore resta e poi si sa, la vita è fatta di alti e di bassi, è arcinoto e tutti facciamo i conti con questo saliscendi continuo! La fedeltà è un valore e non capisco come possano accadere tradimenti e separazioni. Io ho una morale e so perfettamente che certe cose a me non accadranno mai. Queste sono cose per persone deboli e dalla morale farlocca. La persona che amo è indissolubilmente legata a me come io sono legato a lei e questo non cambia certo perché davanti mi passa una persona molto attraente. Mi è capitato tante volte di essere in un ambiente in cui c'erano persone alle quali piacevo parecchio e che anche a me non dispiacevano per nulla, ma mi sono sempre limitata ad una chiacchiera veloce, al limite ad un caffè al bar e niente più. Mi guardo bene dall'accettare proposte di incontri esterni. Per me non ci sarebbe nulla di male, ma accettare significherebbe comunque dare un segnale di disponibilità alla controparte e la mia disponibilità semplicemente non c'è. E poi, non vorrei mai dare adito a chiacchiericci da parte di qualcuno che dovesse incontrarci al bar o chissà dove. Il mio partner non ci resterebbe bene, nonostante si fidi di me. Certo, potrei dirglielo senza problemi, ma anche questo mi crea difficoltà. Dire che tale giorno a tale ora andrò a prendere un caffè con questa persona, genererebbe un inutile timore e mille domande oltre a dubbi e paure circa le ragioni di tale appuntamento. E io non voglio causare sofferenza inutile alla persona che amo!

Amore e tradimento [B]

Ettorina, ore 18:00 di un altro giorno qualsiasi

Nella scuola dove lavoro c'è un insegnante davvero molto preparato. E' anche un uomo molto piacente, ma questo c'entra poco se non per via delle innumerevoli corteggiatrici che gli si fanno sotto. Nei consigli d'istituto siamo spesso alleati. Questo perché ci troviamo sempre d'accordo, cosa bella oltre che rara. Abbiamo preso il caffè insieme diverse volte e devo dire che mi sento davvero bene quando parliamo. E' passato un po' di tempo ora e, a furia di caffè e di piacevoli momenti trascorsi nella naturalezza più totale e soprattutto tra piacevoli risate, abbiamo deciso di bere qualcosa insieme dopo il lavoro. In fondo che male c'è? La mia psicologa dice che sto vivendo questa amicizia come una via di fuga dai problemi della vita di ogni giorno. Sì, ha ragione, sto avendo diversi problemi a casa e questa novità, questo momento di serenità, lo ammetto, rappresenta una boccata d'aria nella mia vita ormai asfittica e soffocata da litigi e problemi. Anche il mio collega non vive un buon momento, ma non ne ha voluto parlarne ed io non ho insistito. Non mi va di essere pesante e petulante, preferisco essere leggera e piacevole. Voglio essere anche per lui ciò che lui è per me, tutto qui. Alla fine non facciamo nulla di male, semplicemente ci regaliamo una pausa per rinfrancarci. Frequentando questa persona ho scoperto che la vita può ancora essere piacevole. Ognuno di noi dovrebbe ricercare la felicità, no? E allora perché io dovrei vivere solo nella sofferenza? Beh le cose sono andate un po' avanti ed ora abbiamo una relazione. Ma era normale visto il punto di non ritorno cui eravamo giunti io e mio marito. Troppe liti contrassegnavano le nostre giornate. Chiunque al posto mio avrebbe fatto lo stesso. Facile dire "a me non succederebbe mai". La mia storia non è come le altre… la mia è differente e lui è speciale!

78 Scambismo [A]

Fritullo, ore 09:35 di un giorno qualsiasi

Leggo spesso notizie che mi lasciano parecchio perplesso, ed alle quali non sono per nulla abituato, forse per formazione cristiano-cattolica o forse perché sono davvero assurde, non so. Ma insomma, o io sono un puritano troglodita o siamo ai limiti della decenza! Vogliamo parlare di questo fenomeno dello scambismo? Coppie di estranei, mai incontratisi prima, perfetti sconosciuti che si scambiano i partner per trascorrere con loro notti bollenti. Non voglio essere bigotto, ma è immorale, lede la sacralità della coppia, il legame tra due persone. Molti di loro sono anche sposati! Cioè... io che approvo che mia moglie faccia l'amore con un altro la cui moglie o compagna fa l'amore con me! Ma diamine, dove va a finire il loro legame? Per loro il vincolo del matrimonio non rappresenta niente? Ma poi, come si fa a guardare il proprio partner in relazione amorosa fisica con uno sconosciuto e affermare addirittura di provare eccitazione? Possibile che nessuna gelosia si affacci nei loro cuori? Possibile che nessuna remora morale li colpisca? Io trovo completamente assurdo questo modo di comportarsi. E' sicuramente figlio di questi tempi folli. Non voglio fare quello antico, ma forse ai tempi di mio padre tutto questo non sarebbe successo. Sì, ho letto che, nonostante lo scambismo fosse punito dalla legge, era praticato sin dall'antica Grecia e dall'antica Roma. Ma che vuol dire? Semplicemente che la gente perversa c'è sempre stata e, purtroppo, sempre ci sarà, indipendentemente da tempi e luoghi. Eppure questa pratica si sta diffondendo sempre di più e la motivazione sembra spesso il desiderio di una coppia di riaccendere la passione che si spegne a causa del lungo tempo trascorso insieme. Ma scusate, a questo punto datevi da fare tra di voi, che senso ha aggiungere fattori esterni? Bah, davvero non so...

Scambismo [B]

Fritullo, ore 14:35 di un altro giorno qualsiasi

Io ho un rapporto bellissimo con la mia compagna, ma da qualche tempo non succede più niente di davvero eccitante tra noi, soprattutto dal punto di vista sessuale. Vero è che a volte ci baciamo ancora, e questo significa che la passione c'è, magari andrebbe solo un po' risvegliata. Purtroppo a differenza di un tempo in cui era evidente il coinvolgimento di entrambi, lei a volte mi sembra quasi infastidita. E questo mi rattrista, perché io ho una gran voglia di lei, ma sono un po' in imbarazzo. Di sicuro non voglio essere "sopportato", ma "desiderato". E' diventato imbarazzante parlare di questi argomenti. Se qualcuno non ti vuole non è parlando che le cose cambieranno. Questa degenerazione mi sta mortificando e sono costantemente deluso da come vanno le cose tra noi. Beh siamo uomini! Non lo considero tradimento, ma devo confessare che quando mi capita, non disdegno un'avventura con qualche conoscente disponibile. Anche tra vicini di casa può scattare una scintilla. Corna? No, nel modo più assoluto. Si tratta solo di piccole fughe, valvole di sfogo dallo stress e dalla noia che alla fine addirittura riescono a rafforzare il rapporto principale e non lo ledono minimamente. Da quando ho queste piccole libertà, sono molto più sereno con lei perché il problema principale non c'è più. Del resto, secondo me, anche lei fa lo stesso ma, come me, non lo ammetterebbe mai. Io, però, non sono uno stupido, per cui, se lo fa lei, perché mai non dovrei farlo io? No, niente gelosia nei suoi confronti, e perché mai dovrei provarne? Alla fine è qualcosa che rende più stabile il nostro rapporto, fornendo stimoli altrimenti persi, per cui, alla fine, stiamo meglio ora di quando eravamo fedeli. L'amore è amore ed è qualcosa che trascende il sesso puro e semplice mirato al solo piacere dell'individuo. Mi sembra talmente ovvio...

79 Video hot e sessismo [A]

Samuele, ore 12:00 di un giorno qualsiasi

Ho saputo, guardando i vari notiziari in TV e poi diversi post sui social, che una ragazza molto giovane si è, purtroppo, suicidata, dopo che il suo idiotissimo ed incosciente ex compagno, con un chiaro atto di *revenge porn*, ha diffuso tra i loro amici comuni diversi video girati mentre lui e lei erano in intimità. E' terribile che accadano cose del genere. Non riuscire ad accettare che una storia d'amore finisca e vendicarsi distruggendo la vita di un'altra persona che hai amato o almeno affermi di averlo fatto. Spiace dirlo, ma oggigiorno è pericolosissimo girare dei video quando si è in intimità con qualcuno, non per la cosa in sé, che invece è molto intrigante, lo ammetto, ma per le possibili conseguenze nel caso poi si arrivi a lasciarsi, esattamente come in questo caso. Quando si è innamorati si ha fiducia infinita dell'altra persona. E' terribile che lui, solo perché lei non ha voluto riprendere la loro relazione e si è messa con un altro, abbia esercitato questa vendetta meschina. Ma è soprattutto terribile che i loro amici, pur consapevoli dell'incontrollabilità della diffusione sul web di contenuti video, non ci abbiano pensato un attimo a condividere con altri quel materiale. L'ex di lei è colpevole certo, ma poi ci sono loro, e sono egualmente colpevoli. Sono quelli che pur non essendo coinvolti e non avendo un vero movente (per quanto assurdo sia quello dell'ex) hanno condiviso il video sapendo perfettamente che nessuno avrebbe più potuto esercitare il controllo su di esso. Un video o una foto sul web restano lì per sempre. Una volta diffusi, non ci sarà mai più alcuna possibilità di bloccarli. Anche se la Polizia Postale proverà ad impedirne l'ulteriore diffusione, non c'è modo reale di fermarlo. E' tutto assurdo, ma è successo. Ed ora quella famiglia piange dolorosamente la morte prematura della propria figlia. E' una tragedia!

Video hot e sessismo [B]

Samuele, ore 17:00 di un altro giorno qualsiasi

La mia collega Venere se la fa con il mio amico Efesto, all'insaputa di marito, moglie e figli! Efesto mi racconta che, quando sono soli, fanno cose davvero pazzesche, roba da film... estremo! A me non interessa, ma lui si pavoneggia nel raccontare queste prodezze erotiche. Noi colleghi non ci riteniamo bigotti o puritani, ma devo ammettere che alcuni dei suoi racconti li consideriamo abbastanza improbabili per la nostra bellissima collega che in ufficio sembra sempre a modo, ordinata, educata, rispettosa, quasi in costante imbarazzo. Efesto racconta che a letto si trasforma. Ma noi non gli crediamo e gliel'abbiamo detto. E lui cosa ha fatto? All'insaputa di lei ha girato un video con una telecamera nascosta e poi ci ha condiviso il file sulla chat chiedendoci ovviamente massima discrezione. L'abbiamo guardato e... mamma mia, il collega aveva ragione, Venere si lascia davvero andare! Non avrei mai immaginato! Ahia, io sono un ometto e... guardando quella roba, beh, *diamine*. Efesto ci ha chiesto di non condividere con nessuno il video, per cui al momento siamo solo noi 6, i colleghi più intimi ad averlo. Siamo una squadra noi, ci fidiamo l'uno dell'altro nel modo più assoluto. Quel che promettiamo manteniamo. Però, pensandoci, anche il mio collega Marte, che in passato è stato fidanzato con Venere manterrebbe il segreto. Quasi quasi... ma sì, dai, la cosa resterà tra noi. Noi siamo persone responsabili e nessuno danneggerà nessuno. Tra l'altro rido pensando alla sua faccia quando scoprirà come si è trasformata Venere dopo averlo lasciato, visto che lui lamentava spesso la sua ritrosia. Ho condiviso il video con lui. Marte è un caro amico, uno di cui mi fido ciecamente, se gli dico di non condividere con nessun altro, non lo farà di sicuro, neanche con il suo migliore amico e compagno di mille avventure Cidoimo!

Gamification 8/10

Paragrafo	Solo A o solo B	Sia A che B
74 Pan-sessualità	☐ 0 punti	☐ 1 punto
75 Alfiere del genere	☐ 0 punti	☐ 1 punto
76 Libertà sessuale - II	☐ 0 punti	☐ 1 punto
77 Amore e tradimento	☐ 0 punti	☐ 1 punto
78 Scambismo	☐ 0 punti	☐ 1 punto
79 Video hot e sessismo	☐ 0 punti	☐ 1 punto
TOTALE		

Popoli e culture

Quando viaggi, ricorda che uno stato straniero non è creato per metterti a tuo agio, ma per mettere il suo popolo a proprio agio.

Clifton Paul Fadiman

80 Abbigliamento e individuo [A]

Mirella, ore 10:15 di un giorno qualsiasi

Non credo che l'abito faccia il monaco. Come si può decidere se una persona è buona o cattiva, povera o ricca, dolce o severa sulla base di ciò che indossa? Abiti, accessori... parliamo solo di oggetti di tessuto, di pelle o di altri materiali, che servono semplicemente a coprire il nostro corpo. Innanzitutto perché la nudità in pubblico non è accettata, almeno alle mie latitudini, poi per proteggerci da freddo e caldo. Quindi, nonostante l'importanza che si dia oggigiorno alla moda, allo stile, ciò che ognuno indossa è solo questo: materiali che ricoprono il corpo. Nonostante l'amplissima scelta disponibile, di base non hanno altre funzioni che questa. Chiaro che gli abiti possano essere utilizzati per denotare un'appartenenza per esempio ad una squadra, ad un esercito, al corpo dei medici, ad un'azienda, ad un parte politica. In questo caso l'abbigliamento può indicare il ruolo di un individuo nella società. Io non ho nulla contro i modi di vestire degli altri al di fuori di me, non si può di sicuro giudicare qualcuno sulla base di ciò che indossa. Se un re, invece dei suoi abiti da cerimonia indossasse un vestito giallo tutto strappato sarebbe meno re? Assolutamente no. E perché? Perché è re per ragioni che sono infinitamente più importanti dell'abito che indossa. Non disprezzo i modi di vestire degli altri intorno a me e anche di tutti coloro che appartengono ad altri popoli ed altre culture. Ognuno veste come vuole! Chi sono io per decidere se una persona è buona o cattiva, normale o folle, sessualmente definita o meno, sulla semplice base del vestito che indossa? Ognuno veste come gli pare. Che male potrà mai farmi una persona che veste in modo molto colorato o con vestiti particolarmente corti o lunghi? Se un uomo veste in modo universalmente considerato femminile ed una donna in un modo universalmente particolarmente maschile?

Abbigliamento e individuo [B]

Mirella, ore 17:15 di un altro giorno qualsiasi

Oggi, per strada, ho visto degli indiani, o almeno credevo lo fossero, in abito da cerimonia. Sono rimasta a bocca aperta! Direi, senza esagerare, che erano fuori luogo. Indossavano vestiti coloratissimi pieni di orpelli d'ogni genere, fibbie, bottoni e scarpe super colorate e scintillanti. Mi guardavo intorno pensando di essere in un film. Era troppo strano vederli lì, in centro città, a due passi dal mio ufficio, vestiti in quel modo. Incedevano seriosi e compunti, senza batter ciglio, segno che la cerimonia alla quale stavano partecipando doveva essere importante, almeno per loro. Bah, mi chiedo come si possa andare in giro per la città vestiti così! E vogliamo parlare delle donne africane che vagano per le nostre spiagge con i loro vestiti lunghi e colorati trasportando in modo assurdo i loro poveri bimbi sulle spalle, strettissimi in quelle fasce di tela? Qualcuno mi ha fatto notare che le nostre spose "occidentali" sembrano pacchi regalo molto poco sobri, bomboniere viventi con mille fiocchi e veli. Ok, ma che c'entra? Quello è l'abbigliamento per uno dei giorni più importanti della vita, non si indossa mica ogni giorno! Altri mi dicono che anche gli uomini delle nostre latitudini vestono in modo strano! E cosa sarebbe strano? L'abito formale? Ovvero dei semplici pantaloni scuri verticali, una giacca precisa ed una cravatta, ovvero un girocollo pendente di tessuto? Cosa ci sarebbe di strano in questo? E' un abito atto ad esprimere rispetto per le persone che si incontreranno, soprattutto a livello professionale o per eventi particolarmente importanti. Mica si può andare ad una riunione di lavoro in pantaloncini e maglietta, no? Oppure presentarsi ad un colloquio con camicie hawaiane coloratissime e capelli viola. Che assurdità. Ci sono abiti che devono necessariamente essere indossati in alcune situazioni, mi sembra ovvio!

81 Nazionalismo d'abitudine [A]

Savino, ore 18:00 di un giorno qualsiasi

Sono stufo di queste quattro strade nelle quali sono nato, cresciuto, vissuto ed in cui vivo tuttora. Mamma mia, è letteralmente da sempre ormai che vedo e frequento le medesime persone, quasi senza soluzione di continuità. Dico seriamente, eh, le stesse identiche persone dall'asilo, passando per le scuole elementari e medie fino alle superiori ed all'università. E poi, le stesse strade, gli stessi negozi, gli stessi locali, mai una novità. Mi piacerebbe moltissimo cambiare, vivere nuove ed affascinanti realtà, modi di vivere. Sono molto interessato a viaggiare un po' all'estero, anche per conoscere ciò che non conosco, luoghi, persone, abitudini. Credo che restare tutta la vita nello stesso luogo limiti molto le possibilità di ampliare le proprie vedute sul mondo. Purtroppo me ne sono reso conto solo ora. Ma non è troppo tardi, almeno spero. Se ci penso su, siamo tutti un po' limitati da questo punto di vista. Avete presente quel fenomeno psicologico a causa del quale se sei cresciuto con un particolare tipo di musica e l'hai amata particolarmente non riesci e non vuoi aprirti a nuovi stili o a nuovi musicisti? Si chiama "paralisi musicale", sopravviene intorno ai 30 anni, riguarda praticamente tutti i consumatori di musica ed i sondaggi delle piattaforme di streaming confermano completamente questo fenomeno. Beh, io credo che accada lo stesso con i luoghi nei quali vivi. Dopo una certa età ti interessa sempre meno viaggiare, conoscere luoghi nuovi, persone nuove, abitudini nuove. Ma questo è estremamente limitante purtroppo. Ci costringe in una sorta di provincialismo che può durare fino alla morte. Il problema è che si rischia di pensare definitivamente che il nostro presente sia il centro dell'universo! Ma non è così, il mondo è enorme e vario e deve essere sicuramente un'esperienza meravigliosa conoscerlo meglio!

Nazionalismo d'abitudine [B]

Savino, ore 12:00 di un altro giorno qualsiasi

Abbiamo visitato diversi luoghi quest'anno, vicini e lontani. Siamo stati a nord, al freddo, ed ho rimpianto da morire le temperature miti del mio paese. Non sapete quanto abbia imprecato ritrovandomi a passeggiare per strada con temperature di 20 gradi al di sotto dello zero! Maledizione, ma come si può vivere così? Non c'è niente da fare, il clima dove vivo io è il migliore del mondo. Poi sono stato ad est. Tutto molto bello per carità, ma... il cibo?! Mi chiedo come si possano mangiare piatti come quelli e chiamarli addirittura *specialità!* Roba liquida, acida, riso onnipresente condito con tutti gli ingredienti che mente umana possa concepire, spesso immangiabili! Ho fatto fatica a trovare qualcosa di commestibile. Vuoi mettere con un piatto di cibo del mio paese? Da noi anche il ristorante più scarso lo cucinerebbe in modo tale da far impallidire tutti i ristoranti d'oriente. Ho cercato un autentico ristorante del mio paese, ma niente, solo spudorate imitazioni, lo si capisce già dal menu pieno di errori grammaticali. C'è un'altra cosa che mi ha stupito negativamente ed è l'abbigliamento degli autoctoni. Vedere donne vestite in quel modo, uomini con tuniche, bah, davvero imbarazzante. Li guardavo con un sentimento misto tra la pena ed il compatimento, sentendomi perfettamente a mio agio nei miei fantastici jeans e nella mia maglietta semplice e pratica. La moda del mio paese è inarrivabile, siamo i migliori del pianeta, lo sanno tutti, è un fatto arcinoto. E poi tante altre cose, i mezzi pubblici assurdi, le barche, le case, completamente differenti, la connessione alla rete che mancava in certi luoghi ed era ovunque in altri. La completa assenza di tecnologia in alcuni paesi e l'eccesso in altri. Non sapete quanto mi sia mancato il mio paese. E' il più bello del mondo. Gli altri paesi sono interessanti, ma mai come il mio!

82 Società e razzismo [A]

Nada, ore 11:15 di un giorno qualsiasi

Io non sono *razzista!* Non lo sono nel modo più assoluto, e se qualcuno ritenesse il contrario vorrei tanto essere smentita! Gli esseri umani sono tutti uguali, le caratteristiche fisiche sono dettagli non fondamentali. La pelle, nei suoi vari colori, è solo una delle mille caratteristiche che definiscono visivamente i nostri corpi, ma soprattutto, che ci rendono distinguibili gli uni dagli altri. Distinguo Evaristo da Frigerio anche perché il primo ha i capelli rossi, il secondo le orecchie grandi, il primo è molto alto, il secondo è nella norma, il primo ha gli occhi tondi ed il secondo un po' più a mandorla. E so già, a grandi linee, come sono i loro organi interni! Le caratteristiche fisiche esteriori dei vari gruppi di esseri umani al mondo, derivano da tantissimi fattori: migliaia di anni di adattamento all'ambiente, di adattamento al clima di una particolare latitudine, ai luoghi in cui queste popolazioni hanno vissuto, etc. Ma queste differenze fisiche non determinano la *qualità* delle persone, i loro comportamenti, la loro psicologia. Tutto questo non ha alcun fondamento scientifico. Inoltre, l'uomo ha sempre viaggiato, spostandosi da un continente all'altro e mescolando in modo *entropico* i geni di tutti i vari gruppi. Per cui, a meno di rinvenire in qualche valle solitaria un popolo che dal giorno della comparsa del primo individuo ad oggi, non abbia mai valicato i confini del proprio spazio vitale, nessuno di noi può appartenere ad una "razza". Sforzandoci di usare questo tipo di paragone con il mondo animale, possiamo affermare che siamo tutti talmente ibridi da risultare uguali, a meno di qualche dettaglio. Non ci sono differenze di alcun tipo tra persone con il colore della pelle diverso, come non ci sono tra individui dal colore dei capelli diverso. Queste differenze sono presenti solo nella testa di chi le afferma!

Società e razzismo [B]

Nada, ore 11:15 di un altro giorno qualsiasi

Non sono razzista, ma ammetto il disagio che mi creano gli uomini di colore in *agguato* all'uscita dal supermercato! Ogni volta che termino la spesa ed esco dal mio market, nelle vicinanze c'è sempre un ragazzo con la pelle scura che si offre di portarmi le buste della spesa in auto in cambio di una mancia, o aiutarmi a caricare il portabagagli o semplicemente farsi restituire il carrello vuoto scroccando la monetina inserita. Per carità, non fanno male a nessuno, anzi, mi aiutano e mi fanno anche qualche gradito complimento. Purtroppo è evidente che vivano di espedienti e questa "attività" gli permette di tirare avanti. Ne ho incontrati diversi anche dentro il supermercato che sembravano fare normalmente la spesa. Forse chi gestisce questo supermercato regala loro la spesa dei beni di prima necessità. Un bel gesto davvero! Di recente sono stata a Londra per lavoro. Alloggiavo in un hotel 5 stelle di altissimo livello sul Tamigi, a due passi dal Big Ben. Una mattina mi sono recata in reception per chiedere una fattura e mi si è avvicinato un ragazzo di chiare origini africane per chiedermi cosa desiderassi. Certa che non mi potesse aiutare, gli ho chiesto di farmi parlare con il suo capo. Mi ha sorriso e mi ha detto di essere il Direttore dell'Hotel. Che figura… sono rimasta allibita ed imbarazzata per diversi secondi e mi sono scusata decine di volte. Non è razzismo, non c'era alcuna forma di pregiudizio nella mia richiesta, forse sconto l'effetto della bassa probabilità che un ruolo del genere possa essere ricoperto da persone di colore nel mio paese. Al rientro l'ho raccontato ai miei amici che mi hanno accusata di pregiudizio, ma la verità è che quel signore è uno dei pochi che ha studiato e lavorato per avere un lavoro così prestigioso. Non me lo aspettavo ed ho commesso questo grossolano errore di valutazione. Sfido chiunque!

83 Società e migranti - II ^A

Sebastiano, ore 12:30 di un giorno qualsiasi

I migranti rubano posti di lavoro? Chi afferma questo, non conosce il luogo dal quale provengono. Un paese del loro continente, in cui l'estrema povertà è ovunque, risulta, sulla carta, il 4° paese più ricco al mondo di materie prime: rame, cobalto, coltan, diamanti, oro, zinco, uranio, stagno, argento, carbone, manganese, tungsteno, cadmio, petrolio! Il cobalto che si usa per le batterie di mezzo mondo proviene quasi tutto da lì! Risorse che fanno gola al resto del pianeta e che rappresentano una "condanna a morte" per molti degli 84 milioni di abitanti. Per quelle risorse, l'occidente lascia che le varie tribù locali si scontrino tra loro perché il paese sia sempre in guerra, sempre in debito. Queste ricchezze basterebbero da sole a sfamare l'intera Europa con i suoi 740 milioni di abitanti per centinaia di anni! Ma allora perché c'è povertà? Perché in queste miniere lavorano bimbi che scavano a mani nude anche l'uranio e ne muoiono? Che cadono nei pozzi di scavo e non ne escono più? Che se ce la fanno vendono tutto alle tante multinazionali in cambio di briciole di pane? E' presto detto... Perché a noi *serve* il nuovissimo modello di smartphone con lo schermo iper lucido! La cartina delle aziende di quel continente è colma di bandierine di multinazionali occidentali che spengono, di fatto, ogni scintilla di imprenditoria locale. Li rendiamo non autosufficienti e poi diciamo che se non si sono evoluti è un problema loro! E se poi in preda alla disperazione attraversano a piedi il loro enorme continente, si fanno sbattere in celle terribili, attraversano in 200 il mare su un gommone (io mi cago sotto su un pedalò) e provano a raggiungere le nostre coste morendo, diciamo *ben gli sta, un buon pasto per i pesci*. Se non muoiono pensiamo subito al fatto che sono qui per rubarci il lavoro! Quel lavoro che noi non faremmo mai!

Società e migranti - II [B]

Sebastiano, ore 12:30 di un altro giorno qualsiasi

Non farei mai un lavoro *umile*. In teoria tutti i lavori hanno la stessa dignità, dall'iper-direttore al portapacchi. Io, però, non credo che farei mai il facchino o l'operaio. Ma non tutti hanno studiato come me e fatto una carriera brillante da scalare le gerarchie della mia impresa edile tanto da arrivarne all'apice ed esserne, di fatto, il responsabile. Bello essere in questa posizione, anche se espone a tanti problemi di gestione, economici, problemi nel reperire le risorse umane. E' mai possibile che nessuno voglia lavorare in cantiere? Si parla tanto di povertà, di lavoro mancante, e poi non riesco a reperire 4 operai disposti a lavorare con secchiello e cazzuola. Ma il mio cantiere deve andare avanti e la costruzione deve essere completata nei tempi prestabiliti. Ho mandato uno dei miei in giro a parlare con alcuni ragazzi provenienti dal continente *qui di fronte*. Vivono di espedienti, purtroppo per loro, e non hanno neanche diritto all'indennità di disoccupazione, perché non hanno permesso di soggiorno. Non posso farci niente io (e figuriamoci loro) se gli algoritmi burocratici delle questure sono così poco performanti. Io generalmente sono uno che si indigna se la legalità sul lavoro viene violata, ma come posso fare altrimenti? Guardo in TV gli illeciti commessi dai miei concittadini e sono disgustato. Eh sì perché ci sono concittadini che sfruttano altri esseri umani, come loro e come me, per rimpinguarsi i portafogli oltre ogni ragionevole senso. Io voglio solo dare loro un pezzo di pane per sopravvivere e qualche soldino da spedire in patria. Non posso regolarizzarli, ma questo avvantaggerà le loro tasche. Non posso certo assicurarli, ma cosa vuoi che succeda nei miei cantieri? Sono in una botte di ferro. In questo modo posso risolvere il problema facendo anche qualcosa di buono per loro, aiutandoli a tirare avanti!

84 Attraversare il mare [A]

Pamela, ore 06:00 di un giorno qualsiasi

E' incomprensibile, innaturale, che ci siano persone che mettono a rischio la propria vita e quella dei loro figli per attraversare nazioni e mari pur di raggiungere altri stati in cui sperano in una rinascita sociale ed economica. Posso a stento capire quelli che davvero fuggono da guerre, violenze, minacce di morte o altro. Dico "a stento" perché resta comunque folle il modo in cui queste fughe accadono. A voi sembra razionale che un uomo, un padre, ma soprattutto una donna e madre decidano di attraversare un enorme tratto di mare a bordo di un barchino, con alte probabilità di trovare tempesta, con in braccio un bimbo appena nato, ed innumerevoli fratellini e sorelline inermi al seguito? Neanche nella situazione più pericolosa io metterei a rischio le vite dei miei piccoli. Solo all'idea che un'onda un po' più alta possa strapparli via facendoli finire per sempre nelle acque grigie, mi terrorizza. Mi viene da piangere pensando a quante volte questo sia già avvenuto. Eh ma la causa non può essere la guerra, la fame, o addirittura semplicemente la ricerca di migliori condizioni di vita. Queste persone non sono normali, hanno un legame strano, opinabile, con i loro piccoli. Non sono neanche sicura che li amino davvero, almeno non come li amiamo noi! Io non credo che un genitore sano di mente metterebbe mai a rischio la vita di un proprio figlio, carne della propria carne, in modo così stupido! Ma vi rendete conto? Una barca, se così si può chiamare, che a stento vuota reggerebbe il mare, piena di decine, centinaia di persone ammassate anche sui bordi? E tu? Seduta sul bordo perché altri disperati non vogliono certo cederti il loro posto, tieni in braccio il tuo bambino pregando tutto il tempo. No, questo non è umano. Di sicuro parliamo di persone che amano i loro figli molto, molto meno di quanto li amiamo noi.

Attraversare il mare [B]

Pamela, ore 12:30 di un altro giorno qualsiasi

Chi vive nei paesi più ricchi pensa che mai nulla di terribile possa loro accadere. Ma alla fine, l'impossibile si è realizzato. Sono apparsi eserciti di soldati rabbiosi laddove prima c'era una bella strada con i fiori ai lati. Hanno detto che tutto ciò che è nostro appartiene a loro. Sono venuti a riprendersi la terra che secondo loro noi abbiamo usurpato. E così, ci hanno presi, picchiati, arrestati. Sono stata rinchiusa per 2 mesi in carcere nel mio paese, senza sapere nulla di mio marito e dei miei due figli più grandi, della mia anziana madre, degli amici. E mentre mi incarceravano mi hanno anche detto che li avrebbero uccisi. Gridavamo tutti mentre ci separavano, è stato terribile. Forse sono morti, non posso saperlo. Ho passato, con il mio piccolo, giorni di tormento e terrore in una stanza larga 1 metro per 1 metro nella quale non avevo lo spazio neanche per sdraiarmi. Ho fatto sdraiare lui. Giorni interminabili a pensare alla mia famiglia, ai miei cari uccisi senza una ragione. Mesi trascorsi senza mangiare, soffrendo per la mancanza d'acqua. Tutto quello che ci davano lo davo al mio bambino, per inumidire la sua bocca impastata. Io bevevo la mia urina. Dicono che nel nostro sangue c'è sangue diverso da quello cosiddetto "puro" del ceppo etnico originale. Ma come si può stabilire esattamente da chi discendo? E anche se lo si potesse fare, come potrei mai io essere colpevole di questo? Io sono nata qui, ho vissuto qui, tutta la mia vita è qui… Ed ora mi trovo improvvisamente ad essere considerata un'estranea sgradita. Mi hanno fatto uscire dal carcere e mi hanno imposto di andar via con mio figlio, altrimenti ci faranno fuori, stavolta davvero. Devo fuggire, ora. Mi hanno detto che c'è una persona che può darci una mano, ma costa tanto. Ho dei risparmi nascosti. Ma… dove andremo io e mio figlio, dove andremo?

85 Pregiudizio etnico [A]

Teodoro, ore 13:30 di un giorno qualsiasi

Quando un oggetto è fatto male, è di scarsa qualità, lo si capisce subito. Oggetti che si rompono tra le mani dopo pochi utilizzi o addirittura mentre li stai ancora tirando fuori dalle confezioni. E' di sicuro roba *pinese*! Dai, non prendiamoci in giro, la roba fatta bene, la roba di qualità, non si rompe con così grande facilità. E' risaputo che la roba pinese sia di scarsa qualità e si rompa facilmente. Se parliamo di profumi, detersivi, addirittura bevande, spesso è tossica. Se parliamo di giocattoli, spesso è pericolosa per i bimbi. Insomma, qualsiasi cosa si acquisti, ci sono alte probabilità che sia nociva. E non vale assolutamente la pena mettere a rischio la propria salute e quella degli altri solo per risparmiare pochi centesimi di euro. Se compro una forbice pinese probabilmente la pago 2 euro. Se compro una buona forbice da un supermercato del mio paese la pago 4,50 euro. Ma con la prima probabilmente finirò al pronto soccorso, con la seconda no. Ma poi, cosa possiamo aspettarci da un popolo che mangia sempre e solo una tipologia di cibo, il *biso lesso*? Lavorano tutti al nero, sono tutti uguali ed inquadrati dal regime. E il top dei top? Mangiano cani! Vi rendete conto? Un animale chiaramente domestico, divorato senza pietà. E poi inquinano e non gliene importa nulla, ma il pianeta è uno solo! Non conoscono l'inglese, ed è un chiaro segno di chiusura alle altre civiltà. E poi, copiano, copiano, copiano tutto, ma proprio tutto ciò che realizziamo noi occidentali. Praticamente hanno costruito la loro economia sulle spalle di noi... *originali*. E loro dominano i mercati di tutto il mondo perché praticano prezzi bassissimi proporzionati alla qualità dei loro prodotti. Noi, per la stessa ragione, stiamo soccombendo! Bisogna sicuramente attivare dazi doganali, bloccare le importazioni, disinnescare questa bomba che può portarci al disastro.

Pregiudizio etnico [B]

Teodoro, ore 18:00 di un altro giorno qualsiasi

Ho avviato una rivendita di prodotti per la musica live. Un grossista pinese mi ha proposto un ottimo prodotto a basso costo, sul quale fare grossi ricavi. L'ho provato in sala test. E' di buona qualità! Ho accettato. Qualcuno dirà che è *roba pinese,* ma non tutto quello che proviene da quel meraviglioso paese è di basso livello. Non dimentichiamo che il 90% dell'elettronica di qualità di uso quotidiano è prodotta in Pina. Non parlo solo del mouse, della tastiera, roba da pochi euro, ma di hardware *firmato* dai grandi produttori occidentali. I marchi più blasonati producono in Pina proprio perché il costo della manodopera è più basso e, pur aggiungendo i costi di spedizione, si può vendere ad un prezzo competitivo. Da oggi, poi, vendo anche casse con il mio marchio! Non ci sono prodotti *white-label* validi ed economici in Europa, troppi costi, spese, tasse. Ho chiesto un preventivo in Pina fornendo io stesso un progetto. Mi hanno fatto un'offerta pazzesca con una scalabilità sui grandi numeri inarrivabile. Ho accettato! Ho preteso che la qualità dei miei prodotti restasse uguale, e così è stato. Le loro leggi interne sono ovviamente differenti dalle nostre, ma ormai le cose sono migliorate e se chiedi loro un prodotto che dovrà funzionare *bene,* lo realizzano. Mi hanno anche rimborsato il viaggio per la firma del contratto. Tornando alla consuetudine di cibarsi dei cani, di recente ho avuto ospite un amico di origini tedesche. Abbiamo cucinato per lui la lepre in salmì. L'abbiamo portata a tavola e lui quasi sveniva. Ci ha spiegato che per loro la lepre è un animale domestico come per noi il cane, e che per loro l'idea di cibarsene è una cosa assolutamente innaturale. Non che mi importi minimamente, a noi la lepre piace, sono loro quelli strani. Non sanno cosa si perdono. Ma poi, chi lo stabilisce se un animale è domestico o meno?

86 Tragedie e relatività [A]

Regina, ore 14:30 di un giorno qualsiasi

Giorni fa alcuni miliardari con i loro figli sono partiti per l'ennesimo viaggio a 3800 metri sotto il livello del mare. Destinazione? Ciò che resta del *Critanic*. il relitto dell'inaffondabile affondato che è esso stesso inaffondabile perché forse proprio affondando ha iniziato la sua vita eterna. Io li capisco quelli che, potendoselo permettere, decidono di scendere a quelle folli profondità in quei minuscoli sommergibili per guardare dal vivo ciò che resta di quella nave leggendaria e che, almeno una volta nella vita, è stata al centro dei pensieri di chiunque. Purtroppo il sottomarino ha smesso di comunicare poche ore dopo l'inizio della lunghissima discesa e di quelle persone si è persa ogni traccia. Sono centinaia le gite di questo genere, ma questa volta è andata male. E quei miliardari, che avevano speso circa 250k dollari a testa, sono tutti morti, disintegrati nello spazio di un istante. Questo però lo si è capito solo dopo una estenuante corsa al recupero, sperando di poterli trovare ancora in vita. E così centinaia di esperti civili e militari, si sono messi in moto con le loro navi, i loro sottomarini, i loro robot, i loro sonar, scandagli, pur di provare a soccorrere quelle persone immaginandole prigioniere di una tomba d'acciaio inerte a profondità folli, con pressioni insostenibili e temperature estreme. Ma sono morti ed il mondo si è stretto intorno alle famiglie che piangevano i loro cari scomparsi. E la cosa più triste è che forse non si potranno neanche recuperare i corpi, perché in quelle condizioni così estreme, posto che possa mai esserne rimasto qualcosa, è praticamente impossibile riportare su qualcosa di così fragile come un corpo umano, tra l'altro ridotto ad un decimo delle dimensioni normali, sempre a causa della pressione. Che tragedia infinita, che dolore immane. Il Critanic, la ricchezza, l'inesorabilità.

Tragedie e relatività [B]

Regina, ore 16:45 di un altro giorno qualsiasi

Il telegiornale sta passando la notizia del solito barcone partito dalle coste del continente vicino, con quasi 500 migranti clandestini a bordo, tra i quali donne, di cui alcune gravide, bambini, uomini. Il barcone è stato avvistato da alcuni passeggeri di un aereo in volo sopra quel tratto di mare. Possibile che nessuna vedetta o radar iper-tecnologico di nessuno dei paesi al contorno abbia rilevato questo mezzo? I passeggeri del volo hanno avvertito lo *steward* che ha poi riferito al comandante che ha mandato l'allerta a terra e così via. Come sempre si sta scatenando il balletto dello scarica barile. La marina del mio paese non vuole intervenire perché ritiene la cosa di competenza di altri, a causa del punto in cui il barcone si trova, ovvero fuori dalle nostre acque territoriali. Questa è la ragione ufficiale. Quella reale, che tutti conosciamo, ma nessuno dichiara, è che non possiamo spendere milioni di euro per salvare tutti i profughi del pianeta! Anche gli altri stati devono fare qualcosa per questi poveracci. E se uno si fa prendere la mano dall'emotività, dal senso dell'emergenza e corre ogni volta a soccorrerli subito, gli altri paesi non sentiranno mai di dover espletare i doveri ai quali sono chiamati. Quindi si deve tenere il punto ed attendere che qualcun altro intervenga. La marina del paese di mare dal quale sono salpati non sta intervenendo per ragioni che non ho neanche compreso a fondo. Ora il telegiornale ha dato un aggiornamento, sembra che la barca si sia ribaltata e poi sia affondata. I pochi sopravvissuti sono aggrappati a qualche oggetto galleggiante e non si sa quanto riusciranno a restarvici. Si sta scatenando un nuovo scarica-barile. In che acque territoriali è avvenuto l'incidente? Di chi è la responsabilità? Sono morte circa 500 persone. Bah, hanno voluto correre quei rischi? Incoscienti, ben gli sta.

87 Il termine "inclusione" [A]

Tobia, ore 19:15 di un giorno qualsiasi

Ogni volta che qualcuno parla di qualsiasi ambito sociale cui storicamente persone di colore della pelle diverso dal bianco o persone di genere femminile non hanno preso parte e invece ora ne sono appieno partecipi, si parla di "inclusione". Io trovo questo termine insensato, almeno in questa accezione, e resto attonito nell'ascoltare chi lo usa con tanta disinvoltura. Mentre lo fa, quel qualcuno è certo di dire la cosa giusta, di essere appunto *inclusivo*. E sento frasi tipo: "io sono per l'inclusione di tutti i popoli e di tutte le culture. Inclusione vuole dire che popoli differenti, persone di etnia differente, persone con le loro peculiarità, vengono inclusi in tutti i processi, le attività, le celebrazioni, le manifestazioni della società moderna, senza alcuna limitazione". Ora... che senso ha il termine "inclusione"? Inclusione di cosa? Di che tipo? Siamo tutti uguali o no? Lo siamo davvero, maledizione, è assolutamente vero che colore della pelle e colore dei capelli e altri milioni di dettagli che distinguono un essere umano dall'altro si equivalgono! Ok e allora cosa diamine significa "inclusione"? Che significa "includere" qualcuno che ne ha già diritto? Chi dobbiamo "includere" che non faccia già parte dell'unica *razza* umana? Può sembrare un problema di terminologia, ma pensandoci, denota una difficoltà atavica molto più radicata. Sono ancora pochi quelli che realizzano che l'inclusione è un termine completamente errato. Ora... capisco che provenendo tutti noi dal profondo passato, da epoche in cui la disuguaglianza era *ubiqua* e vivendo un transitorio lunghissimo come quello in cui siamo ormai da circa 800 anni, sia necessario intraprendere campagne di sensibilizzazione, perché statisticamente questa maledetta "inclusione" non c'è ancora, ma ritengo che la soluzione sia ben lontana dall'esser trovata!

Il termine "inclusione" [B]

Tobia, ore 09:45 di un altro giorno qualsiasi

Finalmente la mia azienda ha iniziato ad assumere persone di età differenti, sia più giovani che più anziane, che hanno competenze e storie di vita diverse, provenienti da diversi continenti, di diverso genere, riequilibrando con un po' di meritocratiche quote rosa l'eccesso di quote azzurre. Insomma, un tripudio di novità in quello che era un ambiente ormai asfittico. E' una vera ricchezza, qualcosa che può solo farci crescere. Conoscere nuove abitudini, culture, lingue, modi di pensare, non può che farci uscire dal provincialismo per abbracciare un mondo che è decisamente più ampio delle quattro strade sotto casa! Di recente hanno nominato anche alcuni nuovi dirigenti e a capo della mia area hanno posto un uomo di origine sudamericana, per la parte operativa ed una donna asiatica, per la parte organizzativa. I nostri due nuovi capi sono, professionalmente, almeno sulla carta, eccellenti. Hanno un *curriculum* lungo lungo con infinite esperienze a capo di altrettante aree aziendali. A livello umano sono persone piacevoli, ma molto silenziose e che non amano perdere tempo in frizzi e lazzi. Beh all'azienda non interessa ovviamente la capacità di socializzare o empatizzare, ma le peculiarità professionali. Ok, è chiaro, ma qualche dubbio sulla loro capacità di gestire qualcosa di veramente complesso come l'area nella quale lavoro io ce l'ho. Ok il curriculum, ma la complessità che c'è qui non c'è da nessun'altra parte. E poi, non voglio fare alcuna discriminazione di genere, ma una donna a capo dell'organizzazione, una donna, ad affrontare le mille brutali riunioni che finiscono a notebook in faccia, io non ce la vedo, non credo sia adatta. Per quanto riguarda l'operatività, anche qui, non voglio avere alcun pregiudizio, ma... proprio un uomo proveniente dai paesi della *siesta* dovrebbe guidare la nostra frenetica operatività?

Gamification 9/10

Paragrafo	Solo A o solo B	Sia A che B
80 Abbigliamento e individui	☐ 0 punti	☐ 1 punto
81 Nazionalismo d'abitudine	☐ 0 punti	☐ 1 punto
82 Società e razzismo	☐ 0 punti	☐ 1 punto
83 Società e migranti - II	☐ 0 punti	☐ 1 punto
84 Attraversare il mare	☐ 0 punti	☐ 1 punto
85 Pregiudizio etnico	☐ 0 punti	☐ 1 punto
86 Tragedie e relatività	☐ 0 punti	☐ 1 punto
87 Il termine "inclusione"	☐ 0 punti	☐ 1 punto
TOTALE		

Il prossimo tuo

Prossimo sono tutti quelli che premono sulla pelle del nostro egoismo.

Luigi Santucci

88 Modi di vestire [A]

Rosuccia, ore 13:45 di un giorno qualsiasi

Per quanto io indossi serenamente ciò che di tanto in tanto acquisto nei negozi, beh... detesto la moda! La detesto davvero, dal profondo di me stessa. Ci rende tutti stereotipati, uguali, omologati. Tutti con gli stessi vestiti, scarpe, foulard, giacche, gli stessi colori, gli stessi modelli, gli stessi stili, spesso ripetuti dopo un certo intervallo di tempo più o meno lungo. E suggeriti da persone del *mestiere* che decidono, come citato da una delle mie band preferite in un loro storico brano, ciò che è *cool* indossare e ciò che non lo è. Certo, poi sta a noi seguire o meno queste indicazioni - quello che noi dovremmo o non dovremmo indossare per essere al passo, della moda, appunto. Qualcuno afferma che la moda in realtà è una grande agevolazione per noi perché demanda ad altri la difficoltà di scegliere un *outfit*, un look consono che sia piacevole, comodo, ma soprattutto socialmente apprezzato in un determinato periodo storico, senza sembrare fuori contesto, fuori tempo, fuori luogo. Comprendo queste affermazioni, ma me ne frego... letteralmente. Se mi va di mettere una cosa la metto anche se non è più di moda da anni. Lo faccio perché mi va di farlo, lo faccio perché mi è più facile così, perché non devo spendere tempo e denaro per acquistare ogni anno capi nuovi abbandonando i vecchi. Poi non nego che magari i capi di moda possano anche piacermi, ok, è possibile, ma alla fine questo usa e getta, compra, indossa ed elimina, è troppo poco sostenibile per me, per il mio portafogli, per la società, per il pianeta. Ed infine, senza neanche essere troppo dalla parte dei *frikkettoni*, a me piace l'originalità. Mi piace la gente che veste come gli pare, che non si fa problemi, che mostra la propria sicurezza anche nell'abbigliamento. Inutile ripeterlo, l'abito non fa il monaco, non posso giudicare qualcuno solo da come veste.

Modi di vestire [B]

Rosuccia, ore 17:15 di un altro giorno qualsiasi

Sono in metropolitana a Parigi e sto attendendo il treno. Ad un certo punto si avvicina un ragazzo vestito in modo strano, porta anfibi neri, un jeans strappato decorato con catenelle e orpelli. Ha una decina di cinture in vita tutte incrociate, che solo per aprirle e chiuderle impiegherà mezz'ora. Sopra ha una camicia a strisce verticali marroni e nere, non male, forse l'unica cosa apprezzabile. Porta dozzine di collane e bracciali, orecchini a clip, come quelli delle nonne, e poi, a completare il tutto, in testa ha un basco nero con visiera decorata. Dagli strappi dei jeans si intravedono collant da donna in pizzo nero. Non capisco… è uomo o donna? Sarà gay! Ma chi è questo? Da dove viene? Chi lo ha conciato così e perché? E' inquietante… Con tutti quei gingilli, poi, fa un sacco di rumore quando cammina. Meglio così, caso mai dovesse avere cattive intenzioni sarei avvantaggiata nella corsa. Non voglio essere affrettata nel giudizio, ma un po' mi fa paura un tipo così. Spero non si sieda vicino a me. Io non vestirei mai in quel modo, almeno non se avessi buone intenzioni, e che diamine, sicuramente lo sa anche lui quanto sia diverso dallo standard il suo outfit. Ok che ognuno può vestire come vuole e in piena libertà, ma in questo caso davvero non lo si può considerare *normale*. Io sono una che accetta tutto e tutti, ma c'è un limite ovviamente. Come si può pensare di andare in giro vestiti in quel modo senza essere considerati strani, pericolosi? Secondo me spaventa anche i bambini, tra l'altro con questo suo apparire senza un genere crea sicuramente confusione nelle menti dei bimbi che sono qui e che lo guardano straniti. Cosa penseranno? E' maschio? E' femmina? E' giovane? E' vecchio? Ok la tolleranza, ma c'è un limite a tutto! Sta arrivando il controllore, scommetto che questo individuo non ha il biglietto!

89 Malesseri e sofferenze [A]

Efesino, ore 16:35 di un giorno qualsiasi

E' bello sostenere gli altri soprattutto quando vivono un periodo di sofferenza. E' bello esserci quando qualcuno ha bisogno di essere supportato, aiutato, anche solo semplicemente ascoltato. Uscire dal perimetro limitato del proprio io e dedicarsi all'altro, alleviare le sue pene, mettersi da parte ed offrire sostegno alle sue fragilità... è appagante. E' davvero una bella sensazione! Quando capita di poterlo fare ci si sente davvero... bene. Purtroppo non tutti riescono ad essere così altruisti e proprio quando vorresti essere consolato e parli di un tuo problema ad altri, questi ultimi, invece di apprezzare il tuo gesto ed offrirti un po' del loro tempo per alleviare il tuo momento di crisi, ti riversano addosso i loro drammi. Di recente ho passato un brutto momento e, come da manuale, una ciliegia tirava l'altra tanto da sembrare non ci fosse fine agli eventi negativi. Ho avuto seri problemi di salute, un grossissimo ammanco di denaro e ho rischiato più volte di perdere il lavoro. In quei momenti avevo davvero bisogno di qualcuno che fosse disposto anche solo a stare un po' con me per ascoltarmi, tutto qui. Un amico di vecchia data mi ha chiamato e mi ha chiesto come stessi, gli ho proposto di prendere un caffè ed ha subito accettato. Ci siamo visti e mi ha chiesto come mi stessero andando le cose. Ho iniziato a raccontare e già dopo avergli parlato della mia salute, mi ha detto che le mie sofferenze erano poca cosa di fronte alle sue. E così via passando per il lavoro, il denaro, la famiglia e mille altri fronti di... sofferenza. Ci sono rimasto malissimo, vedere tutti i miei problemi ridicolizzati, sminuiti! Io che cercavo sostegno, aiuto, io che speravo in una spinta per andare avanti, mi trovo invece di fronte a qualcuno che mi dice che i miei problemi non contano nulla rispetto ai suoi. Che assurda, totale, mancanza di empatia!

Malesseri e sofferenze [B]

Efesino, ore 18:15 di un altro giorno qualsiasi

Oggi ho incontrato per strada il mio amico Paolino. E' stato bello rivederlo. Gli ho chiesto subito come se la stesse passando, sperando in un sorriso ed in una conferma di un buon incedere nel cammino della vita. Invece no, ha esordito dicendo che ha le papille gustative interrotte, un gomito che fa contatto con il piede che di recente, a seguito di un incidente domestico, gli è entrata una bruschetta nell'occhio. Per questi problemi di salute sta incontrando diversi specialisti. Non voglio sminuire quel che afferma, ma... a me sembra solo un piccolo dolore al gomito che non va via, ma che sarà sicuramente sopportabilissimo. Però, a detta sua, non guarisce neanche con le mille, secondo me inutili, terapie fatte finora. Fossi ancora in confidenza con lui gli direi di ignorare queste stupidaggini e di mettersi a camminare ogni giorno per mezz'ora, Secondo me Paolino il problema lo ha nella testa, niente a che vedere con i miei problemi di salute. Quelli fanno soffrire in modo indicibile. Sono passati 10 minuti e continua a parlare solo di questo benedetto ginocchio… non ha proprio ritegno, non sa proprio cosa voglia dire stare male e soffrire in modo serio. Basta! Lo interrompo e gli racconto come sto io fisicamente. Ecco! Lui prova a riprendere a parlare del suo ginocchio, ma io lo incalzo con i miei problemi, problemi seri, ed ecco che ho la meglio. Si è reso conto che le sue sono solo fisime e niente più. Ciliegina sulla torta, mi ha raccontato dei problemi meccanici che la sua auto mostra e l'ho distrutto con quelli della mia. Io capisco che la gente abbia bisogno di essere ascoltata, ma c'è una scala di gravità oggettiva, ed i suoi non sono veri problemi. Bah credo di avergli fatto del bene in fondo, avrà imparato a non esagerare ed avrà capito che le sue beghe sono davvero risibili al confronto di quelle degli altri!

90 Social network - II [A]

Tessalonico, ore 08:38 di un giorno qualsiasi

Io non sono un grande appassionato di Social Network, anche se ho un account praticamente su ciascuno di essi. Sono registrato *ovunque*, è vero, ma non mi occupo in maniera costante di aggiornare profili e bacheche come moltissimi fanno. Guardo cosa accade un po' qui, un po' lì, e raramente posto o pubblico qualcosa. Ammetto, però, di restare sempre stupito dalle discussioni violente su argomenti di livello infimo che si accendono all'improvviso, anche tra amici che si conoscono da una vita e che sempre si sono amati almeno fino a quel momento, momento che cambierà per sempre la loro storia perché poi vorranno solo *sopprimersi* a vicenda. Penso che i social siano un modo relativamente nuovo per incanalare la rabbia che ognuno di noi accumula durante le giornate stressanti che affronta. Bisogna ammetterlo, siamo gonfi come palloni pieni di risentimento, per cui basta un qualcosina, che può essere una parola sbagliata, un messaggio mal scritto, o l'espressione di un'opinione contraria alla nostra e... bum! Esplodiamo scaricando tutto il nostro veleno in maniera incontrollata su qualcuno che reagirà altrettanto vigorosamente. E poi ci sono i messaggi fraintesi, quelli in cui qualcuno *voleva* dire qualcosa ma, complice l'errata formulazione scritta del pensiero, l'errata disposizione d'animo del lettore, complici l'assenza della mimica facciale, dell'intonazione, e di tante altre componenti che sono invece presenti quando ci si trova fisicamente di fronte, vengono interpretati male e provocano danni spesso irreparabili ad amicizie che magari avevano superato lustri e decadi senza danni. Come ho già detto, io sono disinteressato a queste bagarre e, comunque, nessuna discussione di superficie può obbligarmi a giungere ai ferri corti con un amico. Sono fuori da questi confronti all'ultimo sangue su temi insensati.

Social network - II [B]

Tessalonico, ore 18:42 di un altro giorno qualsiasi

Ho letto il post di un caro amico sulla pandemia. Era privo di senso… ipotizzava un complotto planetario per uccidere parte della popolazione. Non voglio neanche andare a fondo nel raccontare i dettagli dei suoi post, ma ciò che ha scritto è delirante. Ma chi mai può gestire un complotto mondiale? Da quando esiste il *governo del mondo* fatto di persone che cospirano per sterminarci? Ma poi che rabbia quando leggo frasi che additano questi fantomatici cospiratori con il termine "loro". *Loro* hanno deciso questo, *loro* ci obbligano a far questo, *loro* ci vogliono tutti morti, e così via… ma *loro* chi? Chi, maledizione? Basta, la rabbia è a mille, ora gliene canto quattro a questo idiota assoluto (e io che lo chiamo pure *grande amico*). Vorrei averlo qui davanti e prenderlo a ceffoni per la sua totale idiozia. Mamma mia, mi sta salendo davvero una voglia irrefrenabile di stenderlo a colpi di parole, per ora solo questo, poi un giorno chissà. Ma chi li autorizza questi a scrivere cose del genere sui social? Ma non hanno neanche un barlume di intelletto? Bisognerebbe attivare un filtro alla registrazione, se sei un dissociato e dici stronzate del genere non devi poter completare la registrazione. Così, con un semplice questionario, risolveremmo il problema impedendo di diffondere *fake news* come queste. Libertà di parola? Sì certo, chi la mette in dubbio, io sono uno strenuo difensore della libertà di ognuno di esprimersi come crede ed affermare le proprie idee, ci mancherebbe, ma c'è un limite a tutto! Queste non sono idee, sono idiozie distillate. Ma come si fa a lasciare queste persone libere di parlare e scrivere? E magari influenzeranno altri deboli come loro. Basta, gli rispondo con un commento e lo prendo a male parole, spiegandogli alla men peggio quanto sia folle la sua dichiarazione e quanti danni stia facendo!

91 Il mio genero [A]

Ubaldo, ore 13:30 di un giorno qualsiasi

La mia bellissima, dolce e unica figlia, Greobalda, è ormai diventata grande! Dal primo vagito fino ad oggi è stato bello ed impegnativo seguirla, perché mia figlia ha un carattere volitivo, lo si è percepito fin da subito. Poi, quando ha raggiunto la maggiore età, ha iniziato ovviamente a prendere decisioni in completa autonomia, come era giusto che fosse. E quindi ha indirizzato i suoi studi in una direzione che io non capivo all'inizio, ma che poi si è dimostrata davvero giusta per lei. Greobalda ha studiato tanto, ha sempre avuto ottimi voti e mai mi ha dato motivi per cui impensierirmi. Beh, io e mia moglie siamo davvero soddisfatti. Ora si sta per laureare e poi si vedrà... il lavoro, la famiglia, sono tutte cose... sue ormai, noi genitori abbiamo completato il nostro percorso, diciamo così, di accompagnamento. Certo ci saremo sempre per lei, il legame famigliare è indissolubile, si sa, però dopo questo importante passo, la si può ritenere indipendente. Se ho sogni per lei? E quale padre non li avrebbe per i propri figli! Per Greobalda sogno un lavoro con un ruolo importante, ma che non le impedisca, se vorrà, di metter su famiglia, perché anche io sogno di diventare nonno e coccolare qualche bel nipotino. Mi piacerebbe creasse la sua famiglia con un compagno che si dimostri, ecco, una brava persona. Non dico un individuo con caratteristiche necessariamente eccellenti, semplicemente vorrei che mia figlia si accompagnasse a qualcuno che possa volerle bene come merita, che possa dare un seguito al grande amore che noi proviamo per lei, che la rispetti e che da lei sia rispettato. No, nessuna aspettativa in particolare se non questa. Io non posso certo scegliere per lei è chiaro, né mai mi permetterei di esprimere il mio parere su qualcuno che lei mi presentasse come suo compagno, ma di sicuro poso concedermi di sperare!

Il mio genero [B]

Ubaldo, ore 18:30 di un altro giorno qualsiasi

Greobalda passerà oggi da noi per presentarci il suo fidanzato Ermenesippo. Ha detto a mia moglie Fruisina di essere innamoratissima di lui. Ne parla come un uomo buono e disponibile, gentile e solidale, e anche molto collaborativo. Abbiamo tantissime speranze, lo ammetto, e siamo entrambi emozionati. Eccoli! Sento mia moglie aprire la porta e salutarli. Entrano in salotto, dove son seduto sul divano a *fingere* di leggere ostentando indifferenza, e me lo presentano. Mi alzo, chiudo il giornale e sforno un sorriso di quelli a 38 denti, stringendogli la mano. Che stretta forte ha Ermenesippo! La mia mano al confronto è sembrata una scaloppina fuori frigo da 6 giorni. Indossa un jeans nero ed una maglietta bianca ed è abbronzatissimo. Sarà uno di quegli avvocati che amano le belle donne (mia figlia), le belle auto e la bella vita, sole, mare, barche, etc. Dopo un po' di chiacchiere sul più e sul meno, chiedo a Ermenesippo di cosa si occupi nella vita. E lui risponde di lavorare per un'impresa edile nei cantieri. E io "ah… ingegnere?" E lui… "no". "Geometra?" E lui… "no". "Allora cosa"? E lui… "operaio tuttofare". Sorrido, ma dentro di me penso... Ma che diavolo? Mia figlia sta con un operaio tuttofare? Già il termine "operaio" per me vuol dire tutto e niente, e di sicuro vuol dire "basso livello", paragonato alla nostra estrazione sociale, ma "tuttofare"? Insomma, è così scarso che non ha neanche una mansione particolare? Che so marmista, piastrellista, boh… no, nulla. Ok è gentile, parla anche – stranamente – bene in italiano, ma mia figlia merita di più, merita qualcuno di più alto rango sociale. Lui di sicuro le vuole bene, la ama, ma possibile che una donna realizzata nella vita come lei, poi debba accontentarsi di così poco? Non appena andrà via le parlerò e proverò a farla ragionare! "Operaio tuttofare"? Ma vaaaaaa….

92 Gentilezza e mezzi pubblici - I [A]

Fulcilio, ore 14:00 di un giorno qualsiasi

Sono sulla metropolitana che porta dall'aeroporto alla stazione centrale della mia città. Siamo scesi tutti dallo stesso volo e ci sono tante persone con valigie, bambini, zaini. Sono sudate, stanche, stressate, come me. Il treno è pieno e non vi sono posti liberi. Resto in piedi, in fondo, sono ancora giovane e forte, non ho problemi, nonostante il treno ci sballotti ben bene. In una fermata intermedia, sale una donna molto giovane, carica di buste, con 2 figli al seguito, uno piccolissimo ed uno un po' più grande, belli e pestiferi. Lei non chiede, ma è evidente che meriti di sedersi, per la chiara situazione di difficoltà in cui versa, ma nessuno accenna ad alzarsi. Mi guardo intorno scansionando tutte le persone comodamente sedute, scartando mentalmente quelle che non potrebbero cedere il posto per età e quantità di bagagli trasportati. Questo no, questo sì. Ecco, quel gruppo di amici giovanissimi e quei 2 giovani signori. Loro sì che potrebbero cedere il posto alla donna ed ai suoi bagagli e pargoli. Ma nessuno sembra volerlo fare. Hanno percepito la cosa, ma fanno finta di niente, si girano di traverso in modo da simulare l'indifferenza più assoluta alla questione. La donna, in difficoltà, non dice nulla, non chiede nulla, pur avendone diritto in qualche modo, e con grande dignità guarda trafelata fuori dal finestrino. Sicuramente spera che qualcuno le offra il proprio posto, ma niente, non accade nulla. Sono sdegnato, davvero deluso dal genere umano. Provo a guardare i ragazzi negli occhi, provo a far capire loro che c'è qualcuno che ha bisogno di supporto, che serve un piccolo gesto per dare un grande aiuto a questa famiglia, ma nulla di nulla. Sempre nella totale indifferenza, il gruppo di ragazzi e adulti che potrebbero cedere il loro posto resta nella propria inscalfibile indifferenza. Non posso crederci... Che umanità è questa?

Gentilezza e mezzi pubblici - I [B]

Fulcilio, ore 14:00 di un altro giorno qualsiasi

Sono appena rientrato da una lunga trasferta di lavoro. Il primo volo di oggi l'ho preso alle 4 di mattina e ora sono le 17! Mi accingo a salire sul bus che mi porterà a casa. Sono stanchissimo, ho bagagli pesanti, sono sudato come un asino da soma, non ce la faccio più. Trovo un posto a sedere e mi ci fiondo immediatamente come un giavellotto alle Olimpiadi. Finalmente sono in dirittura d'arrivo e posso rilassarmi un po'. Il bus si ferma all'incrocio di via Ossimoro e salgono alcune persone, tra le quali una donna molto anziana, così anziana che nella sua età probabilmente io, che giovane non sono, ci sto quasi 2 volte. Ha difficoltà nel deambulare, tanto che si poggia ad ogni supporto disponibile, sembra molto fragile. Eh ma no, stavolta no… lo so che la gentilezza, l'empatia prevederebbe che io le cedessi il mio posto, ma c'è un limite a tutto. Sono davvero stanco, ho lavorato tantissimo e da stamattina non ho un attimo di sosta. Giro la testa verso la strada e poggio la mia fronte sul vetro. La signora penserà che non l'ho vista. Dai alla fine che vuoi che sia? Se è qui significa che è abituata a prendere i mezzi pubblici, che non è poi così fragile come inizialmente mi era sembrato. Sicuramente è ancora forte, tanto da andare a fare la spesa da sola o recarsi a trovare i nipotini. No io non ce la faccio a togliermi di qui, voglio davvero restare. Ok, tutte le prossime volte cederò il mio posto, ma stavolta sono proprio al limite. Vecchiaia, poi, non vuol dire assolutamente avere diritto a tutto. Anche i giovani che lavorano hanno diritto a riposarsi, a godersi un tragitto come questo in pace, a rilassarsi dopo una giornata faticosissima. Ma poi… questa donna avrà una famiglia, dei parenti. L'accompagnassero loro invece di lasciarla sola in giro per la città. E' assurdo, denota indifferenza ed insensibilità! Dove andremo a finire?

93 Gentilezza e mezzi pubblici - II [A]

Uberta, ore 07:30 di un giorno qualsiasi

Sono sulla metropolitana di Roma e mi sto recando da casa all'ufficio. Oggi sono un po' in ritardo. Vivo in periferia e mi muovo molto presto per prendere la metro al mattino. Quando arrivo la stazione è semivuota. Ecco il treno! Il viaggio dura circa 40 minuti e la mia fermata è in pieno centro, dove sarebbe impossibile parcheggiare un qualsivoglia mezzo privato. Per fortuna quelli pubblici funzionano dignitosamente. Siamo quasi arrivati alla mia fermata. Raccolgo le mie cose, metto la giacca, mi alzo e mi predispongo a scendere, ponendomi di fronte alla porta di uscita e reggendomi ad uno dei tanti poggia-mani presenti. La luce artificiale inizia a trasparire dai vetri mentre il treno entra nella stazione, come sempre, piena zeppa di persone. La metro si ferma, le porte si aprono e mi accingo a scendere. Ma non ci riesco! Le persone fuori, in attesa di salire, invece di attendere che tutti scendano dal vagone, iniziano a filtrare tra di noi che usciamo, creando una paralisi completa, ritardando la nostra discesa, urtandoci, spingendoci. Tutto per riuscire a guadagnare un posto a sedere! Sono sdegnata, è una regola forse non scritta, ma bisogna sempre attendere l'uscita di tutti i passeggeri già presenti sul treno prima di salire. Non c'è neanche bisogno di dare spiegazioni per una cosa ovvia come questa. E' pura logica! Ciononostante questa follia accade sempre! Ed eccomi in piedi a farmi largo tra questi scalmanati, maleducati, cercando di scendere dal mio treno per recarmi al lavoro. Sarebbe bastato pazientare qualche attimo in più e lasciarci scendere per rendere tutto più facile, non solo per noi che usciamo, ma anche e soprattutto per loro che entrano. Che umanità è questa?! Guardo sconsolata i miei sconosciuti compagni di viaggio ricambiando i loro sguardi di compatimento circa questo atto di maleducazione.

Gentilezza e mezzi pubblici - II [B]

Uberta, ore 17:00 di un altro giorno qualsiasi

Sono le 17 e sono uscita dall'ufficio. Oggi alle 18 ho un impegno improrogabile, una visita medica attesa da tempo che non può essere rimandata. Raggiungo la stazione della metropolitana in 4 minuti, il viaggio dura circa 40 minuti, ho la macchina parcheggiata presso la stazione di arrivo nel mio quartiere e lo studio medico è a meno di 10 minuti da lì. Traffico permettendo, dovrei farcela, ma sono al limite. Con un po' di fortuna potrei arrivare quasi puntuale, o magari dopo 5 minuti, che rappresentano un ritardo accettabile. Ma tutto deve andare liscio d'ora in poi. Scendo di corsa le scale e raggiungo il binario dove, incredibile a dirsi, sta arrivando il mio treno... sono fortunata! Mi posiziono dinanzi ad esso mentre rallenta, pieno zeppo di persone, come sempre del resto. Tanti devono scendere e tanti salire. Ma se perdessi questo convoglio, tarderei di almeno mezz'ora. Le porte si aprono e la massa di persone nel treno inizia ad uscire. Lentamente, maledizione, troppo lentamente! Ma guarda quello che fa un passettino alla volta! E quella stupida? Che scende neanche stesse camminando sulle uova? Io ho fretta maledizione, e voi chissà invece cosa diavolo state facendo, persone dalle vite vuote e noiose, senza appuntamenti, senza obiettivi. Mi sto innervosendo non poco. Ecco ci mancava il ragazzino con il monopattino. Basta! Io salgo. Mi lancio tra di loro come un salmone che risale la corrente consapevole di potercela fare. Una gomitata qui, una spinta lì, un appoggio là ed eccomi dentro, mentre le mie orecchie rilevano il malcontento dietro di me. Alcuni gridano che la regola dice che bisogna attendere che chi è già sul treno scenda. Sì, è vero, ma non oggi, non qui, non per me. Io oggi ho una dannata fretta che nessuno intorno a me ha o può comprendere. Quindi state indietro e fatemi passare!

94 Neonati e svezzamento [A]

Diana, ore 11:35 di un giorno qualsiasi

Quando vedo bimbi di 3 anni che prendono ancora il latte dalla tetta della madre resto basita. Ma dai! Quando smetterete di allattarli? Quando interromperete il secondo cordone ombelicale che non spetta al chirurgo tagliare? I bimbi devono crescere ed in questo voi genitori siete fondamentali anche e soprattutto nel lasciarli incedere in ciascuno degli step di sviluppo che devono, e sottolineo devono, affrontare. Il latte materno è cosa buona e dolce per un neonato, è rassicurante, è un toccasana, una medicina, un calmante. E' davvero medicamentoso, taumaturgico, ma deve essere relegato ai primi mesi. Poi bisogna liberarsene! Deve liberarsene la madre che non può essere schiava di ciò, costretta sempre ad uscire con abiti tali da permettere lo sfoderamento del seno mostrando all'universo i propri capezzoli nudi; deve liberarsene il figlio, acquisendo sicurezza e fiducia e proiettandosi in un mondo forse un po' meno protetto, ma prodigo di meraviglie. Insomma a tutte quelle mamme che vedo allattare bimbi *quarantenni* dico, basta! Liberatevi e liberatelo da questa schiavitù! E' anacronistico che vostro figlio ciucci la vostra tetta stando ormai in piedi, quasi più alto di voi! Ma insomma, c'è un limite a tutto. E vogliamo parlare dei bimbi che a 12 anni dormono nel lettone? E' tutta colpa dei genitori che non hanno saputo interrompere questa abitudine al momento giusto e così, quando il bimbo è diventato grande e ha cominciato a ragionare, questa vicinanza notturna lo ha protetto dalle insicurezze e dalle prime paure, diventando poi irrinunciabile. Basta! Togliete i bimbi dai vostri letti, dai! Gli avete acquistato un lettino, bello, colorato, funzionale e spazioso, portatelo lì a dormire! E' grande a sufficienza per andare in campeggio da solo e fare conquiste e voi lo tenete ancora nel vostro letto?

Neonati e svezzamento [B]

Diana, ore 16:05 di un altro giorno qualsiasi

Il mio piccolo Giosafatte ha da poco compiuto 3 anni. Gli do ancora il latte dalla tetta. Perché lo faccio? Beh per svariate ragioni, che riguardano lui e riguardano me. Non credo di poter avere altri figli biologici, sono abbastanza grande e non so neanche se mi va di attraversare nuovamente tutte quelle fasi – per quanto meravigliose – che portano una donna dal concepimento al parto e tutto il resto. Allattare il proprio piccolo è ancestrale, meraviglioso, emozionante. Ogni volta che lo hai lì tra le tue braccia non ti sembra vero di vivere quell'emozione che tante donne prima di te hanno vissuto e altre dopo di te vivranno. Fin dal giorno in cui la prima donna *sapiens sapiens* ha calcato il suolo del pianeta, questa emozione ha pervaso i momenti dell'allattamento. Quindi per me non è facile smettere, considerato che non potrò farlo di nuovo, non potrò vivere ancora questo momento. Quindi, perché privarsene tanto presto? Sì è vero, io sono in generale contraria, ma il mio è un caso differente: quando il mio piccolo Giosy è nervoso, piange, si è fatto male o ha qualsivoglia malessere, bere dalla tetta lo calma, lo placa, lo rasserena. Credetemi, la tetta è un potente strumento in grado di riportare la calma in un neonato fuori dai gangheri. Incontro mamme che quando scoprono che allatto ancora mi deridono quasi e mi consigliano anche con modi sgarbati di interrompere, dandomi quasi dell'autolesionista, ma loro non capiscono, o almeno non capiscono più il piacere dell'allattamento. Oppure semplicemente va di moda dire così alle altre mamme, ma poi ognuna nel profondo, rimpiange quei momenti di meraviglia. Ah dimenticavo… Giosafatte dorme nel lettone. Forse mio marito è un po' nervoso, ma quanto è bello trovarsi accanto questo corpicino tenero ed indifeso che ogni tanto ti butta le braccia al collo!

95 Pace e guerra ^A

Ugo, ore 19:00 di un giorno qualsiasi

Brutta cosa la guerra… è sempre una realtà spaventosa, indipendentemente dal secolo nel quale si svolge, ma se accade ai giorni nostri non v'è nulla di più anacronistico e terribile. Ma, ci rendiamo conto? Due stati "moderni", uno contro l'altro! Uno stato sovrano che attacca un altro stato sovrano. E non siamo nel 1938, no… accade al giorno d'oggi! E improvvisamente, tutti quelli che vivono nello stato *invaso* si ritrovano catapultati in un mondo che sembrava dimenticato. E sono di nuovo bombe, esplosioni, stragi, fucilazioni, torture e ogni altro genere di orrore perpetrato ai danni di soldati, donne, uomini giovani, anziani... bambini. Io sono contro ogni genere di guerra e questa cosa mi manda in bestia. Immaginatevi se domani il nostro paese venisse attaccato che so, da un paese vicino… e noi dovessimo correre al riparo in rifugi di fortuna al suono della sirena... e casa nostra venisse abbattuta da un raid aereo… e ci trovassimo improvvisamente senza un posto per dormire, per mangiare, per vivere. Assurdo, vero? Eppure a chi abita le terre invase è accaduto davvero, gli è successo esattamente questo. E non hanno potuto fare nulla di nulla. Bene, io vorrei che tutta la politica internazionale facesse un enorme sforzo diplomatico per risolvere il problema e, qualora questo non dovesse bastare, vorrei che i paesi amici, tra i quali il nostro, fornissero armi di difesa al paese invaso! Perché? Perché lasciar fare, essere indifferenti in ambiti come questo è pericolosissimo. Non si può lasciar morire gente in questo modo oggigiorno. Dobbiamo supportarli, correre in loro sostegno, aiutarli a difendersi, a respingere gli invasori, a rintuzzare ogni attacco, ogni bombardamento. Devono resistere e respingere i folli guerrafondai per tornare liberi nel loro paese da ricostruire. E' l'obiettivo più importante per tutti noi.

Pace e guerra [B]

Ugo, ore 09:30 di un altro giorno qualsiasi

Il prezzo del metano sta per aumentare drasticamente a causa della guerra tra Castrazia ed Islavinia. Ecco, neanche il tempo di dirlo... è aumentato portandosi a 3 volte quello dell'anno scorso. Avremo bollette domestiche da 600 euro nella migliore delle ipotesi! E poi salirà anche la benzina ed il pieno costerà più di quanto si guadagni in una giornata lavorativa. A questo aggiungiamo che la bolletta dell'energia elettrica ed il prezzo del gasolio erano già aumentati di recente. Tutto questo perché abbiamo deciso di punire la Castrazia per l'invasione dell'Islavinia, con diversi pacchetti di sanzioni economiche. Questo lo capisco, ma non possiamo reggere questa tempesta perfetta di aumenti. Sì perché, mentre la guerra è in corso, noi continuiamo ad importare dalla Castrazia le risorse primarie! Secondo me potremmo essere dalla parte dell'Islavinia anche senza queste sanzioni che ci si ritorcono contro. Perché mai dovremmo irritare così tanto il capo di stato *castrato*? Noi siamo un paese piccolo, non attivamente belligerante, siamo per così dire, per la difesa, ma allora perché attaccare economicamente quel paese enorme e provocarlo causando queste comprensibili ripicche commerciali? Ok, lo ammetto, la guerra, i morti, le stragi di civili, le esplosioni, i bombardamenti, sono cose orribili e dobbiamo sicuramente fare qualcosa, ma proprio sulle questioni economiche dovevamo puntare i piedi? Ci sono tanti modi per dimostrare il proprio supporto all'Islavinia invasa, ma questo non possiamo proprio permettercelo! Io sarei per fare inversione a U sulle sanzioni e tornare a più miti consigli, in modo che il capo di stato del paese invasore possa tornare indietro sulle sue decisioni. Tutto si può sopportare, ma il costo della vita è importante per ciascuno di noi. E poi forse la Castrazia avrà le sue buone ragioni, no?

96 Pace e vendetta [A]

Serena, ore 08:45 di un giorno qualsiasi

La mia visione della vita contempla il rispetto per gli altri e per le relazioni umane. Sono convinta che un dialogo sincero sia fondamentale per costruire legami solidi e duraturi. Nelle mie interazioni quotidiane, cerco sempre di mettere in pratica questi valori, lavorando attivamente per superare eventuali ostacoli e conflitti. Ritengo che ogni momento di collaborazione e di comprensione reciproca sia un piccolo passo verso un mondo più pacifico e armonioso. Evviva la pace, evviva i legami, le amicizie e i buoni rapporti! Ma poi, io non sono una persona incline alle dispute o alle controversie. In ogni situazione, sia nella sfera personale che professionale, cerco sempre di mediare ed evitare conflitti inutili. Preferisco dissipare le tensioni e promuovere un clima di serenità e collaborazione per mantenere relazioni positive con amici, familiari e colleghi. Sono convinta che le piccole dispute e i contrasti insignificanti siano uno spreco di energia e una fonte di stress evitabile. E' per questo che prediligo la via della non belligeranza, cercando di evitare situazioni conflittuali e favorendo la comunicazione aperta e rispettosa. Nel contesto lavorativo, poi, sono propensa a trovare soluzioni alternative anziché ricorrere a confronti agguerriti. Preferisco cercare un terreno comune che soddisfi entrambe le parti coinvolte, promuovendo la cooperazione piuttosto che rabbia e odio. Credo fermamente che educare alla pace ed alla tolleranza nelle piccole cose sia fondamentale per costruire una società basata su valori di solidarietà e comprensione reciproca. Ogni gesto di conciliazione ed ogni sforzo per mantenere l'armonia contribuisce a creare un mondo migliore, libero da conflitti e divisioni. Pertanto, mi unisco al coro: abbasso la guerra, abbasso le liti, evviva la pace, evviva i legami e le amicizie!

Pace e vendetta [B]

Serena, ore 18:33 di un altro giorno qualsiasi

Ci siamo appena trasferiti in una nuova casa. Entro per la prima volta nel giardino condominiale e cerco un posto auto provvisorio per fermarmi e scaricare le scatole e le buste che ho con me. Un signore si avvicina, probabilmente un vicino di casa che vuole darci il benvenuto. Esco dall'auto e gli sorrido salutandolo cortesemente. Lui ricambia e subito mi gela chiedendomi di spostare l'auto e parcheggiare altrove. Secondo lui, lasciandola lì, renderei difficile la manovra di uno dei suoi familiari. Cosa? Non mi dai neanche il benvenuto e la prima cosa che mi dici per instaurare rapporti di buon vicinato è questa? Fosse una tua esigenza, potrei anche capire, ma stai rovinando il nostro primo incontro per evitare il rischio che uno dei tuoi parenti – che qui sono ospiti - si faccia un raschietto sull'auto in una sfortunata retromarcia? Ma che mi frega delle auto dei tuoi parenti! Che mi frega di te e delle tue maleducate richieste! Io resto qui e nessuno mi smuoverà, del resto è esattamente di fronte al mio box ed ho diritto di stare qui. Prima di me qui non parcheggiava nessuno. Mai e poi mai toglierò la mia auto da questo spazio, puoi pregare tutti santi che conosci, disturbarmi ogni giorno, chiedermelo fino allo sfinimento. Io resterò qui fino alla fine, e se non lo accetterai i rapporti tra noi saranno pessimi. Sarò sempre pronto alla discussione, alla reazione, alla battuta, al battibecco. Sempre propenso a scatenare una discussione, a risponderti male, a colpirti con ironia, sarcasmo e battute acide, ma anche, se sarà necessario, a scatenare scontri. E non dimenticherò mai di come in pochi istanti hai distrutto quella che poteva essere una relazione, non dico di amicizia, ma almeno di rispetto. Sì perché io sono per la pace, ma se la pace viene preclusa per meschinità, se essa non è un valore anche per te, allora guerra sia!

97 Bullismo e cyberbullismo [A]

Valterio, ore 13:45 di un giorno qualsiasi

Il bullismo è una terribile piaga sociale e come tale andrebbe estirpata. E' vero che la sensibilità, relativamente a questo tema, è cambiata parecchio negli ultimi 30 anni, tanto che quelli che da ragazzo io ed i miei compagni consideravamo piccoli scherzi, ora sarebbero stigmatizzati come episodi gravissimi, ma c'è il bullismo, quello vero, che è assolutamente nocivo. I bambini, i ragazzi che sono oggetto di bullismo andrebbero protetti, seguiti, monitorati ed i bulli andrebbero puniti in modo serio e non solo rimproverati verbalmente. E' terribile che un ragazzo possa sentirsi terribilmente solo, spaventato, che possa aver paura di uscire da scuola, di uscire di casa, perché teme di incontrare i suoi... carnefici! Quelli che lo maltrattano psicologicamente e fisicamente, che lo rendono zimbello agli occhi degli altri, che ne deridono ogni fragilità. Ed è altrettanto terribile che ci siano altri ragazzi che senza un motivo alcuno, provochino questo tipo di sofferenza gratuita in altri ragazzi come loro. Spesso, poi, un ragazzo bullizzato si trasforma in bullo in altri contesti. Sarà colpa dei genitori, della società? Non lo so, ma non posso pensare senza provare orrore, che a mio figlio possano capitare episodi del genere e che possa essere vittima di bullismo. Bisogna fare qualcosa. I genitori devono fare rete con gli altri genitori e con la scuola per impedire le azioni nefaste di questi ragazzi, coalizzarsi contro il verificarsi di questi episodi, bisogna essere in grado di prevenirli, di capire quali siano le dinamiche che si generano tra compagni di classe, tra amici, andare oltre la superficie e scavare nei piccoli cambiamenti di umore dei nostri ragazzi per capire se ci sono danni psicologici magari non mostrati evidentemente, ma tenuti nascosti per imbarazzo. Gli episodi non devono essere assolutamente minimizzati. Mai più bulli!

Bullismo e cyberbullismo [B]

Valterio, ore 10:12 di un altro giorno qualsiasi

Mi ha chiamato la dirigente scolastica della scuola media che mio figlio frequenta. In un primo momento ho pensato volesse propormi come candidato alle elezioni per i rappresentanti dei genitori, ma... no. Vuole che mi rechi il prima possibile presso il suo ufficio per comunicazioni di una certa importanza. Le ho chiesto di anticiparmi qualcosa, ma nulla. Ho preso immediatamente permesso al lavoro e mi sono recato da lei. Mi ha detto una... assurdità! Sembra che mio figlio si sia reso colpevole di atti di bullismo. Ma non è assolutamente possibile! Si sono sicuramente sbagliati. Mio figlio è timido ed anche un po' sfigato, non può assolutamente essere lui il colpevole di questi atti esecrabili. Chi ha mai potuto raccontare queste falsità? La direttrice mi dice che se si fosse trattato solo di un'illazione non mi avrebbe chiamato, ma ha incrociato racconti di diversi ragazzi e tutti collimavano nell'individuare mio figlio come primo responsabile di una serie di atti di bullismo. Sono indignato, questi sono sobillatori, falsi, probabilmente invidiosi di noi e del nostro status. Mio figlio non si comporterebbe mai male nei confronti di nessuno. Lei mi chiede di parlarne con lui ed io le rispondo che non ne ho il minimo bisogno perché conosco perfettamente mio figlio (chi meglio di me, del resto?) e sono certo, super certo, che non possa essere artefice di atti del genere. Al limite, proprio non volendo dare del mentitore spudorato ad ogni figlio e genitore, delatori di tali falsità, posso immaginare che abbiano confuso una battutina detta con puro intento scherzoso con un'offesa pesante. E qui c'è il dolo di chi vuole necessariamente interpretare qualcosa in modo meschino, traviandone il significato con accuse intollerabili. Io faccio causa alla direttrice, alla scuola, ai genitori e pure ai figli per vilipendio! Falsi, falsi e spudorati!

98 Social network - III [A]

Silviana, ore 12:18 di un giorno qualsiasi

Bazzico i social network da moltissimi anni e con il tempo ho imparato a comprenderli, a gestire bene i miei account usandoli nel modo migliore. Mi piace postare qualche foto ogni tanto, condividere momenti importanti della vita, mi piace raccontare qualcosa (di breve) relativo ad un episodio bello o divertente che mi è capitato, o ad un evento al quale ho partecipato, uno spettacolo, un concerto, una manifestazione, ma senza esagerare. A volte, quando proprio ne ho voglia, apro la app e leggo i post di altri, le storie dei miei amici. Ammetto di reputarle spesso, come dire... frivole? Inutili? Ma apprezzo la leggerezza che portano con sé. Dell'utilizzo che gli individui fanno dei social amo soprattutto quell'autoironia straordinaria che è propria di alcune persone di rara intelligenza. E poi... che belli i *méme*! Quante risate mi faccio guardando in che modo vengano dissacrati i miti del momento. D'altro canto non mi piacciono le discussioni polarizzate, quelle in cui ci sono due *partiti* che affermano cose opposte e che, a pochi minuti dal post che le ha generate, scatenano una guerriglia in cui le posizioni diventano sempre più estreme ed il confronto... nullo. Gente che crede di poter dimostrare qualcosa, altra gente che vuole dimostrare esattamente il contrario e nessuno che legga davvero il contenuto dei commenti dell'uno e dell'altro. Si va avanti a colpi di insulti ignorando completamente il messaggio precedente. L'altro non ti da ragione? Lo insulti. L'altro non riconosce la tua suprema conoscenza dell'argomento derivante dalla tua riconosciuta laurea in tuttologia? Lo vorresti vedere morto e puoi solo provare ad incanalare la rabbia insostenibile nel prossimo commento al vetriolo. Ma io non sono così, non mi faccio certo prendere da questo tipo di dinamiche. Io sono una persona equilibrata e composta.

Social network - III [B]

Silviana, ore 19:22 di un altro giorno qualsiasi

Mi sono collegata al mio social preferito per vedere un po' cosa postano gli amici. Ho appena letto un commento che attribuisce alla mia band del cuore un brano che la mia band del cuore non ha mai scritto. Garantito, sicuro, sono la massima esperta. E so anche come è nato questo equivoco! E' una notizia *fake* che circola addirittura dai tempi pre-Internet. Tantissimi anni fa, un'altra band pubblicò questo brano che fu erroneamente attribuito alla mia band del cuore. Come sia potuto accadere non lo so, dal momento che la mia band ha uno stile molto diverso, che la voce del cantante è molto molto più baritonale di quella del cantante dell'altra band. Ma è accaduto. E ora? Leggo il commento di un fan della mia stessa band che spiega di quale malinteso si tratti. Bah io l'avrei scritto in modo diverso, citando fonti autorevoli, ma comunque va bene. Sorrido. Ma poi vedo che l'autore del post sta scrivendo qualcosa. Sta insinuando che la mia amata band abbia firmato quel brano e lo abbia ceduto all'altra band! Ma che idiozia è questa? Lo sanno anche le pietre che è una stupidaggine. Basta, rispondo anche io e, stavolta, cito le fonti. Ecco, ora mi darà ragione. Cosa? Mi risponde che non capisco niente di musica e di storia della musica? Ma come si permette questo cialtrone? Io che ho fatto la corista in diverse band, che suono quasi tutti gli strumenti musicali, che consumo musica da quando avevo 3 anni. Ma soprattutto, io che sono una collezionista di dischi della mia band, una tra le più esperte. Non posso tollerare questo, devo reagire e dire a questo xxxxx che è meglio se va a xxxxx le xxxxx e che può impiccarsi perché è solo un xxxxx che non sa neanche lavarsi il xxxxx. Sei una persona di xxxxx fai vomitare e puoi solo rotolarti nel fango per la razza di animale che sei. Davvero se ti incontro per strada ti ammazzo!

99 Donne che giudicano donne [A]

Susanna, ore 10:30 di un giorno qualsiasi

A volte resto basita dai commenti beceri che gli uomini fanno su noi donne. Accade soprattutto quando giudicano qualcuna non presente in quel momento, che so, una nuova collega, la compagna di un collega, una ex collega, un'amica, una conoscente, insomma qualsiasi donna che non sia direttamente collegata a loro da una forte amicizia o da un grado di parentela stretto. E come ne parlano? Cosa giudicano? Prima tette e culo, poi il modo di vestire. Se la malcapitata è giovane, piacente, formosa, i commenti sono esclusivamente di apprezzamento fisico, di desiderio erotico, e si sentono proclami di possibili attività sessuali che ciascuno di loro intraprenderebbe con la persona di cui si parla. Se poi la donna in questione è davvero particolarmente bella e attraente, alla prima minigonna giù con gli appellativi che la accomunano sistematicamente alle più famose prostitute del paese. E soprattutto, parte la decodifica delle presunte motivazioni per un tale abbigliamento... "quella si vuole fare il capo", "quella vuole trombarsi questo o quello"... Se invece parliamo di qualcuna in sovrappeso, non proprio piacente, non troppo bella, e che magari veste in modo un po' meno appariscente, o moderno, o ricercato, allora... apriti cielo... una raffica di insulti, di parole di biasimo, di denigrazioni, come se essere *non fighe* fosse una colpa da pagare non solo sentendosi costantemente svalutate, ma da scontare anche a livello reputazionale. Tutto questo è terribilmente superficiale, troglodita, intollerabile, limitante. E poi parliamo di emancipazione, di uguali diritti, di libertà... Questi sfigati sono davvero fermi all'età della pietra, hanno il pregiudizio a 3000 ed un livello di testosterone che a parole sembra quello di un 18enne, ma sicuramente nei fatti è roba da RSA. Insomma, cattivi ed insensibili senza ragione.

Donne che giudicano donne [B]

Susanna, ore 12:26 di un altro giorno qualsiasi

Oggi è arrivata in ufficio una nuova collega sui 50, anche se sembra averne 65 per come si presenta la sua pelle ed il suo viso. E' vestita, secondo me e le mie colleghe, in un modo non adatto al contesto: un vestito pastello chiaro corto e svolazzante, per mostrare a tutti le sue gambe incartapecorite. Avrà esagerato, in gioventù, con l'abbronzatura, chissà. Il brutto décolleté, ben visibile dalla scollatura esagerata, evidenzia un seno pendente! Come le viene in mente di metterlo in mostra in quel modo? Posso capire una trentenne con un seno sodo, tornito, ma un seno così? E lo mostra in quel modo! E vogliamo parlare del sedere? La collega sfoggia un culo basso, cadente più del seno, uno di quei sederi che gli uomini, se si girassero a guardarlo per valutarlo, resterebbero basiti dopo la prima valutazione. Indossa inoltre un tacco, non estremo certo, ma sufficientemente alto da far sporgere ancora di più quel sedere. E poi... i capelli. Ma che pettinatura è quella? Vien voglia di chiederle se stia per partecipare ad un incontro di lavoro o ad un matrimonio! Il trucco... pesantissimo, rossetto acceso e matita scurissima. Insomma, ma dove va combinata così? Siamo sicuri che la nuova collega sappia di essere stata assunta in una azienda rispettabile come la nostra o pensa di essere finita in un troiaio? O addirittura è uscita per andare a battere? Dio mi perdoni per queste considerazioni, so perfettamente che ogni donna è libera di vestirsi come meglio crede, ma quando è troppo è troppo! Noi, neanche quando avevamo vent'anni ci saremmo presentate così. Ok la libertà, l'emancipazione, la possibilità di non essere giudicate superficialmente, ma qui si supera ogni limite di decenza. E lei invece? Ostenta sicurezza, non sembra rendersi minimamente conto del modo in cui si presenta agli occhi di tutti noi. Bah, siamo davvero basite.

100 Mediocrità in pista [A]

Brando, ore 13:18 di un giorno qualsiasi

Abbiamo un'azienda che consente a piloti in erba di vivere esperienze di guida in pista con supercar o auto da corsa. Parliamo di ogni cilindrata e potenza. Puoi guidare auto piccole, grandi, di campionati mono-marca, vetture Gran Turismo, fino a pilotare vetture Formula. Non certo Formula 1, non lo si potrebbe fare, ma formule minori, sì. Parliamo comunque di vetture con una grandissima potenza e che raggiungono grandi velocità, almeno rispetto alle vetture da strada. Organizziamo eventi su ogni pista che lo consenta, in giro per il paese, ed abbiamo sempre il calendario zeppo di prenotazioni di utenti desiderosi di cimentarsi con questi veicoli davvero speciali. Il costo di queste esperienze è molto alto, e sale al crescere della potenza dei mezzi utilizzati, ma parliamo comunque di uno sfizio che ci si toglie una, due volte nella vita, quindi il prezzo è giustificato. Noi poi siamo molto bravi e disponibili nel nostro mestiere. Quando il cliente compra un pacchetto da noi, gli forniamo subito un nostro contatto telefonico per organizzare via chat l'esperienza, a partire dalla scelta delle date, dei luoghi nei quali teniamo gli eventi, fino ai consigli di guida. Cerchiamo di essere per lui affabili e gentili e soprattutto disponibili ad accontentarlo nelle sue varie esigenze. I nostri veicoli non sono troppo difficili da guidare, ma di sicuro non devi avere paura di ritrovarti in una vera pista con un bolide tra le mani mentre altri che hanno come unico obiettivo l'essere più veloci al giro successivo, ti sfrecciano accanto sverniciandoti. Ma se questo per i nostri clienti non è un problema, allora l'esperienza sarà davvero super. Per tenere in ordine i nostri veicoli servono tanti soldi, e non sempre riusciamo a metterli a punto nel migliore dei modi, ma se qualcosa non funziona, diamo il massimo e ci muoviamo sempre a tutela del cliente.

Mediocrità in pista [B]

Brando, ore 13:18 di un altro giorno qualsiasi

E' Sabato e siamo su una piccola pista del nord per l'evento Formula 4. Abbiamo con noi le nostre 2 Formula 4, vecchie glorie di vecchi campionati indiani, ma ancora ottime per far provare qualche brivido ai clienti. Da tanto non organizzavamo un evento F4, per cui le auto hanno le batterie di servizio scariche e non c'è stato tempo di ricaricarle. Su una di esse addirittura l'alternatore non funziona ed essendo il consumo della batteria più veloce della ricarica, spesso l'auto si spegne anche da ferma e con il motore su di giri. Comprare batterie ed alternatore nuovo costa troppo e non vogliamo certo ridurre i nostri guadagni! Per ovviare, prima di far girare un cliente montiamo una batteria molto carica che duri il tempo sufficiente a fargli completare i suoi giri. I primi due clienti di oggi non hanno avuto problemi. Con un po' di fortuna potrebbe filare tutto liscio anche con i successivi. Ecco iniziano! Ahia, le cose non vanno bene, le batterie sono allo stremo. Un'auto se la cava, ma l'altra si spegne anche in seconda marcia a pieni giri. Il cliente non ha colpe, poveraccio, tra l'altro è difficilissimo guidare così. Tra le bandiere gialle lo raggiungiamo in pista e gli riavviamo l'auto confessandogli il problema. Lui è abbastanza conciliante. L'auto riparte, ma poi il problema si ripete altre 2 volte. Alla fine i commissari lo obbligano ad uscire. Lui è arrabbiato e deluso e vuole il rimborso. Ok fratello, capisco la tua rabbia, ma il rimborso non è previsto dal contratto! Ok il problema è causato dai veicoli, ma tu hai firmato un documento nel quale hai accettato tutto senza la possibilità di rivalerti e ora te li piangi i tuoi soldi! Noi forse non abbiamo riparato l'alternatore, ma un pilota professionista cosciente del problema, sarebbe riuscito a far restare l'auto accesa. Per cui, mio caro sei tu scarso, non la macchina! I soldi restano a noi!

Gamification 10/10

Paragrafo	Solo A o solo B	Sia A che B
88 Modi di vestire	☐ 0 punti	☐ 1 punto
89 Malesseri e sofferenze	☐ 0 punti	☐ 1 punto
90 Social network - II	☐ 0 punti	☐ 1 punto
91 Il mio genero	☐ 0 punti	☐ 1 punto
92 Gentilezza e mezzi pubblici - I	☐ 0 punti	☐ 1 punto
93 Gentilezza e mezzi pubblici - II	☐ 0 punti	☐ 1 punto
94 Neonati e svezzamento	☐ 0 punti	☐ 1 punto
95 Pace e guerra	☐ 0 punti	☐ 1 punto
96 Pace e vendetta	☐ 0 punti	☐ 1 punto
97 Bullismo e cyberbullismo	☐ 0 punti	☐ 1 punto
98 Social network - III	☐ 0 punti	☐ 1 punto
99 Donne che giudicano donne	☐ 0 punti	☐ 1 punto
100 Mediocrità in pista	☐ 0 punti	☐ 1 punto
TOTALE		

Bonus

101 Il tavolo al ristorante

Viliberto, ore 21:10 di un giorno qualsiasi

Amo pranzare o cenare al ristorante... non ogni giorno certo, anche perché non sarebbe economicamente sostenibile, ma trovo delizioso recarmici con la famiglia o con gli amici o anche, in settimana, con clienti e fornitori della mia azienda. Ed è bello ogni volta vivere la *cerimonia della scelta:* leggere le recensioni per decidere se recarsi presso un locale nuovo, mai provato prima, o presso il solito, affidabile, ristorante preferito! Una volta seduto al mio tavolo, trovo impagabile il piacere dello... *sbirciare* il menu, operazione che a volte si conclude nell'*epifanica* scoperta di un nuovo, eccellente piatto che soddisfa tutte le premesse, altre volte, invece, nel... naufragio di tutte le aspettative! Ma anche questo fa parte del cerimoniale! Spesso vi si incontrano conoscenti e, come per il menu, talvolta ti va di fortuna, talaltre... meno. Puoi incontrare conoscenti amanti della privacy, che si prendono una pausa dalla vita frenetica e si godono un momento di relax. Questa tipologia di persone, alla quale orgogliosamente appartengo, ti saluta cordialmente ma velocemente, non ama avviare discorsi lunghi o aprire capitoli poi difficili da chiudere. Al massimo ti chiede rapidamente come stai, sorridendo, e poi torna al proprio posto, alla propria comfort zone. Ma puoi anche incontrare quel conoscente che ti chiede di sederti con lui (!!!) e, ancor prima che tu gli abbia risposto di no, sta già chiamando il cameriere per aggiungere le sedie. Odio! A quel punto tu, per bloccarlo, ti rivolgi direttamente al cameriere dicendogli, a mascella dura, che apprezzi l'invito dell'amico, ma preferisci restare al tuo tavolo. E poi ci sono gli amici... belli!

Quelli che ami incontrare perché sono persone discrete alle quali vuoi bene veramente e dalle quali sei ricambiato. Ma anche questo con i dovuti limiti. Mi è infatti capitato spesso di incontrare amici carissimi con famiglia al seguito. Ma quando il caso fa sì che il loro tavolo sia vicino al tuo non una, non due, ma tante volte e tanti giorni di fila o comunque ravvicinati, non vivi necessariamente quella che può definirsi una bella esperienza. Mi è successo di recente con una famiglia di amici... Il primo incontro è stato fantastico, ero davvero felice. Al terzo incontro cominciavo ad essere nervoso. Sì perché alla fine, anche se incontrarli è piacevole, non si è più liberi di parlare di tutto, come quando invece al loro posto ci sono degli sconosciuti (ai quali, stanne certo, di te non frega assolutamente nulla). Non puoi discutere di argomenti delicati, parlare, che so, del fatto che il lavoro va male o di una serie di problemi che stanno attraversando i tuoi figli. Devi abbassare la voce e mantenere un basso profilo perché comunque, ogni 10 minuti almeno, avviene il *cortocircuito* tra un tavolo e l'altro. Una battuta lanciata a voce troppo alta, uno dei due tavoli che si inserisce nelle dinamiche dell'altro, uno sguardo imbarazzante. Insomma, amo questi miei amici, ma da quando li incontriamo così frequentemente non vivo più il momento tanto atteso del ristorante con la gioia di prima. Quando li vedo ancora una volta lì, sempre lì, dentro di me penso... e dai! Di nuovo? Non ce la posso fare... Prima o poi deciderò di cambiare ristorante. Assurdo però essere costretti a questo! Mi sorge un dubbio... e se il caposala, avendo visto che tra di noi c'è *palese affetto reciproco e slancio emotivo*, avesse deciso *sua sponte* di metterci volutamente accanto? Sarà sicuramente così, non può essere solo un assurdo verificarsi probabilistico. E dai! Anche una sola volta, per la legge dei grandi numeri, il loro tavolo avrebbe dovuto essere altrove! Parlerò con il cameriere e, se l'iniziativa dovesse davvero rivelarsi sua, pur ringraziandolo senza metterlo assolutamente in diffi-

coltà, gli chiederei gentilmente di avere cura di posizionarci un po'
lontano dai miei amici, spiegandogli che, sebbene ci sia una forte
amicizia, desidereremmo goderci ogni tanto un momento di vera privacy per conversare liberamente tra noi. E se in tale occasione doves-
si scoprire che non si tratta di una iniziativa del cameriere, ma dei
miei amici, non necessariamente per starci vicino, ma perché magari
amano un particolare tavolo, chiederei di posizionarci un po' più distanti. Oggi, invece di prenotare telefonicamente, passerò dal ristorante di persona per risolvere la cosa e liberarmi di questo imbarazzo
una volta per tutte!

Viliberto, ore 21:10 dello stesso giorno... qualsiasi

Sono indignato... di più, indignato e arrabbiato, arrabbiato e disgustato! Come previsto, oggi, dopo il lavoro, eccomi di passaggio dal
ristorante *Il gatto diabetico* per parlare con il responsabile di sala il
quale, riconosciutomi subito, mi saluta con affetto essendo io – sicuramente – uno dei suoi clienti migliori. Gli parlo delle ultime sette
volte nelle quali il nostro tavolo è stato posto accanto a quello dei
miei amici. Lo rassicuro dicendogli che non c'è alcun problema relativo al ristorante, semplicemente preferiremmo essere un po' distanti
da loro per non dover vivere quelle 2 ore nel disagio e parlando a
bassa voce. Lui sorride, sembra comprendere la mia richiesta, e disin-
voltamente mi dice che quell'accoppiamento è sempre stato assolutamente casuale, anche perché la sala non è poi così grande. Mi spiega,
con un sorriso ancora più ampio, che non ci sarà alcun problema ad
accontentarci entrambi d'ora in poi, mettendoci a tavoli un po' meno
ravvicinati. Noto con curiosità l'uso del termine "entrambi" ma, prima di approfondire, preferisco chiedergli come mai stia sorridendo.
Mi risponde che proprio oggi, pochi minuti prima del mio arrivo, il

mio amico è passato anch'egli di qui per le... medesime ragioni, privacy ed imbarazzo, e gli ha chiesto di posizionare il loro tavolo, d'ora in poi, ad una certa distanza dal nostro.

[... lunga, lunghissima pausa di silenzio e sgomento]

Devo aver capito male.

[... ancora silenzio]

Ma cosa sta dicendo questo idiota?

[silenzio, silenzio, silenzio]

Lentamente mi riprendo dallo shock iniziale. La prima sensazione che provo è un brivido che mi corre lungo la schiena. Ho sentito bene? No dai, avrò sicuramente travisato il racconto di questo deficiente di un ristoratore che ho davanti. Mi faccio rispiegare il tutto dal mediocre individuo, che conferma. La seconda cosa alla quale penso è che ho anche corso il rischio di incontrare il mio amico mentre era qui per questa cafonissima richiesta! Questo scatena in me qualcosa di ancora più forte e profondo, un brivido come quello... della pipì. Lentamente il senso delle parole del disadattato che mi sta parlando mi si fa chiaro. E piano piano, l'affronto che ne deriva inizia a bruciare, a danneggiare i miei ingranaggi interni, a scatenare i miei pensieri fino ad esplodere in una rabbia quasi incontenibile, ma che contengo *in extremis* guardando la faccia sorridente del responsabile inetto e deficiente che quasi mi ridacchia in faccia e che, senza usare una sola parola, mi sta praticamente dicendo: "idiota, tu mi chiedi di spostare il tuo tavolo per stare lontano da qualcuno che, a detta tua, apprezza così tanto la tua vicinanza da non esserne affatto disturbato, anzi... e che soprattutto – tu affermi - non vive male la violazione della privacy... quando invece proprio quel qualcuno vuole starti lontano e detesta quella situazione almeno quanto te". Ok. Non voglio uccidere il poco simpatico responsabile di sala perché capisco perfettamente di essere all'angolo sul ring. Riepiloghiamo il fatto in sé. Il mio amico ha chiesto al personaggiucolo qui davanti di fare in modo che d'ora in poi gli venga riservato un tavolo distante dal mio. Ed è venuto qui apposta per chiedere questo. Non ci posso credere. Ma come si permette? Cosa vuole insinuare? La nostra compagnia è di scarso valore? In quei momenti noi non lo disturbiamo mai, siamo sempre restii ad avviare conversazioni. Quindi anche la nostra sola presenza lo disturba? Ma come diavolo si permette sto *comlione*? Noi a stento ci accorgiamo della sua presenza quando siamo qui, anzi direi di più, è completamente trasparente ai nostri occhi. Abbiamo sempre un contegno superlativo in quei momenti. Sono davvero disgustato. E' assurdo. Vorrei chiamarlo e dirgliene quattro e se non lo faccio è solo perché poi dovrei evitare questo ristorante, il mio preferito, per sempre. Ma poi... come puoi interrompere la tua giornata lavorativa per passare di qui solo per chiedere questa cosa al fesso disgraziato che ho davanti? Era così dannatamente importante farlo? Io almeno ero qui vicino e questo posto è quasi di strada, sono passato di qui dopo il lavoro e sono entrato solo perché questo becero essere umano che fa il responsabile di sala è sempre stato più di un conoscente, almeno finora. Sono entrato perché mi sembrava di chiedere una cosa così piccola, quasi ininfluente, ma che avrebbe migliorato un po' le nostre serate qui. E invece il mio – a questo punto ex - amico che fa?

Lavora dall'altra parte della città, con orari diversissimi e passa di qui per chiedere di allontanarci da lui! Sono allibito, basito. E, ironia della sorte, non posso neanche, non devo, non voglio rinfacciarglielo! Va bene. Capito. Con rabbia dico al *capo di gabinetto di sto cesso di ristorante somigliante ad un distributore di benzina nel deserto* che per me è ok. Allontanando i tavoli accontenterà due suoi clienti anziché uno. Esco con una rabbia dentro, grande, ma così grande...

Conclusioni

Scrivere un libro è facile. La parte difficile è convincere il mondo che è degno di essere letto.

J.K. Rowling

Note dell'autore

Siamo tutti Jekyll... siamo tutti Hyde. Nessuna condanna in questa affermazione, nessun tribunale, solo una sincera auto-valutazione. L'obiettivo di questo libro, infatti, non è insegnare al lettore ad evitare il fenomeno della dissonanza cognitiva, quanto semplicemente accompagnarlo in un processo di riconoscimento del... *sé dissonante.*

Quando, immerso nella folla, sono di essa parte fondante, quando sono elemento atomico di una massa fatta di persone-atomi, ma allo stesso tempo affermo di detestare quella medesima massa estraniandomene nell'atto stesso del mio giudizio sprezzante, colpevolizzando gli altri individui-atomi come me ed immaginandomi altro da essi, in quei momenti potrei caparbiamente restare sulle mie posizioni e continuare ad esercitare odio immotivato o, in alternativa, potrei concedere alla mia rabbia una *pausa di ristoro* ed utilizzarla per capire l'ovvia e palese dissonanza che è intrinseca nella mia valutazione. Sprecare parole per spiegarla ancora, vanificherebbe questo libro, il cui unico obiettivo, come già detto, è accendere, laddove mancante, una nuova sensibilità in grado di rendere quella dissonanza evidente.

Perdonate la mediocrità di questo scritto. Per me è un'opera prima e per questo ne sarò comunque orgoglioso. Risentirà certamente dell'immaturità artistica di un sedicente scrittore, ma se è universalmente accettato che un libro possa nascere da una forte pulsione creativa, come qualsivoglia altra opera d'arte, la genesi del presente testo ricade esattamente in questo caso. Sognarlo, scriverlo, correggerlo, curarne tutti gli aspetti, mi ha dato emozioni grandissime che sicuramente vorrò, prima o poi, ri-provare. Spero possa piacere a qualcuno, ma se così non fosse, io ne avrei già tratto comunque una grandissima gioia.

Grazie a tutti in ogni caso!

Postfazione *di Anonimo*

Uno, nessuno e centomila... i corpi umani si trasformano costantemente, assumendo forme diverse a seconda del punto di vista dell'osservatore. Ma cosa accade quando l'osservatore stesso sono io? Come si configura il mio corpo agli occhi miei?

Mi ritrovo seduta al tavolino di un accogliente bar, sorseggiando il mio solito espressino, mentre osservo la via principale del mio piccolo paese, attraversata da persone più o meno familiari. Alcune le conosco bene, altre solo superficialmente, pur conoscendone tutta la storia, mentre altre ancora sono amici di una vita.

Il banconista mi accoglie con un sorriso appena entro e, dopo gli scambi di rito, prepara il mio caffè.

La signora che abita di fronte al bar mi saluta calorosamente, interessandosi al mio benessere ed a quello dei miei cari. Le rispondo con un sorriso, tranquillizzandola sul fatto che tutto procede per il meglio. Poi arriva un'amica di lunga data e ci fermiamo a chiacchierare, condividendo le ultime novità mentre gustiamo piacevolmente il nostro caffè.

Sono la cliente abituale per la colazione, una donna gentile e sorridente. Sono la figlia di un'amica di vecchia data, una persona allegra, realizzata, sempre presente quando serve un sorriso o una parola gentile. Sono l'amica di una vita, costante nel sostegno, pronta ad ascoltare e a condividere gioie e dolori, ad esultare per i successi e a confortare nelle sconfitte.

L'immagine che proietto di me stessa, seduta al tavolino con un sorriso, riflette veramente la mia vera identità o è semplicemente il risultato dei comportamenti che adotto per corrispondere all'immagine che voglio trasmettere?

Quanto sono vicini il mio *Sé Reale* ed il mio Sé *ideale*?

La percezione di me stessa si basa sulle interazioni con gli altri o è un aspetto intrinseco e gli altri agiscono solo come specchio per rifletterla?

Quanto sono vicini il mio *Sé Reale* ed il mio *Sé Sociale*?

Guardo la strada, mentre sono immersa nei miei pensieri, ed ecco che arriva lei. Una, forse, *ex-amica*, Gilda. Non la vedo da almeno un anno e l'ultima volta in cui l'ho chiamata non stava molto bene. Poi non mi è più stato possibile sentirla, ho avuto molto da fare e lei era sempre non disponibile.

Sì, è così, le cose sono andate proprio così. Attraversava un periodo difficile, è vero... eravamo solite uscire con gli amici e lei voleva restare sola, un giorno mi ha chiesto addirittura di lasciarla in pace... e allora? Cosa potevo fare? Non potevo essere invadente o insistente, in quel momento aveva bisogno di metabolizzare da sola i suoi dispiaceri. Chiamarla, farle sentire sostegno e vicinanza si sarebbe tradotto in fastidio ed invadenza. Meglio aspettare che le passasse la bufera per tornare a ridere e scherzare in serate all'aria aperta, al mare e al vento.

Ma allora perché provo tanto disagio quando si avvicina?

Mi guarda da lontano, passa oltre e si intrattiene col proprietario del bar, scambiando battute e risate.

Io resto seduta, non mi alzo, aspetto che se ne vada e fingo di mandare dei messaggi a qualcuno sul cellulare.

Perché ha finto di non vedermi? Ma soprattutto... perché ho finto io di non vedere lei?

Ripenso a quanto accaduto con lei e ricordo esattamente il momento in cui ho deciso di non ricontattarla, era stata davvero sgarbata. Ho suonato alla sua porta, dopo una giornata di lavoro, e l'ho trovata in pigiama a mangiare patatine sul divano. Si sentiva triste e non aveva voglia di far niente, neanche di chiacchierare. Le ho raccontato alcuni problemi lavorativi e si è dimostrata totalmente disinteressata. Quindi sono andata via. Lei non mi ha neanche accompagnata alla porta, non si è alzata dal divano, mi ha salutata malinconicamente.

Subito dopo, nel bar più trafficato del paese, arriva una nostra amica comune, Sara. Poco prima Sara e Gilda si erano incontrate a qualche metro dal bar e si erano calorosamente salutate, qualche battutina e poi ognuna aveva proseguito per la sua strada.

Sara entra nel bar, mi vede seduta lì da sola e si avvicina, mi sorride, si siede e parliamo del più e del meno. Poi mi parla di Gilda, mi dice di essere davvero contenta nel vederla nuovamente felice, mi racconta che sta frequentando anche un nuovo compagno e che da qualche mese è *rinata*.

Il fatto che mi stia aggiornando sulla vita di Gilda significa che è a conoscenza del nostro allontanamento. Allora decido di raccontarle la mia esperienza, per farle capire che non è stato per mia volontà che non ho più visto Gilda. Forse voglio convincere me stessa?

Le ripeto quello che la mia mente aveva ripercorso pochi minuti prima e lei, pur annuendo, mi ricorda che Gilda mi aveva chiamata e ricontattata più volte nei mesi successivi a quell'episodio. Non stava bene e sapeva di essere stata poco amichevole, ma io non le avevo più risposto.

La mia mente recupera quei ricordi. Io che guardo il cellulare e vedo il nome Gilda sullo schermo, io che sbuffo e mi dico... no, che balle, faccio finta di essermi persa la chiamata.

Io che non leggo il messaggio... tanto gli sms chi li legge più?

Si chiama *bias di conferma*... è un pregiudizio cognitivo in base al quale si prediligono le informazioni che confermano le proprie convinzioni o ipotesi preesistenti, scartando o ignorando invece le prove contrarie alle idee di partenza. La nostra mente elabora le informazioni in modo distorto, cerchiamo nei nostri ricordi dati che supportino la nostra tesi e sminuiamo le informazioni contrarie. Se recuperiamo informazioni non congruenti con le nostre idee, le scartiamo oppure le utilizziamo per sostenere le nostre idee, per rafforzarle.

Spiego a Sara che probabilmente non ho risposto perché sono stata contattata in orari lavorativi, che l'intenzione di Gilda era quella di allontanarsi e proprio le sue chiamate in orari non adatti o l'invio di sms ormai in disuso lo provavano. Inoltre avevo avuto un periodaccio, altrimenti l'avrei certamente richiamata, ma non stavo benissimo neanche io. Per come sono fatta, insomma difficilmente avrei abbandonato un'amica in difficoltà.

Sara non sembra molto convinta, però annuisce... in fondo non le importa niente della mia amicizia con Gilda, era giusto per chiacchierare. Beve il suo caffè e si congeda.

Io resto sempre lì seduta al tavolino, una colazione durata mezz'ora che però mi ha fatto ripercorrere i meccanismi di una vita intera.

Quando sono buona, brava, disponibile, simpatica e meravigliosa... beh che ci posso fare... è il mio carattere... ma quando sono calcolatrice, crudele, senza empatia, individualista... beh che ci posso fare... sto passando un brutto periodo.

Spesso mi chiedo se la narrazione che costruiamo di noi stessi ci intrappoli in un ruolo che desideriamo, ma che non ci appartiene o se, al contrario, ci limiti in un ruolo che non desideriamo e che comunque non ci rappresenta. Forse è solo un modo per giustificarci continuamente dagli insuccessi e dalle scelte che riteniamo sbagliate e di cui non vogliamo sentirci responsabili.

Di frequente parlo con amici che attribuiscono i loro insuccessi lavorativi al loro carattere irruento, alla loro sincerità, al loro modo diretto di dire sempre quello che pensano. In parte, potrebbero avere ragione: può essere che una reazione impulsiva abbia portato a talune conseguenze in una particolare occasione. Questa narrazione di sé stessi spinge chi li conosce realmente, ma anche chi non li conosce, a considerarli persone dal carattere schietto, quelle che spesso vengono definite "fastidiose" perché non lasciano nulla al caso.

Ma quante volte si sono veramente comportati in modo così diretto? Forse una o due volte nella vita. Eppure, a furia di ripeterlo, e grazie all'accondiscendenza umana – quella che ti fa annuire senza contestare nulla quando parli con la gente e ti porta a rafforzare le loro convinzioni semplicemente perché non ti importa davvero di quello che dicono – spesso dei *conigli* finiscono per sentirsi *leoni*.

Mi chiedo se il corso degli eventi della nostra vita sia il risultato di una predizione che si auto-avvera, sia in senso positivo che negativo. È possibile che tutto ciò che ci accade sia influenzato da un'aspettativa nascosta, da una convinzione radicata che, silenziosamente, guida i nostri passi? Quando mi guardo allo specchio mi chiedo se sono reale o se sono solo una figura fittizia, proiezione dei miei pensieri e delle mie credenze. Siamo reali? Siamo fittizi? E per chi lo siamo? Forse la nostra realtà è diversa a seconda degli occhi che ci osservano. Per qualcuno, potremmo essere solidi e tangibili, mentre per altri potremmo essere ombre fugaci, immagini effimere.

Forse siamo entrambe le cose contemporaneamente: reali e fittizi, una dualità che coesiste senza conflitto. La nostra essenza potrebbe essere un paradosso vivente, un intreccio di verità e illusioni che danzano insieme. E in questa danza, la predizione che si auto avvera potrebbe essere il filo invisibile che tesse il nostro destino, un destino che ci sfugge eppure ci definisce, un destino che ci rende ciò che siamo, nel bene e nel male.

Cerchiamo di mantenere disperatamente l'idea positiva che abbiamo di noi stessi, provando ad eliminare le emozioni che riteniamo cattive o sbagliate. E se esperiamo sentimenti negativi, pur di affermare che non ci appartengono, siamo in grado di incolpare gli altri, spostando su di loro i difetti e le critiche che ci vengono rivolte o che danzano nella parte più profonda di noi stessi.

A quel punto riusciamo a trasformare i nostri atteggiamenti nei loro atteggiamenti, e giudicandoli diventiamo superiori e lontani. Ma perché avviene questo? Perché non riusciamo ad essere coerenti con le nostre idee e le nostre convinzioni?

Blind Spot, il *Punto cieco*... parliamo di quelle macchie nere che non ci permettono di guardare in modo chiaro i nostri comportamenti.

L'interpretazione delle nostre azioni è soggettiva, racconta la nostra storia, i nostri successi, i nostri fallimenti, i traumi e le tenerezze, ci aiuta a mantenere quell'equilibrio necessario che ci permette di essere sereni, di restare nella *comfort zone*. Alla continua, disperata ricerca dell'assonanza, ci allontaniamo da chi è diverso da noi e cerchiamo chi ci somiglia, chi la pensa come noi, perché non amiamo il disaccordo. E se qualcosa è dissonante, ci ridefiniamo per renderlo assonante.

La *comfort zone* è quella sensazione di familiarità e sicurezza che ci tiene spesso bloccati in una zona grigia di insoddisfazione e tranquillità. Spesso è una zona terribile e piena di insidie, ma che conosciamo e sappiamo controllare. Ed anche quando è molto più spaventosa dell'incertezza tendiamo a sceglierla perché ne conosciamo la... mappa. Quanto conta davvero quel disagio che proviamo nella nostra vita? Quanto è in grado di stimolare i nostri cambiamenti? Ma perché e per cosa vorremmo e dovremmo cambiare?

Trascorriamo la vita aspettando un momento magico, come se ad un certo punto dovesse accadere qualcosa di straordinario in grado di ricompensarci per tutti gli sforzi fatti ed immaginati. Nel frattempo, cerchiamo di adattarci alla vita e al mondo, a volte sacrificando la nostra felicità presente per una felicità futura. Immaginiamo di cambiare, di migliorarci, convinti che, ad un certo punto, tutti i pezzi del puzzle si incastreranno perfettamente e finalmente potremo goderci tutto questo. Ma nemmeno noi sappiamo bene di cosa si tratti, non sappiamo cosa potrebbe renderci davvero felici.

La nostra quotidianità è popolata da vite fantasma che *ci avrebbero resi più soddisfatti*, più realizzati. È piena di scheletri mai sepolti, di strade mai percorse, di gioie mai immaginate, di infelicità mai affrontate. Forse nessuno di noi cambia davvero perché forse nessuno di noi è mai qualcosa di definitivo, inseguiamo un'integrità che non esiste.

E se fossimo tutti uguali ed allo stesso tempo diversi in ogni momento? Se fossimo solo la proiezione personale e sociale di condizioni esterne? Se io non fossi davvero io, quella che credo di essere, ma fossi tu (che leggi) e chiunque altro? Siamo diversi con ogni persona che incontriamo e per ogni persona che incontriamo, ma abbiamo bisogno di sentirci sempre uguali per noi stessi. Probabilmente, la vera saggezza risiede nell'accettare l'incertezza e nel vivere autenticamente ogni momento, consapevoli che il nostro vero io è in costante evoluzione e che la ricerca di noi stessi è un viaggio senza fine.

Paradossalmente, l'unica coerenza che possediamo è la nostra costante incoerenza.

L'autrice di questa meravigliosa post-fazione ha richiesto di restare nell'anonimato. La ringrazio di cuore per il preziosissimo contributo.

Gamification: verifica il tuo punteggio!

Il nostro gioco si conclude qui. Riportando nella colonna punteggio i parziali di ogni capitolo, si avrà un'idea approssimativa, espressa in percentuale, dell'incidenza dei fenomeni di dissonanza cognitiva nelle nostre vite. E' chiaramente una valutazione sommaria, non affidabile, ma difficilmente il totale sarà zero. Sarà divertente conoscere la frequenza di fenomeni come quelli descritti nel proprio quotidiano.

Capitolo	Titolo	Punteggio
0	Approccio metodologico	
1	In automobile	
2	Religione e devozione	
3	Ecologia	
4	Lavoro	
5	Stato, politica, servizi	
6	Società	
7	Amore e sessualità	
8	Popoli e culture	
9	Il prossimo tuo	
TOTALE		

Grazie per aver giocato, grazie per la sincerità, ma soprattutto grazie per aver rivelato qui, senza troppe remore, le molteplici ed antitetiche *versioni* di sé stesso che ognuno di noi esibisce ogni giorno!

Ringraziamenti

Il primo e più grande ringraziamento va alla mia compagna di vita, moglie e madre dei miei figli, Chiara, insostituibile sprone e banco di prova per me.

Io sono l'esempio perfetto di persona che vive costantemente e nel peggiore dei modi l'etica bipolare, assolvendosi spesso ed accusando gli altri ancor più spesso. Testimone di questa alternanza recidiva è lei, Chiara, che non certo come un giudice impietoso, bensì come qualcuno che vuole amorevolmente aiutarmi a comprendere che nessuno di noi è scevro da comportamenti analoghi, quando mi sente giudicare qualcuno in modo drastico, e riconosce che mi sono comportato nello stesso modo in un altro momento, me lo fa gentilmente notare. Questo, su due piedi, scatena in me una dolorosa prurigine, che diventa pian piano fastidio, che amplifica quello già presente e derivante dalla dissonanza stessa. Ma poi mi porta, oggi più che in passato, a rimuginare valutando intimamente il problema.

Scoprire di essere incoerente, giudice parziale, arbitro scorretto, pone dinanzi a due strade: da un lato si possono respingere le imputazioni, marchiandole come... insinuazioni, dall'altro, grazie ad un esercizio costante, riconoscere l'incoerenza, la dissonanza, la bipolarità, e trasformare questa sofferenza in un momento creativo. E questo spero mi abbia reso, anche solo impercettibilmente per ora, migliore.

Grazie Chiara perché nulla di tutto questo ci sarebbe stato senza di te.

Il secondo ringraziamento va ai miei amici ed ex colleghi Roberto Covitti e Renata Isaia che, per quasi due anni, ogni santo Venerdì, davanti ad un'ottima pizza *verace* o *neranese*, mi hanno chiesto puntualmente a che punto fossi con la stesura del testo, dandomi suggerimenti, fornendomi un altro punto di vista, sempre gradito, sempre prezioso. Grazie Roberto per il costante interesse e le tue dritte. Grazie Renata per il tuo fondamentale contributo nella progettazione e realizzazione della copertina e per i suggerimenti nell'impaginazione. Mi avete dato una spinta incredibile a non mollare anche quando la stanchezza e la voglia di dormire un po' più al mattino, anziché scrivere, stavano per prendere il sopravvento. Grazie, la musica che è dentro di voi diventa sinfonia all'esterno.

Grazie anche al caro amico e collega, Fabio Testini, che partecipa spesso ai nostri pranzi del Venerdì dando sempre la sua preziosa opinione su come fare cosa nel migliore dei modi.

Il terzo ringraziamento va ad una amica. Non una qualsiasi, l'unica, la più importante, Mariangela Palma. Non bastano saggi e trattati per raccontare e spiegare il forte legame che sperimentiamo ormai dall'infanzia. Grazie Mariangela, che per questo progetto non hai dato suggerimenti, non hai criticato, giudicato, non mi hai sottovalutato o deriso. Hai semplicemente ascoltato, come sempre fai, reagendo con grande entusiasmo agli aggiornamenti che ti comunicavo ogni settimana, incoraggiandomi. Questa energia mi è servita a mantenere la sana e fondamentale – per me - illusione di *potercela davvero fare*.

Voglio ringraziare poi tre pilastri della mia vita. Amici fondamentali ed insostituibili. Per una fulgida e meravigliosa casualità alla *sliding doors*, siamo *complici* dal lontano 1986. Sempre presenti, sempre vicini. Noi ancora insieme, con le nostre irrinunciabili umoristiche derisioni reciproche, noi dinanzi a molteplici birre, ancora a parlare di noi, di musica, drammi, medicina, psicologia e poi subito dopo di folli paradossi, improbabili stupidaggini ed epopee comiche che ancora oggi, come 40 anni fa, ci fanno ridere fino alle lacrime, pigiama compreso. Un grazie sincero anche a voi per aver sempre ascoltato con interesse le mie novità su questo progetto. Grazie mitologici Marco Torres,

Claudio Cantinieri, Donato Vinci. Grazie Whirling Cocks!

Grazie agli amici che hanno accolto con curiosità questo scritto. Forse non lo leggerà nessuno, ma questo mi interessa relativamente. Io ho realizzato il mio obiettivo... scrivere è un'esperienza unica..

Infine, un grazie *postumo* all'indimenticabile prof.ssa Brunella Soldani, docente di Storia e Filosofia, ed al prof. Bruno Di Rienzo, docente di Italiano e Latino, insegnanti indimenticabili durante i miei **meravigliosi** e **fondamentali** 6 anni (1984-1989) di scuola superiore iniziati e conclusi in via Celso Ulpiani presso lo scalcinato, ma amatissimo, Liceo Scientifico Statale Enrico Fermi di Bari, sezione B .

Grazie di certo per le mitiche lezioni ed interrogazioni, ma grazie soprattutto per avermi giustamente bocciato in 3°. Il bene che mi avete fatto è enorme. Avevo vissuto molto male quei primi 3 anni. Chiesi di cambiare sezione ma, per mia fortuna, il preside negò il passaggio. Poi un tal Claudio, mio incuriosito futuro compagno di classe, evidentemente scevro da pregiudizi sui bocciati, espresse ad un amico comune il desiderio di conoscere il nuovo collega ripetente. Il resto è storia. Mi ritrovai come per magia nella classe più bella e con gli amici migliori del mondo. E con loro superai, per dirla con i termini dell'analisi matematica, un *punto angoloso* della mia vita, con *derivata sinistra negativa*, e *derivata destra positiva*. Quella bocciatura è forse l'evento più utile che mi sia mai accaduto. Ha trasformato la mia vita, mi ha regalato amicizie eterne. A quell'evento devo quasi tutto ciò che sono oggi.

Cari prof, avevo intrapreso una direzione senza futuro e voi mi avete rimesso in carreggiata. Se questo libro esiste, è grazie al seme piantato da voi in quei pazzeschi ed incredibili anni. Non vi dimenticherò mai.

Che la terra vi sia leggera.

Roberto De Nicolò

1 Platone: Il mito della caverna

[*omissis*] "In seguito, continuai, paragona la nostra natura, per ciò che riguarda educazione e mancanza di educazione, ad un'immagine come questa.

Dentro una dimora sotterranea a forma di caverna, con l'entrata aperta alla luce e ampia quanto tutta la larghezza della caverna, immagina di vedere degli uomini che vi stiano dentro fin da fanciulli, incatenati gambe e collo, sí da dover restare fermi e da poter vedere soltanto in avanti, incapaci, a causa della catena, di volgere attorno il capo.

Alta e lontana brilli alle loro spalle la luce d'un fuoco e tra il fuoco e i prigionieri corra rialzata una strada.

Lungo questa pensa di vedere costruito un muricciolo, come quegli schermi che i burattinai pongono davanti alle persone per mostrare al di sopra di essi i burattini. – Vedo, rispose. – Immagina di vedere uomini che portano lungo il muricciolo oggetti di ogni sorta sporgenti dal margine, e statue e altre figure di pietra e di legno, in qualunque modo lavorate; e, come è naturale, alcuni portatori parlano, altri tacciono.

Strana immagine è la tua, disse, e strani sono quei prigionieri. – Somigliano a noi, risposi; credi che tali persone possano vedere, anzitutto di sé e dei compagni, altro se non le ombre proiettate dal fuoco sulla parete della caverna che sta loro di fronte? – E come possono, replicò, se sono costretti a tenere immobile il capo per tutta la vita? – E per gli oggetti trasportati non è lo stesso? – Sicuramente. – Se quei prigionieri potessero conversare tra loro, non credi che penserebbero di chiamare oggetti reali le loro visioni? – Per forza. – E se la prigione avesse pure un'eco dalla parete di fronte? Ogni volta che uno dei passanti facesse sentire la sua voce, credi che la giudicherebbero di-

versa da quella dell'ombra che passa? – Io no, per Zeus!, rispose. –
Per tali persone insomma, feci io, la verità non può essere altro che le
ombre degli oggetti artificiali. – Per forza, ammise. – Esamina ora, ri-
presi, come potrebbero sciogliersi dalle catene e guarire dall'incoscienza. Ammetti che capitasse loro naturalmente un caso come questo: che uno fosse sciolto, costretto improvvisamente ad alzarsi, a girare attorno il capo, a camminare e levare lo sguardo alla luce; e che
cosí facendo provasse dolore e il barbaglio lo rendesse incapace di
scorgere quegli oggetti di cui prima vedeva le ombre. Che cosa credi
che risponderebbe, se gli si dicesse che prima vedeva vacuità prive di
senso, ma che ora, essendo piú vicino a ciò che è ed essendo rivolto
verso oggetti aventi piú essere, può vedere meglio? e se, mostrando-
gli anche ciascuno degli oggetti che passano, gli si domandasse e lo
si costringesse a rispondere che cosa è? Non credi che rimarrebbe
dubbioso e giudicherebbe piú vere le cose che vedeva prima di quelle
che gli fossero mostrate adesso? Certo, rispose.

E se lo si costringesse a guardare la luce stessa, non sentirebbe male
agli occhi e non fuggirebbe volgendosi verso gli oggetti di cui può
sostenere la vista? e non li giudicherebbe realmente piú chiari di
quelli che gli fossero mostrati? – È cosí, rispose. – Se poi, continuai,
lo si trascinasse via di lí a forza, su per l'ascesa scabra ed erta, e non
lo si lasciasse prima di averlo tratto alla luce del sole, non ne soffri-
rebbe e non s'irriterebbe di essere trascinato? E, giunto alla luce, essendo i suoi occhi abbagliati, non potrebbe vedere nemmeno una delle cose che ora sono dette vere. – Non potrebbe, certo, rispose, almeno all'improvviso. – Dovrebbe, credo, abituarvisi, se vuole vedere il
mondo superiore. E prima osserverà, molto facilmente, le ombre e
poi le immagini degli esseri umani e degli altri oggetti nei loro riflessi nell'acqua, e infine gli oggetti stessi; da questi poi, volgendo lo
sguardo alla luce delle stelle e della luna, potrà contemplare di notte i

corpi celesti e il cielo stesso piú facilmente che durante il giorno il sole e la luce del sole. – Come no? – Alla fine, credo, potrà osservare e contemplare quale è veramente il sole, non le sue immagini nelle acque o su altra superficie, ma il sole in se stesso, nella regione che gli è propria. – Per forza, disse. – Dopo di che, parlando del sole, potrebbe già concludere che è esso a produrre le stagioni e gli anni e a governare tutte le cose del mondo visibile, e ad essere causa, in certo modo, di tutto quello che egli e i suoi compagni vedevano. – È chiaro, rispose, che con simili esperienze concluderà cosí. – E ricordandosi della sua prima dimora e della sapienza che aveva colà e di quei suoi compagni di prigionia, non credi che si sentirebbe felice del mutamento e proverebbe pietà per loro? – Certo. – Quanto agli onori ed elogi che eventualmente si scambiavano allora, e ai primi riservati a chi fosse piú acuto nell'osservare gli oggetti che passavano e piú rammentasse quanti ne solevano sfilare prima e poi e insieme, indovinandone perciò il successivo, credi che li ambirebbe e che invidierebbe quelli che tra i prigionieri avessero onori e potenza? o che si troverebbe nella condizione detta da Omero e preferirebbe "altrui per salario servir da contadino, uomo sia pur senza sostanza", e patire di tutto piuttosto che avere quelle opinioni e vivere in quel modo? – Cosí penso anch'io, rispose; accetterebbe di patire di tutto piuttosto che vivere in quel modo. – Rifletti ora anche su quest'altro punto, feci io.

Se il nostro uomo ridiscendesse e si rimettesse a sedere sul medesimo sedile, non avrebbe gli occhi pieni di tenebra, venendo all'improvviso dal sole? – Sí, certo, rispose. – E se dovesse discernere nuovamente quelle ombre e contendere con coloro che sono rimasti sempre prigionieri, nel periodo in cui ha la vista offuscata, prima che gli occhi tornino allo stato normale? e se questo periodo in cui rifà l'abitudine fosse piuttosto lungo? Non sarebbe egli allora oggetto di riso? e non si direbbe di lui che dalla sua ascesa torna con gli occhi rovinati e che non vale neppure la pena di tentare di andar su? E chi prendesse a sciogliere e a condurre su quei prigionieri, forse che non l'ucciderebbero, se potessero averlo tra le mani e ammazzarlo? – Certamente, rispose... [*omissis*]

(Platone, *Repubblica*, 514a – 517a, da Opere, vol. II, Laterza, Bari, 1967, pagg. 339-342)

ETICA BIPOLARE

Un libro di **Roberto De Nicolò** aka *rodenic*

Realizzazione copertina **Renata Isaia** aka *Reis*

Immagine di copertina **Generative AI / Shutterstock**

Postfazione di **Anonimo**

A breve disponibile anche in:

Lingua inglese - traduzione a cura di **rodenic**

Audiolibro - voce di **rodenic**

Questo libro è stato interamente redatto utilizzando:

LibreOffice - www.libreoffice.org

I testi contenuti in questo libro sono opere originali dell'autore. L'A.I. è stata utilizzata esclusivamente per la generazione dell'immagine di copertina. I protagonisti dei 101 esempi sono immaginari. Qualsiasi riferimento a nomi, personaggi, luoghi ed eventi è puramente casuale. Qualsiasi somiglianza con persone, luoghi, eventi o fatti reali è completamente involontaria e non intenzionale. Tutti i diritti sono riservati e di proprietà dell'autore.

Per informazioni e novità:

rodenic@gmail.com

Seconda edizione

ISBN: 9798329037869

Casa editrice: Independently published

Settembre 2024

www.ingramcontent.com/pod-product-compliance
Lightning Source LLC
Chambersburg PA
CBHW051041250726
48656CB00001B/75

9798329037869